权威·前沿·原创

皮书系列为
“十二五”“十三五”国家重点图书出版规划项目

河北蓝皮书

BLUE BOOK OF HEBEI

河北农业农村发展报告（2018~2019）

AGRICULTURAL AND RURAL DEVELOPMENT REPORT OF HEBEI (2018-2019)

主　　编／康振海

执行主编／彭建强　穆兴增

副 主 编／宋杏婵　段小平　郭继红

社会科学文献出版社
SOCIAL SCIENCES ACADEMIC PRESS (CHINA)

图书在版编目(CIP)数据

河北农业农村发展报告.2018－2019/康振海主编
.－－北京：社会科学文献出版社，2019.3
（河北蓝皮书）
ISBN 978－7－5201－4238－0

Ⅰ.①河… Ⅱ.①康… Ⅲ.①农业经济发展－研究报告－河北－2018－2019 ②农村经济发展－研究报告－河北－2018－2019 Ⅳ.①F327.22

中国版本图书馆CIP数据核字（2019）第024019号

河北蓝皮书
河北农业农村发展报告（2018～2019）

主　　编／康振海
执行主编／彭建强　穆兴增
副 主 编／宋杏婵　段小平　郭继红

出 版 人／谢寿光
责任编辑／连凌云
文稿编辑／王蓓遥

出　　版／社会科学文献出版社·城市和绿色发展分社（010）59367143
地址：北京市北三环中路甲29号院华龙大厦　邮编：100029
网址：www.ssap.com.cn
发　　行／市场营销中心（010）59367081　59367083
印　　装／天津千鹤文化传播有限公司

规　　格／开 本：787mm×1092mm　1/16
印 张：18　字 数：268千字
版　　次／2019年3月第1版　2019年3月第1次印刷
书　　号／ISBN 978－7－5201－4238－0
定　　价／128.00元

本书如有印装质量问题，请与读者服务中心（010－59367028）联系

版权所有 翻印必究

《河北农业农村发展报告（2018～2019）》编辑委员会

主　　任　康振海

副 主 任　杨思远　刘　月　彭建强

委　　员　（按姓氏笔画排序）

王文录　王亭亭　李建国　李鉴修　陈　璐

孟庆凯　袁宝东　穆兴增

主　　编　康振海

执行主编　彭建强　穆兴增

副 主 编　宋杏婵　段小平　郭继红

主编简介

康振海 中共党员，1982 年毕业于河北大学哲学系，获哲学学士学位；1987 年 9 月至 1990 年 7 月在中央党校理论部中国现代哲学专业学习，获哲学硕士学位。

三十多年来，康振海同志长期工作在思想理论战线。1982 年 8 月至 1984 年 10 月在南和县人事局工作；1984 年 10 月至 1987 年 9 月、1990 年 7 月至 1990 年 11 月在邢台地委宣传部工作；1990 年 11 月至 2016 年 3 月在河北省委宣传部工作，历任干事、主任科员、副处长、调研员、处长、助理巡视员、副巡视员、副部长；2016 年 3 月至 2017 年 6 月任河北省作家协会党组书记、副主席；2017 年 6 月至今任河北省社会科学院党组书记、院长。

康振海同志理论学术成果丰硕，在《人民日报》、《光明日报》、《经济日报》、《河北日报》、《河北学刊》、《社会科学论坛》、河北人民出版社等重要报刊和出版社发表、出版论著多篇（部），以及主持并完成"《宣传干部行为规范》可行性研究和草案初拟研究"等多项国家级、省部级立项课题。主要代表作有著作:《中国共产党思想政治工作九十年》《春风化雨——人文关怀和心理疏导读本》《艾思奇传》《恽代英传》《雄安新区经济社会发展报告》等。论文:《以绩效管理推动企业思想政治工作科学化》《在服务群众中加强党的基层建设》《以"塞罕坝精神"再造绿水青山》《新时代：我国发展新的历史方位》《勇于推进实践基础上的理论创新》《试论邓小平的马克思主义观》《努力建设社会主义文化强国》《在新时代继续把改革开放推向前进》《在构建中国特色哲学社会科学中彰显新作为》《习近平新时代中国特色社会主义思想是马克思主义中国化的最新成果——写在马克思诞辰 200 周年之际》《改革开放——决定当代中国命运的关键一招》等。

彭建强　管理学博士，经济学博士后，研究员、博士生导师，河北省社会科学院重点学科首席专家。现任河北省社会科学院党组成员、副院长，河北省社会科学界联合会副主席，河北省委、省政府决策咨询委员会委员。全国宣传文化系统“四个一批”人才、国务院特殊津贴专家、河北省管优秀专家、河北省优秀专业技术人才、河北省有突出贡献的中青年专家。河北省十一届、十二届人大代表，河北省十一届人大财政经济委员会委员，河北省十二届人大农业和农村委员会委员。主持完成国家社科基金课题6项、省级重点研究课题30余项，多项成果进入决策应用或被国内重要报刊转载评介。获得河北省社会科学优秀成果奖一等奖3项、河北省哲学社会科学规划研究项目优秀成果奖一等奖2项、河北省科技进步奖三等奖1项。代表论著有《21世纪中国农业与农村经济》《制度创新与市场发育——中国农村专业批发市场的形成与发展》《中国农业问题的症结与出路》《论中国农业集约化发展的几个难点问题》《河北农业应对“入世”的战略思考与建议》《关于提升我国农业国际竞争力的战略研究》《关于扎实推进社会主义新农村建设的思考》《非农化资本形成机制分析及政策涵义》《加快构建现代农业产业体系》《统筹城乡发展的关键和基本原则》《引导农民工有序融入城市》等。

穆兴增　1983年参加工作，1988年起供职于河北省社会科学院农村经济研究所，从事研究工作。主要研究方向为农业农村经济、区域发展与宏观政策。现任农村经济研究所所长、城乡发展研究中心主任、首席研究员，河北省有突出贡献中青年专家，河北省委省政府咨询委员会委员，河北省政协议政咨询委员会委员，唐山市政协议政咨询委员会委员，河北省专业技术职务任职资格高级评审委员会评委、国家社科基金和省社科基金项目评委，中国农经学会常务理事、中国林牧渔业经济学会（畜牧业经济专业委员会）常务理事、河北省政策研究会常务理事等。30年来，共承担国家及省社科基金项目数十项，其中主持或主研完成4项国家社科基金项目，分别获得河北省第四届、第六届、第八届和第九届社会科学优秀成果一等奖；主持完成的1项省社科规划项目获第六届河北省社科基金项目优秀成果一等奖；主持完成的1项河北省社会科学院重大项目被省委主要领导批示肯定并获省委、省政府办公厅优秀人民建议一等奖。

摘 要

《河北农业农村发展报告（2018～2019）》，全面系统地回顾了2018年河北省农业农村经济运行情况，对2019年全省农村经济走势进行了分析预测，针对乡村振兴中的热点、难点问题进行了专题研究，有针对性地提出促进河北省农业农村经济健康发展的对策建议。2018年，在世界经济格局大发展、大变革、大调整的背景下，河北省农业农村发展保持平稳态势，农产品供给数量充足、质量提升，为全省经济稳定健康运行提供了保障。2018年河北省认真贯彻落实国家乡村振兴战略，按照“产业兴旺、生态宜居、乡风文明、治理有效、生活富裕”的总要求，以农业供给侧结构性改革为主线，着力强基础、补短板、促发展，全省农业综合生产能力稳步提升，农业生产结构调整步伐加快，绿色可持续发展能力逐渐提升，农村综合改革深入推进，新产业、新业态蓬勃发展，农民生活水平稳步提高，乡村振兴的基础进一步夯实。展望2019年，尽管国际经济形势复杂多变，不确定、不稳定因素增多，但随着国家乡村振兴战略实施，全省农业农村有望继续保持平稳较快发展的态势，农业发展质量、水平进一步提升，脱贫攻坚步伐进一步加快，农民收入将继续得到稳步提升。

关键字：河北省　农业农村　乡村振兴

Abstract

Agricultural & Rural Development Report of Hebei (2018 – 2019) makes a comprehensive and systematic review of the agricultural & rural economy operation situation of Hebei Province in 2019, conducts an analysis and forecast of the provincial rural economy trend in 2018, performs a special study of hot and difficult issues in the rural revitalization, and puts forward targeted policy proposals to promote good development of the agricultural & rural economy of Hebei Province. In the background of great development, reform and adjustment of the world economy pattern in 2018, the agricultural & rural development of Hebei Province maintained a steady situation, and the supply of agricultural products was adequate in quantity and improved in quality, thus providing guarantees for the steady and good operation of the provincial economy. In this year, Hebei Province well carried out the national rural revitalization strategy, followed the overall requirement of "flourishing in industry, ecological & livable, civilized in rural conduct, effective in governance, and well-off in life", centered around the agricultural supply-side structural reform, and focused efforts on strengthening the foundation and areas of weakness and promoting development, with the result that the provincial overall agricultural production capacity had improved steadily, the agricultural productive structure adjustment had been accelerated, the green sustainable development capacity had been in gradual improvement, the comprehensive rural reform had advanced deeply, new industries and new forms of business had flourished, the living level of farmers had risen steadily, and the rural revitalization foundation had been more solid. In 2019, the international economic situation will be complicated and changeable, and factors of uncertainty and instability will increase, but with implementation of the national rural revitalization strategy, the provincial agricultural & rural economy is expected to continue to rise steadily and rapidly, the agricultural development quality and level to further improve, the struggles for poverty eradication to further speed up, and the farmer income to continue to improve steadily.

Keywords: Hebei Province; Agricultural & Rural; Rural Revitalization

序　言

2018 年是改革开放 40 周年，也是贯彻党的十九大精神、实施乡村振兴战略的开局之年。在决胜全面建成小康社会之际，河北省委、省政府深入贯彻党的十九大精神，全面落实乡村振兴战略规划，以农业供给侧结构性改革为主线，着力强基础、补短板、促发展，构建现代农业产业体系、生产体系、经营体系，农业综合生产水平稳步提升，经济发展质量效益稳中有进，有力保障了全省经济社会的健康运行。

2019 年，河北省将深入贯彻习近平新时代中国特色社会主义思想，以乡村振兴战略为统领，抓住用好京津冀协同发展战略、雄安新区建设、冬奥会筹办等千载难逢的重大历史机遇，按照“产业兴旺、生态宜居、乡风文明、治理有效、生活富裕”的总要求，加快农业农村改革，科学制定配套政策和配置公共资源，统筹解决好农村发展水平滞后，资金、人才等要素资源流失，农村发展空心化、老龄化等问题，加快补齐农村基础设施、公共服务领域短板，重塑城乡关系，推动乡村治理和治理能力现代化，让农业成为有奔头的产业，让农民成为有吸引力的职业，让农村成为安居乐业的美丽家园。

《河北农业农村发展报告（2018 ~ 2019）》全面系统地回顾了 2018 年河北省农业农村经济运行情况，对 2018 年全省农村经济走势进行了分析预测，有针对性地提出了一些促进河北省农业农村经济健康发展的对策建议。本书分为三个部分：第一部分为形势分析与预测，含总报告和分报告，对全省农村经济总体运行态势以及行业和重点领域进行分析和预测，并针对存在的宏观问题和关键矛盾提出对策建议；第二部分为专题研究，主要围绕年度热点、难点和重点问题进行多维、深入、细致的分析和探讨，重点围绕乡村振兴开展专题研究，包括河北省农业高质量发展、农业社会化服务体系建设、县城攻坚、农村人居环境整治、乡村人才振兴、“互联网+”特色产业扶贫、贫困地区稳定脱贫的隐性障碍破解、易地扶贫搬迁建设、农垦集团化改革等问题，并提出了相应对策；第三部分为典型农村调查，围绕推进精准扶贫这一主题，系统剖析一个具有代表性的村庄，为全省推进精准扶贫积累经验。重点介绍了河北省保定市涞源县黄郊村精准扶贫情况。

本书作为每年一卷的系列丛书，原为年度《河北省农村经济形势分析与预测》，已经由河北人民出版社连续出版18年。从2018年开始，本书改名为《河北农业农村发展报告》，并由社会科学文献出版社出版。改名后，我们仍延续了以往的研究体例，并保持了统计数据和经济分析方法的连续性，力求体系完整、内容丰富、图文并茂、实用性强，能够为省委省政府及有关部门决策提供参考，为普通群众提供信息、答疑解惑。

由于影响农业农村经济发展的因素众多，预测分析的挑战性强，书中涉及大量的统计调查数据，数据来源、调查时点、统计口径不同，不同章节之间的部分数据可能不尽一致，加之受资料、研究时间等诸多条件限制，书中仍存在一些缺点和不足，希望广大读者提出宝贵意见，以便更好地发挥蓝皮书的决策参考作用。

编　者

2018年12月

目 录

Ⅰ 总报告

Ⅱ 分报告

Ⅲ　专题篇

Ⅳ　调查篇

皮书数据库阅读使用指南

CONTENTS

I General Report

II Sub-Reports

Ⅲ Special Reports

Ⅳ Survey Report

总 报 告

General Report

B.1

2018～2019年河北省农业农村经济发展报告*

穆兴增　宋杏婵　段小平　郭继红**

摘　要： 2018年是贯彻党的十九大精神、实施乡村振兴战略的开局之年，也是决胜全面建成小康社会的关键一年。在世界经济格局大发展、大变革、大调整的背景下，河北省农业农村发展保持平稳态势，为全省经济稳定增长提供了重要保障。本报告在总结2018年河北省农村农业经济发展情况基础上，对

* 本报告数据来源为河北省统计局2018年1～9月统计月报，河北省人民政府编、中国统计出版社出版的2011～2018年的《河北省经济年鉴》。

** 穆兴增，河北省社会科学院农村经济研究所所长、研究员，主要研究方向为农业农村经济、区域经济、畜牧经济；宋杏婵，国家统计局河北省调查总队综合处处长、高级统计师，主要研究方向为区域经济、城乡统计；段小平，河北省社会科学院农村经济研究所副研究员，主要研究方向为农业农村经济、产业经济；郭继红，国家统计局河北省调查总队综合处副处长，高级统计师，主要研究方向为区域经济、农村统计。

2019 年全省农业农村经济发展进行了分析，提出了加快推进乡村振兴，推动农业农村高质量发展的具体对策建议。课题组认为，2019 年，尽管国际经济形势复杂多变，不确定、不稳定因素增多，但随着国家乡村振兴战略实施，全省农业农村有望继续保持平稳较快发展的态势，农业发展质量水平进一步提升，脱贫攻坚步伐进一步加快，农民收入将继续得到稳固提升。

关键词： 乡村振兴　河北省　农业　农村

2018 年是改革开放 40 周年，也是实施乡村振兴战略的开局之年。面对新时代新要求，河北省委、省政府围绕“强基础、补短板、促发展”精准发力，全面实施农业供给侧结构性改革，着力构建现代农业产业体系、生产体系、经营体系，农业综合生产水平稳步提升，经济发展质量效益稳中有进，有力保障了全省经济社会的健康运行。

一　2018年河北省农业农村经济运行状况回顾分析

（一）农村经济总量稳步增长，农村发展形势持续看好

近年来，河北省深入贯彻党的十九大精神，按照“稳进好准度”的工作总要求，先后出台了《中共河北省委　河北省人民政府关于实施乡村振兴战略的意见》《河北省乡村振兴战略规划（2018—2022 年）》《河北省农业供给侧结构性改革三年行动计划（2018—2020 年）》等系列政策，农业供给侧结构性改革深入推进，转型升级扎实推进，结构优化取得成效，发展质量稳步提高，发展活力持续增强。2017 年，全省实现地区生产总值 35964.0 亿元，比 2016 年增长 6.7%，其中，第一产业增加值 3507.9 亿元，增长 3.9%，增速比 2016 年提高 0.2 个百分点，第一产业占全省 GDP 比重首次

降到10%以内，为9.8%，城乡关系进入一个新的发展阶段。2018年全省地区生产总值继续增长，前三季度全省地区生产总值达到25226亿元，同比增长6.6%，其中第一产业增加值1941.5亿元，增长3.5%，农林牧渔业总产值达到3409.0亿元，同比增长3.5%。从农业内部看，2017年全省农林牧渔业总产值达到5373.38亿元，比2016年增长4.0%。与改革开放初期相比，农林牧渔业产值增长69.8倍，年均增长11.5%，农林牧渔业增加值从1978年的52.2亿元增长到3297.8亿元，增长了62.2倍，年均增速达到11.2%。

（二）农业综合生产能力显著提高，主要农产品产量稳定增长

全省共划定永久基本农田517.9万公顷，建成高标准农田197.5万公顷，全省农业综合机械化率达到72.1%，机耕面积占耕地总面积的63.5%，机收面积占耕地总面积的64.1%，农业综合生产水平稳步提升。

（1）粮食生产。河北省是全国13个粮食主产省份之一，保障粮食稳定生产十分重要。近年来，河北省粮食生产保持了稳定增长的好势头。2017年，全省粮食播种总面积619.1万公顷，比上年减少13.6万公顷，下降2.1%，粮食总产量在高起点上连续4年丰收，达到3508万吨，折合701.6亿斤，这是河北省粮食产量首次突破700亿斤，粮食平均亩产377.77公斤，比2016年增加13.19公斤。其中，夏粮生产呈现“面积略减、单产提高、总产略降、品质提升”的态势。2017年，全省夏粮总产1474.7万吨，增长1.8%，其中小麦种植面积227.6万公顷，比上年减少2.78万公顷，下降1.2%，小麦总产量1474.7万吨，比上年增长1.8%，小麦平均亩产415.36公斤，比上年增加2.11公斤，再创历史新高，全省小麦优质率达到73.1%，高出全国10.1个百分点。秋粮产量2033.3万吨，增长1.1%，圆满完成粮食生产省长负责制的各项考核指标，为保障粮食安全做出了积极贡献。2018年，全省夏粮生产略有减少，总产量达到1466.47万吨，比2017年减少54.28万吨，下降3.57%，但仍保持较高的产量。

（2）蔬菜、油料生产。2017年，河北省棉花播种面积27.6万公顷，比上年下降4.4%；棉花总产量30.1万吨，比上年增长0.4%。蔬菜总产量

8259.8 万吨，比上年增长 0.8%，其中，设施蔬菜产量 2845.7 万吨，比上年下降 1.7%。油料总产量 159.0 万吨，比上年增长 1.6%。河北省蔬菜在北京市场占有率达到 53%。2018 年，全省蔬菜生产继续保持平稳增长。2018 年前三季度，全省蔬菜总产量达到 3197.9 万吨，同比增长 2.8%。

（3）畜牧生产。近年来，河北省畜牧业规模化、标准化水平持续提高，肉、蛋、奶产量保持较高水平，全年市场供应充裕。2017 年，河北省肉类总产量 462.4 万吨，增长 1.3%。其中，猪肉产量 275.0 万吨，增长 3.6%；牛肉产量 55.9 万吨，增长 3.0%；羊肉产量 31.1 万吨，下降 4.0%。禽蛋总产量 376.9 万吨，下降 3.0%。牛奶生产结束下降趋势，出现恢复性增长，牛奶总产量从 2016 年的 440.5 万吨提高到 2017 年的 458.1 万吨，增长 4.0%。河北省牛肉在北京市场占有率达到 72.2%、羊肉的占有率达到 73.3%、鸡肉的占有率达到 51.0%。2018 年，虽然受环保升级、饲料成本上涨、“非洲猪瘟”造成活猪禁运等因素影响，但全省畜牧业生产仍保持了健康稳定的良好态势，整体呈现“结构优化、效益向好、供应无虞、安全保障”的年度特征。2018 年前三季度，全省猪肉产量达到 212.5 万吨，同比增长 4.0%；牛肉产量达到 44.9 万吨，同比增长 3.0%；羊肉产量达到 21.0 万吨，同比增长 4.0%。禽蛋产量达到 288.4 万吨，同比增长 1.0%。牛奶产量达到 293.0 万吨，同比增长 1.0%。乳制品和液体乳制品产量连续三年位居全国第一。

（4）园林水果及食用坚果生产。全省果品种植面积继续保持全国第 1 位，果品产量保持在全国第 2 位，其中梨、红枣、板栗、扁杏产量居全国第 1 位，桃、葡萄、柿子产量居全国第 2 位，核桃、苹果产量居全国第 4 位。2017 年，河北省园林水果产量 1571.0 万吨，比 2016 年增长 3.0%，食用坚果产量 67.0 万吨，增长 14.6%。全省梨出口占全国出口量的 60% 以上，板栗出口量占全国出口量的 80% 以上。2018 年，受局部地区大风、晚霜冻、冰雹等自然灾害影响，河北省部分果园因灾减产。2018 年前三季度，全省瓜果产量为 336.7 万吨，同比下降 6.3%。

（5）渔业生产。全省以健康养殖、适度捕捞、保护资源、做强产业为方针，全面推进渔业转型升级，提高渔业生产质量效益。2017 年，全省共完成水产品产量 127.5 万吨，同比下降 3.6%。其中，捕捞水产品产量 32.1 万吨，下降 8.4%，养殖水产品产量 95.4 万吨，下降 1.8%。2018 年，全省水产品产量继续呈下降态势。2018 年前三季度，全省水产品产量 32.7 万吨，同比下降 11.3%。

（三）农业生产结构调整步伐加快，新产业新业态蓬勃发展

近年来，河北省以农业供给侧结构性改革为抓手，全面加快农业生产结构调整步伐。2017 年，河北省农业产值占农林牧渔业总产值比重为 53.8%，比 1978 年下降 30.6 个百分点，牧业和渔业占比分别达到 32.3% 和 3.6%，比 1978 年分别提高 20.6 个和 2.9 个百分点，全省农业实现了由以种植业为主的传统农业向农林牧渔业全面发展的现代农业根本性转变。从种植业内部结构看，2017 年全省非优势产区籽粒玉米累计调减面积达到 417 万亩，推广节水小麦 2700 万亩，发展高效节水灌溉 1058 万亩，新增设施蔬菜 204.2 万亩；青饲料播种达到 14.49 万公顷，增长 23.4%；豆类播种 14.7 万公顷，增长 1.1%；薯类播种 2.8 万公顷，增长 1.1%；中草药材播种 7.7 万公顷，增长 11.9%；油料播种 47.1 万公顷，增长 0.6%；瓜果类播种 11.4 万公顷，增长 0.7%。全省粮经饲比由 2012 年的 66.8∶32.5∶0.7 调整为 60∶37∶3。

2018 年，全省农业内部结构继续优化调整。2018 年前三季度，河北省农业产值小幅增长 1.4%，林业、牧业和农林牧服务业产值增速分别达到 5.5%、5.9% 和 8.1%，渔业产值下降 4.9%。继邯郸市滏东现代农业产业园后，鹿泉区现代农业产业园成功入选国家现代农业产业园创建名单。2018 年 9 月，全省拥有国家级现代农业产业园 2 家，省级现代农业产业园 187 家，市县级现代农业园区 1555 家，园区规划总面积达 3428 万亩，占全省耕地总面积的 34.8%，形成了以国家级为龙头，省级为骨干，市县级为基础的梯次创建发展格局。农业农村的生态、文化功能被重新发掘，乡村旅游、休闲农业、农村电商等新产业、新业态蓬勃快速发展，一二三产业融合步伐加快。

（四）农村综合改革深入推进，乡村振兴的基础进一步夯实

全省农村土地承包经营权确权登记基本完成，农村集体建设用地、农村宅基地确权登记稳步推进。2017 年，全省农村土地承包经营权确权登记任务完成 95% 以上，有效解决了承包土地面积不清、四至不清、空间位置不明、登记簿不健全、档案管理不规范等问题，为保持现有土地承包关系长久稳定，维护农民合法权益提供了保障。农村土地“三权分置”的有效实现形式不断丰富，农业适度规模经营持续加快。2017 年，全省建成县级农村产权交易市场 129 家，土地流转面积达到 2801.8 万亩，占家庭承包经营耕地总面积的 33.3%，全省在工商部门登记注册的家庭农场 3.0 万家、农民合作社 11.59 万家，比上年分别增长 28.8% 和 6.5%，多种形式适度规模经营格局初步形成。农村集体产权制度改革稳步推进，农村集体资产清产核资全面开展，16 个县 991 个村开展经营性资产股份制改革，承德县双滦区各项改革试点任务有序推进。全省开展了土地、资金、资产、农宅等多种形式股份合作，各类农村股份合作制经济组织达到 1.47 万家，辐射全省 46% 的行政村，带动 280 余万农户。集体林权确权登记发证面积占总任务的 99.4%，改革主体任务基本完成。国有农场土地确权发证全面启动，全省农场办社会职能改革完成 97%，国有农场土地权籍调查超过 95%，国营中捷友谊农场、沽源牧场、御道口牧场组建区域性集团公司或产业公司。水利改革扎实推进，115 个县开展水权确权登记。供销合作社综合改革持续深化，新型基层供销社基本实现涉农乡镇全覆盖。

（五）农业产业化水平稳步提升，农民生活水平稳步提高

近年来，河北省将加快农业产业化作为促进农业增效、农民增收的重要途径，以市场为导向，全面加强政策扶持、优化发展环境，促进各类农业产业化龙头企业发展壮大，扩大农业产业化经营规模。2017 年，农业产业化经营总规模达到 6743.5 亿元，比 1998 年增长 10.4 倍，年均增长 13.6%。1998 年以来的 20 年间，农业产业化经营率由 28.4% 提高到 66.6%，年均提

高4.6个百分点。2017年，全省销售收入500万元以上龙头企业达到2303家，比1998年增加1892家；实现销售收入达到3622.0亿元，比1998年增长20.1倍，年均增长17.4%。通过“龙头企业+基地+农户”“龙头企业+农民专业合作社+农户”等多种利益联合方式，采取合同订单、股份合作、利润返还等形式，带动农户1559.9万户，比1998年增长6.6倍，年均增长11.3%。2017年，全省居民人均可支配收入达到21484元，比上年增长8.9%，其中农村居民人均可支配收入12881元，增长8.1%。农村居民人均消费支出10536元，增长7.5%，农村居民家庭恩格尔系数下降到26.7%。城乡居民人均可支配收入倍差为2.27，比全国的2.78低0.51。

2018年，全省居民收入继续保持较快增长。2018年前三季度河北省居民人均收入达到17233元，增长9.2%，高出全国0.4个百分点，其中，农村居民人均可支配收入10640元，增长9.1%，高出全国0.2个百分点。与周边地区相比，前三季度河北省居民收入增速高于北京、天津、山西、内蒙古、辽宁、山东、河南等省份。全省耐用消费品大幅增长，农民每百户拥有小汽车35.2辆、空调68.5台、电脑49.4台、电冰箱91.2台、手机230部。全省99.5%的农户拥有自己的住房，其中，拥有商品房的农户达到98.6万户。农村居民生活水平大幅提升。城乡养老保险制度不断完善，城乡居民基本医疗保险和养老保险实现制度并轨，农村低保、社会救助体系不断完善，全省全年160.2万农村居民享受最低生活保障，参加工伤保险的农民工达到236万人。

（六）农村公共基础设施持续改善，绿色可持续发展能力逐渐提升

河北省以垃圾处理、厕所改造、污水治理、村容村貌提升为重点的农村人居环境整治广泛开展。全省4.86万个村庄按照中心村、保留村和撤并村的划分完成规划定位，累计建设37个省级重点片区和一大批“美丽乡村”精品村。2017年，全省农村公路新改建4526公里，整治里程2583公里，重点村主街道全部硬化，48671个行政村全部实现通电，93.5%的行政村用

上自来水，96.2%的行政村接通互联网，84.3%的行政村安装了有线电视，81.5%以上的行政村实现公共交通覆盖。近130个县启动PPP垃圾处理模式，90%以上的村生活垃圾得到有效治理；改造旱厕300多万个，彻底消灭连茅圈，绿化率达到35%以上。全省行政村中有卫生室的村占比为87.3%，有幼儿园的村占比为31.4%，有体育健身场所的村占比为62.1%。全省深入开展"蓝天、碧水、净土"行动，农业面源污染治理继续加强，地下水超采治理持续开展，化肥和农药使用量实现负增长，土壤污染治理与修复试点启动，河湖全覆盖的河长组织体系全面建立，水环境质量得到改善，绿色农业发展水平稳步提高。全省设区市PM2.5平均浓度较2013年下降39.8%，地下水超采综合治理形成压采能力33.6亿立方米，畜禽养殖场配套建设粪污处理利用设施比例达到81.9%，秸秆综合利用率达到95%。京津风沙源治理、"三北"防护林、沿海防护林、太行山绿化、京津保生态过渡带等生态工程建设取得明显成效，新增国土绿化面积536万亩，森林覆盖率达到33%，塞罕坝林场荣获联合国环保最高荣誉"地球卫士奖"。

（七）精准脱贫战略深入推进，28个县退出贫困县序列

近年来，河北省围绕"两不愁、三保障"和贫困人口增收等目标，切实摸清底数、精准识别、动态管理，深入推进产业扶贫、就业扶贫、科技扶贫等，全面提升贫困人口教育、医疗、养老等水平，加大农村危房改造力度，努力实现稳定脱贫和可持续发展。2018年，河北省出台了《关于重点支持张承坝上等深度贫困地区脱贫攻坚的推进方案》《关于推进深度贫困地区脱贫攻坚的实施意见》，在全国率先启动深度贫困地区脱贫攻坚工作，通过"五包一""三包一"的超常规帮扶措施，集中力量帮助10个深度贫困县、206个深度贫困村发展产业、改善生产生活条件。全省62个贫困县全部制定了特色产业扶贫规划，探索推广了能人带户、订单帮扶、股份合作等多种利益联结形式，累计发展扶贫股份合作社9529个，带动贫困户46.84万个。涞水旅游扶贫、平泉"三零"模式、威县产业收益扶贫等在全国推广。2018年，全省农村低保标准提高到每人每年3300元以上，"三免

一助”政策共惠及建档立卡贫困学生7万多人。全省五年累计脱贫497万人，贫困发生率由2013年的9.84%降低到2017年的1.86%，贫困地区基础设施和公共服务持续改善，贫困群众生产生活条件发生显著变化。2017年，望都、海兴、南皮率先退出贫困县序列。2018年，平山县、青龙满族自治县、魏县、平乡县、易县、平泉市、盐山县、武邑县、饶阳县、阜城县等10个国家扶贫开发重点县，广平县、馆陶县、博野县、孟村回族自治县、东光县、献县、内丘县、南和县、临西县、任县、枣强县、吴桥县、鸡泽县、邯郸市肥乡区等14个省扶贫开发重点县，正式退出贫困县序列。

（八）民营经济发展稳中有进，对经济就业带动的主体作用明显

全省上下认真贯彻关于民营经济发展的工作部署，民营经济实现了稳中有进的发展目标。2017年，全省新注册民营市场主体、民营企业分别达到106.17万户、26.95万户，分别占全部新注册市场主体、注册企业的98.64%和94.85%；全省民营经济市场主体、私营企业分别达到458.36万户、113.2万户，分别提高16.01%和23.62%。民营经济实现增加值24406.4亿元，同比增长7%，占全省GDP比重达到67.9%，比2016年提高0.1个百分点。民营经济完成工业增加值12453.6亿元，同比增长3.6%，高出全省工业0.6个百分点。全省民营经济上缴税金3125.9亿元，同比增长17.2%，占全部财政收入的比重达到61.4%，比上年提高0.4个百分点，实现利润总额8299.6亿元，同比增长9.7%，拉动全省经济发展的作用突出。全省民营经济吸纳就业2204.2万人，占全省二三产业就业比重达77%以上，成为社会劳动力就业的主渠道。民营企业出口总值达到1420.85亿元，同比增长7.1%，占全省出口额的比重达到66.8%。2018年，河北省委、省政府出台了《关于大力促进民营经济高质量发展的若干意见》，针对解决融资难融资贵、减轻企业税费负担等8个方面出台了40条具体措施，支持民营企业发展。2018年前三季度，全省民营经济企业达到339.3万家，同比增长2%；第一产业增加值达到17269.8亿元，同比增长6.8%；营业

收入达到80807.8亿元，同比增长7.9%；利润总额5751.5亿元，同比增长9.5%；从业人员2146.9万人，同比降低0.4%；实缴税金3112.7亿元，同比增长26.9%。全省3174家高新技术企业和6.2万家科技型中小企业中，民营企业占多数。民营经济在技术创新、增加税收、吸纳就业和改善民生等方面发挥不可替代的作用。

二　河北省农业农村经济发展形势分析与预测

2018年是国内国际经济形势大变革大转型的关键一年，深入分析农业农村发展面临的外部形势，对保障2019年河北省农业农村平稳健康发展，保障全省粮食等重要农产品生产，提升经济发展活力等具有重要意义。

（一）河北省农业农村发展面临的形势

1. 国际经济发展不确定性增强，实现复杂形势下经济高质量增长的任务较大

进入2018年，我国面对的国际国内经济形势出现新变化。从国际上看，世界经济复苏进程减缓，单边主义、贸易保护主义抬头，特别是美国政府挑起贸易争端，极大增加了世界经济发展的不确定性。按照国际货币基金组织的判断，美国贸易战将对全球经济产生负面影响，导致经济增速放缓。美联储加息导致的美元回流、新兴市场国家货币贬值也将对世界经济增长产生负面影响。从国内看，宏观经济运行总体较为平稳，经济增长、物价水平、就业水平等都处在较为稳定的区间，总体呈现积极向上的态势。但经济结构性矛盾导致的新问题、新矛盾，经济发展面临的困难和挑战较多。中美贸易摩擦，对我国经济发展模式、改革节奏以及外商投资信心产生较大影响，股市、债市、外汇市场都出现一定波动。国内一些地方、企业对严格环保的高标准、金融去杠杆不适应，投资和消费增长有所放缓，少数地方环保治理“一刀切”，对经济的影响显现。可以说，世界经济结构的裂变、市场情绪的巨变、微观基础的变化、经济政策的叠加错配以及结构性体制问题的集中

暴露，使2019年成为我国摆脱新常态低迷期，走向高质量发展模式的关键之年。未来，我国经济下行压力将持续强化，但新阶段供给侧结构性改革、新一轮改革开放政策的实施，将对全年市场信心有较大提升，投资持续下滑的趋势有望缓解，外部环境可能继续恶化，投资、出口疲弱的趋势难以根本扭转。未来，稳就业、稳金融、稳外贸、稳投资、稳预期工作较重，推动高质量发展成为必然选择。

2. 三大战略机遇深度叠加，为推动河北省经济高质量发展提供了条件

当前河北省正面临京津冀协同发展、雄安新区建设和2022年北京冬奥会三大战略机遇。几年来，京津冀协同发展战略深入人心，廊坊北三县与北京深度对接，京唐城际铁路、津石高速开工建设，太行山高速、京张高铁、崇礼高铁、承平高速、延崇高速等交通干线建设全面加快，石保廊全面创新改革试验区、京南国家科技成果转移示范区建设取得新进展。《雄安新区规划纲要》正式发布，新区管理机构和投融资平台组建运行，雄安新区政务服务中心正式启用，起步区域城市基础设施建设、对外交通路网、白洋淀综合环境治理和生态修复积极推进。张家口冬奥赛区场馆和相关建设规划获得国家批准，43个项目开工建设，冰雪运动在全省蓬勃开展，冬奥经济对全省经济的带动效应逐渐显现。以世界文化遗产大运河为核心的文化旅游产业加快发展，对带动邯郸、邢台、衡水、沧州、廊坊等冀东南平原地区经济发展具有积极意义。

3. 实施乡村振兴战略，为河北省农业农村经济发展带来重大利好

实施乡村振兴战略，是党的十九大做出的重大战略部署，是决胜全面建成小康社会、全面建设社会主义现代化强国的重大历史任务，是新时代"三农"工作的总抓手，在我国"三农"发展进程中具有划时代的里程碑意义。当前我国经济由高速增长转向高质量发展，工业化、城镇化、信息化深入推进，乡村发展进入大变革、大转型的关键时期。乡村振兴战略的实施，对解决农村发展水平滞后，资金、人才等要素资源流失，农村基层组织软弱涣散，农村发展空心化、老龄化问题，加快补齐农村基础设施、公共服务领域短板，加快深度贫困地区脱贫进程，重塑城乡关系，推动乡村治理和治理

能力现代化，让农业成为有奔头的产业，让农民成为有吸引力的职业，让农村成为安居乐业的美丽家园等具有重要意义。

（二）2019年河北省农村经济形势展望

2019 年，在乡村振兴战略、京津冀协同发展战略有效带动下，河北省农业农村经济有望继续保持稳定增长的态势。具体如下。

1. 农产品综合生产能力稳步提升，“四个农业”发展全面加快

2019 年，《河北省农业供给侧结构性改革三年行动计划（2018—2020年）》全面落实，河北省将以现代都市农业和特色高效农业为方向，按照全产业链打造、全价值链提升的思路，大力发展科技农业、绿色农业、品牌农业、质量农业，着力提升农业质量效益和竞争力。全省加快划定重要农产品生产功能区、重要农产品生产保护区、特色农产品优势区，实施耕地保护提升工程，加强中低产田改造，提升耕地质量，保障粮食等主要农产品生产稳定。全省与水资源承载力相匹配的现代农业生产体系加快构建，小麦、玉米等高耗水粮食作物加快调减，特色高效经济作物加快发展。通过加快构建粮经饲统筹、农牧渔结合、“种养加”一体化的复合型现代农业结构，培育新型农业经营主体，增强农业整体竞争力。同时，加快规模化养殖场粪污处理设施建设，推进畜牧废弃物资源化利用。2018 年，河北省高耗水小麦品种继续调减，强筋麦、节水麦、功能麦等特色优质麦加快发展，以冀中南为核心的强筋小麦生产聚集区将见雏形，节水小麦推广面积达到 2736 万亩左右，全省小麦播种面积稳定在 3500 万亩左右。正常的条件下，河北省小麦总产量将基本稳定，单产有望提升。从农业内部结构看，全省籽粒玉米播种量将有所减少，青储玉米、鲜食玉米等播种面积增加，优质饲草料、设施蔬菜、草腐食用菌、马铃薯、小杂粮、中药材等优势特色产业发展加快。畜牧业生产方面，受 2018 年 9 月以来周边省份“非洲猪瘟”疫情影响，河北省生猪存栏量有所下降，2019 年全年生猪供给存在一定波动。坝上地区退耕还草还牧进一步加快，5000 亩以上草原保护区加快建设。农业生产机械化、信息化水平将稳步提高，绿色循环可持续发展继续成为农业发展的重要趋势，农

药、化肥使用量有望继续降低，农产品质量安全得到有效保障。都市现代农业在大城市周边的发展继续加快，农业对外开放水平持续提升，现代农业园区发展进入提质增效的新阶段。

2. 农村产权制度全面深化，农村集体产权制度改革持续加快

2019年，河北省农村集体产权制度改革深入推进。第二轮土地承包到期后再延长30年的政策有序衔接，农村土地承包关系稳定并长久不变政策全面贯彻，土地承包经营权确权登记颁证加快推进，国家、省、县三级承包土地信息联通共享基本实现。农业适度规模经营水平持续提高，“房地一体”的农村集体建设用地和宅基地使用权确权登记颁证全面推进。定州市农村土地征收、集体经营性建设用地入市和宅基地制度改革试点扎实推进，农村零星分散的存量建设用地将得到有效利用。农村集体资产清产核资基本完成任务，经营性资产股份合作制改革全面推进，农村集体经济收入空白村进一步减少。集体林权、水利设施产权等领域改革稳步推进。国有农场社会职能剥离移交、农垦国有土地使用权确权登记发证任务基本完成，农场现代企业管理制度加快推进。

3. 农民增收长效机制逐步建立，富农利农政策体系不断完善

随着乡村振兴战略实施，全省现代农业发展加快，农村创新创业氛围更加浓厚，农村一二三产业融合发展趋势加快，全省农民收入的空间得到进一步拓展。河北省大力发展“四个农业”，农村集体产权制度改革加快，政策红利有望进一步释放。针对贫困地区的精准帮扶持续加强，产业扶贫、教育扶贫、就业扶贫、金融扶贫等多种举措实施，有利于加快贫困地区农民收入增长，带动全省农民平均收入水平提升。都市农业发展，有利于延伸农业产业链条，增加农民在农业发展中的收益。但从不利的方面看，全省农业生产的基础条件仍较为落后，农业生产经营的市场风险、自然风险较大。县域经济发展基础薄弱，农村非农产业对严格环保的适应能力不强，一些企业停业、关闭，对农民非农收入增长造成一定影响。综合考虑上述因素，预计2019年河北省农民可支配收入增速与2018年基本持平。

三 2019年河北省农业农村经济发展面临的主要问题

随着农业供给侧结构性改革深入推进，全省现代农业加速发展，农民收入较快增长。但全省农业基础设施落后、城乡生产要素配置不合理等问题仍很突出，农业农村持续发展等能力仍然不强。

（一）农业发展结构性矛盾突出

全省农业产业结构与资源禀赋不尽匹配，粮经饲结构不合理，粮食播种面积占总播种面积的60%以上，经济作物、饲草料生产占比偏低。全省农产品加工业总产值与农业总产值之比仅为1.8∶1，低于全国2.2∶1的水平；农业产业化龙头企业相对较少，产业集中度低，全省国家级龙头企业仅有46家。农产品阶段性供过于求和供给不足并存，特色农业、品牌农业、高效农业发展滞后，农业供给质量和效益亟待提高。农村一二三产业融合发展广度、深度不够，新业态、新动能有待进一步壮大。农业规模化、组织化程度相对较低，新型经营主体培育亟待加强。

（二）农村生态环境问题凸显

农业资源环境约束不断加剧，水资源严重匮乏、利用率不高。河北省人均、亩均水资源仅分别为全国平均水平的1/7、1/9，已经形成7个共1000平方公里的漏斗区，是全国地下水超采问题最严重的省份。农业投入品使用量大、利用率低，农业废弃物循环利用水平不高。乡村生态环境脆弱，一些村庄“脏乱差”现象依然存在，农村散煤燃烧、秸秆焚烧等大气污染问题尚未根治，农村人居环境有待大幅改善。

（三）乡村人才缺乏问题较为突出

村集体经济总体薄弱，“空壳村”占有较大比重。农村人口老龄化、村庄“空心化”严重，留住人、留住年轻人的机制尚未建立，村庄普遍缺人气、缺活力、缺生机。一些农村基层党组织软弱涣散，组织力、号召力、凝聚力不强，部分基层组织缺经费、缺阵地，村干部老化严重，引领乡村发展和治理乡村、服务村民的能力不足。

（四）城乡发展差距依然较大

城乡基本公共服务水平和收入水平差距明显，城乡之间要素合理流动机制亟待健全，农村基础设施和民生领域欠账较多，社会事业发展仍然滞后，农民适应生产力发展和市场竞争的能力不足，脱贫攻坚任务艰巨。2017 年，河北省农村居民人均可支配收入相当于城镇居民人均可支配收入的 42%，有 105.9 万贫困人口和 10 个深度贫困县、206 个深度贫困村尚未脱贫。

针对这些制约河北省农业农村发展的薄弱环节和突出短板，必须认真贯彻落实习近平总书记重要指示精神，抓住、用好千载难逢的重大历史机遇，统筹谋划、精准施策、有序推进，全力开创河北省乡村振兴的新局面。

四　全面实施乡村振兴战略，加快农业农村经济发展的建议

（一）按照“五大振兴”要求，全面实施乡村振兴战略

针对制约河北省农业农村发展的薄弱环节和突出短板，应抓住、用好京津冀协同发展战略、雄安新区建设、冬奥会筹办等千载难逢的重大历史机遇，按照“产业兴旺、生态宜居、乡风文明、治理有效、生活富裕”的总要求，把“三农”工作作为重中之重，全面落实乡村振兴战略。应按照“五级书记抓乡村振兴”的要求，把实施乡村振兴战略作为核心任务和主要职责来抓，强化政府在实施乡村振兴战略中的主体责任，科学制定配套政策和配置公共资源，在干部配置上优先考虑，在要素配置上优先满足，在资金投入上优先保障，在公共服务上优先安排，加快补齐农业农村短板，统筹推进乡村

产业振兴、人才振兴、文化振兴、生态振兴、组织振兴。应加快深化农业农村改革，破除体制机制弊端，建立健全城乡融合发展体制机制和政策体系，推动城乡要素自由流动、平等交换，形成工农互促、城乡互补、全面融合、共同繁荣的新型工农城乡关系。应创造良好条件和环境，激活主体、激活要素、激活市场，提升农村资源配置效率，调动全社会力量投身乡村振兴。应以科技进步引领、人才培育保障、机制创新驱动乡村振兴，增强农业农村发展动力、活力。

（二）顺应村庄发展演变趋势，分类确定村庄发展方向

顺应村庄发展演变趋势，综合考虑地形地貌、区位资源、经济发展等多种因素，建议按照“示范引领、特色发展、集聚提升、融合发展、搬迁撤并”的总思路，科学确定全省村庄发展方向，明确重点举措，精准实施策略。

一是示范引领型村庄。对资源禀赋好、地理位置较好、经济实力较强、发展基础较好片区的村庄，坚持高点定位、高标准建设。在基础设施配套、公共服务功能、村容村貌建设、房屋建筑特色、农村环境宜居、乡风文明健康、基层民主管理、特色产业发展等方面打造示范样板，突出产业优势、环境优势、竞争优势，提升人口、产业吸纳能力，通过一两年的努力，率先推动实现农业农村现代化，实现农民生活幸福安康，带动全省整体工作全面推进。

二是特色发展型村庄。对具备特色资源、文化底蕴深厚、自然风光风貌独特、产业特色鲜明的村庄，注重统筹保护、利用与发展的关系，合理挖掘利用古街古巷、历史建筑、传统民俗、非物质文化遗产等特色资源，彰显农耕文明、地区特色风貌，打造历史文化名村、传统文化村等特色发展型村落。

三是集聚提升类村庄。对于规模较大、人口将保留存续的村庄，以农村人居环境整治为重点，有序推进农村垃圾、污水治理和厕所改造，提升村庄人居环境质量，完善村庄配套基础设施和公共服务能力，建设美丽村庄。鼓励发挥比较优势，发展商贸特色、家庭手工业、旅游文化、农业特色产业，

形成产业与村庄发展的良性互动机制，建设宜居宜业美丽乡村的农村新型社区。

四是融合发展型村庄。对城中村、城郊村，综合考虑工业化、新型城镇化和村庄自身发展需要，纳入城镇发展总体规划，统一规划、建设，加快产城融合发展，建设人口、产业承载平台，加快城乡产业融合、基础设施互联互通、公共服务共建共享，在形态上保留乡村风貌、治理上体现城市水平，打造城市发展后花园。功能上，强化服务城市发展、承接城市功能外溢，满足城市发展。制度上，探索完善城乡户籍、就业、教育、医疗制度和城乡要素双向合理流动机制，为城乡融合发展提供实践经验。

五是搬迁撤并类村庄。对地处偏远、人口流失特别严重的“空心村”，自然生存条件恶劣、生态环境脆弱、灾害频发地区的村庄，通过异地扶贫搬迁、生态移民搬迁、就近就地安居、转移就业、自然消亡等方式，实现村庄撤并、搬迁或自然消亡。搬迁撤并、自然消亡后的村庄原址因地制宜复垦还田复绿，增加乡村生产生态空间。农村居民点迁建、村庄撤并，应充分尊重农民意愿，不强制农民搬迁或集中上楼。

（三）落实主体功能区规划，推动农业生产布局结构优化

全面落实河北省主体功能区规划，科学划定城镇、农业、生态空间和城镇开发边界、生态保护红线、永久基本农田保护线。按照生产空间集约高效、生活空间宜居适度、生态空间山清水秀的思路，将全省现代农业发展总体布局为“一环四区一带”，即环京津都市现代农业圈，山前平原高产农业区、黑龙港生态节水循环农业区、山地高效特色农业区、坝上绿色生态产业区和沿海高效渔业产业带，构建特色鲜明的现代农业协同发展新格局。

环北京、天津、雄安新区的县（市、区），重点打造都市型现代农业，提升京津雄优质农副产品、优美生态环境供给能力，增加高效设施蔬菜、特色果品种植面积。山前平原高产农业区以建设高产高效优质粮食、蔬菜、畜禽等重要农产品生产、加工、物流基地为主攻方向，着力提高京津冀城市群“米袋子”“菜篮子”产品供给能力。黑龙港生态节水循环农业区，强化

“以水定种、以种定养”的发展思路，开展地下水超采综合治理，推广耐旱作物品种，建设国家节水农业综合示范区、绿色农产品供应基地。燕山和太行山区抓好沟域经济，发展现代山地特色高效农业，推动现代农业、扶贫开发、休闲农业、生态建设综合发展。坝上和接坝地区以种养结合的草原特色农牧业为主攻方向，发展冷凉蔬菜种植和畜牧养殖，建设优质绿色生态奶源生产基地、高原特色有机农产品供给基地和高原特色休闲旅游度假区。沿海市县以发展生态高效健康养殖和开展资源增殖为主线，建设标准化健康养殖基地，积极发展远洋远海捕捞，提升优质水产品供给能力。

（四）推动农业绿色发展，增加优质农产品供给

绿色发展是时代的需要、市场的呼唤，是“绿水青山”成为“金山银山”的重要路径。要以环境友好和资源永续利用为导向，推动形成农业绿色生产局面，实现生产清洁化、废物资源化、产业生态化，促进农业高质量发展。

一是增加绿色有机产品供给。按照农业供给侧结构性改革要求，主动适应社会消费提档升级趋势，全面开展农产品质量安全对标行动，实施内外销产品“同标同质”工程，大力发展绿色农业、有机农业、优质高效农业。加强农业良好生产规范管理，制定符合当地特色农产品生产的技术规范和操作规程，把农业产前、产中、产后各环节纳入标准化管理轨道。支持创建农业标准化示范园区、示范县。加快构建以区域公用品牌为核心、企业品牌为支撑、产品品牌为基础的现代农业品牌体系。

二是强化资源保护与节约利用。统筹优化土地开发利用格局和结构，严格划定永久基本农田，坚持最严格的耕地保护制度，加强耕地和基本农田保护。落实《河北省地下水超采综合治理五年实施计划（2018—2022年）》，加大地下水超采区治理力度。统筹推进工程节水、农艺节水、管理节水，建设节水型乡村。在黑龙港地下水超采区、张承坝上地区有序推进轮作休耕。

三是推动农业清洁生产。强化化肥、农药、兽药、饲料添加剂等投入品使用管理，统筹布局农业产业和沼气工程、沼液配送、有机肥加工、农业废弃物收集处理等配套服务设施，加快形成生态循环农业产业体系。集成配套

推广节水、节肥、节能、节药等先进适用技术，推进种养结合、农牧结合、养殖场建设与农田建设结合，构建生态农业循环经济产业链。健全农药、兽药、饲料添加剂等投入品追溯系统，大力推广秸秆、畜禽粪便、废弃地膜等资源化利用。

四是扩大农业开放合作。主动融入“一带一路”建设，积极支持农业“走出去”，支持省内农业企业到境外进行种养殖生产、加工及仓储物流基地建设。选择一批产业特色鲜明的优势区域，集中打造一批具有国际标准的农产品生产示范区（基地），促进农产品出口贸易。加强农业国际交流与合作，强化种业繁育、节水技术、循环农业等领域合作，全面提升河北省农业科技水平。

（五）全面改善人居环境，着力建设美丽宜居乡村

坚持农村人居环境、生态环境和农业绿色发展统筹推进，通过实施人居环境五大工程、山水林田湖草综合治理、加快农业绿色发展和乡村生态文明理念宣传，全力建设县域内生活环境整洁优美、生态系统稳定健康、人与自然和谐共生的美丽乡村，绘就河北省乡村振兴的富春山居图。

一是着力改善农村人居环境。以建设美丽宜居村庄为导向，抓住主要矛盾，加大水、电、气、暖、道路等农村基础设施建设力度，找好突破口，突出抓好农村生活污水治理、垃圾处理、“厕所革命”等重点任务，补齐农村人居环境短板，全面提升农村人居环境质量，努力形成与全面建成小康社会相适应的农村垃圾污水、卫生厕所、村容村貌治理体系。在具备条件的村庄建设专业化废弃物集中处理中心，对畜禽养殖粪污、厕所粪污等进行一并处理及资源化利用。

二是全面提升村容村貌。开展县域乡村规划编制或修编，为农村人居环境整治工作提供规划指导，实现乡村规划管理全覆盖。充分发挥村庄规划的作用，做到农房建设有规划管理、行政村有村庄整治安排、生产生活空间合理分离，实现村庄规划管理基本覆盖。加快通村组道路、入户道路建设，整治公共空间和庭院环境，提升农村建筑风貌，健全传统村落保护体系，推进

村庄绿化，完善村庄公共照明设施。

三是推进山水林田湖草综合治理。农村的山水林田湖草是一个生态大系统，应弘扬塞罕坝精神，按照重点突破与面上治理相结合，工程措施、生物措施与自然修复相结合的原则，抓好山水林田湖草综合治理建设。实施国土绿化三年行动，全面推进宜林荒山荒地绿化。着力修复农田林网、围村片林、灌溉渠系等生态廊道，修复自然生态系统涵养水源、保持水土、净化水质、保持生物多样性等功能，逐步恢复田间生物群落和生态链，提高农业生产生活生态服务能力。开展矿山修复治理，对居民聚集区、交通干线、河湖周边的矿山和采石场进行重点治理，恢复地形地貌景观、植被生态。

四是集中治理农业环境突出问题。深入实施土壤污染防治行动计划，开展土壤污染状况详查，积极推进重金属污染耕地等受污染耕地分类管理和安全利用，有序推进治理与修复。加强重有色金属矿区污染综合整治。加强农业面源污染综合防治。加大地下水超采治理，控制地下水漏斗区、地表水过度利用区用水总量。开展耕地质量等级调查评价与监测，建立耕地分类管理机制。开展土壤污染状况调查，抓好土壤污染治理和修复技术应用。实施农村清洁河道行动，建设生态清洁型小流域。全面落实河（湖）长制到村一级，加强排污口监管和河流断面水质监测，对各类纳污坑塘和河渠进行专项整治。

（六）强化要素支撑，构建城乡融合发展体制机制

建立健全城乡融合发展的体制机制和政策体系，优化农村外部发展环境，推动人才、土地、资本等要素双向流动，促进城乡要素均衡高效配置，为乡村振兴注入新动能。

一是建立财政支农稳定增长机制。健全实施乡村振兴战略财政投入保障制度，公共财政更大力度向“三农”倾斜，推动乡村振兴目标任务实现。发挥投资对优化供给侧结构性改革的关键作用，加大政府投资对农业绿色生产、农业基础设施、农村基本公共服务、农村人居环境等重点领域和薄弱环节支持力度。激发带动社会资金投资活力，构建财政资金引导、社会资本多

元投入的新格局。

二是提升乡村振兴人才保障能力。围绕农业生产服务、农机推广应用、乡村手工业等重点领域和乡村财会管理等薄弱环节，加大“三农”领域实用专业人才培育力度，提高农村专业人才服务保障能力。深入推进“三支一扶”人才支持计划，建立城乡、区域、校地之间培养合作与交流机制。鼓励引导支持各类人才通过志愿服务、投资兴业、包村包项目、行医办学、捐资捐物、法律服务等方式投入乡村建设。

三是推动城乡公共服务均等化。坚持乡村振兴和新型城镇化双轮驱动，推动公共服务向农村延伸、社会事业向农村覆盖。鼓励农民进城落户，保障其发展权益，稳妥推进农业转移人口市民化，提高城镇带动农村发展能力。采取多种方式保障农业转移人口基本就业、医疗、教育、养老、住房需求，保障农民子女公平享受城乡义务教育，推动城乡居民享受同等的保障权利。

参考文献

彭建强：《农村改革40年经验与启示》，《河北日报》2018年10月10日。

穆兴增：《加快发展现代都市型农业》，《河北日报》2018年9月14日。

彭建强等：《河北省农村经济形势分析与预测（2017～2018）》，河北人民出版社，2018。

分 报 告

Sub-Reports

B.2
2018～2019年河北省粮棉生产形势分析与预测

李玲萍*

摘　要： 粮棉生产是国民经济稳定健康运行的基础。本报告在总结2018年河北省粮棉生产情况的基础上，分析了2019年粮食、棉花生产的有利和不利形势，对2019年河北省粮棉生产进行了预测，提出了促进河北省粮食、棉花稳定生产的对策建议。

关键词： 粮食　棉花　生产形势　分析预测

* 李玲萍，国家统计局河北省调查总队农业调查处主任科员、高级统计师，主要研究方向为农产量调查、粮食安全统计、农业热点难点问题。

2018 年，河北省委、省政府高度重视粮食生产，认真贯彻落实中央一号文件和全省农村工作会议精神，深入推进农业供给侧结构性改革，按照“藏粮于地、藏粮于技”的发展思路，主动调整农业种植结构，加快优化区域布局，大力发展特色杂粮、中药材、食用菌等特色栽培项目。从全年粮食生产形势来看：河北省夏粮呈现面积、亩产、总产“三减”格局，秋季再次遭遇了苗期干旱、夏季多雨、持续高温、台风等不利因素，秋粮生产依然呈现面积、亩产、总产“三减”的格局，导致全年粮食生产形势呈现“夏减秋减全年减”格局。2018 年棉花价格继续回落，虽然气象条件总体有利，全省棉花单产有所增加，但受棉花播种面积继续缩减的影响，棉花总产量呈减产态势。

一　2018年河北省粮棉生产基本情况

（一）全年粮食生产呈现“两季三减”格局

2018 年，河北省全年粮食播种面积 9808.0 万亩，比上年减少 179.8 万亩，下降 1.9%；粮食单产 377.3 公斤/亩，比上年减少 6.1 公斤/亩，下降 1.6%；粮食总产量 3700.9 万吨（740.2 亿斤），比上年减少 128.4 万吨（25.7 亿斤），下降 3.4%。分季节看，夏、秋两季粮食生产呈连减态势。

1. 夏粮生产呈现“三减”格局

2018 年河北省夏粮播种面积为 3577.6 万亩，比上年减少 23.2 万亩，下降 0.6%，单产为 409.9 公斤/亩，比上年减少 12.4 公斤/亩，下降 2.9%；夏粮总产量为 1466.5 万吨（293.3 亿斤），比上年减少 54.3 万吨（10.9 亿斤），下降 3.6%。其中，小麦播种面积为 3521.9 万亩，比上年减少 24.3 万亩，下降 0.7%；单产为 410.6 公斤/亩，比上年减少 12.2 公斤/亩，下降 2.9%；总产量为 1446.1 万吨（289.2 亿斤），比上年减少 53.3 万吨（10.7 亿斤），下降 3.6%。

2. 秋粮生产继续呈现“三减”格局

全省秋粮播种面积 6230.4 万亩，比上年减少 156.6 万亩，下降 2.5%；单产

358.6公斤/亩，比上年减少2.8公斤/亩，下降0.8%；秋粮总产量2234.4万吨（446.9亿斤），比上年减少74.1万吨（14.8亿斤），下降3.2%。其中，玉米播种面积5156.6万亩，比上年减少159.5万亩，下降3.0%；单产376.4公斤/亩，比上年减少6.5公斤/亩，下降1.7%；玉米总产量1941.2万吨（388.2亿斤），比上年减少94.3万吨（18.9亿斤），下降4.6%。

（二）棉花生产呈“两减一增”格局

2018年，河北省棉花播种面积315.6万亩，比上年减少15.3万亩，降低4.6%；单产为75.8公斤，比上年增加3.3公斤，上升4.5%；总产量为23.9万吨，比上年减少0.1万吨，降低0.3%。

（三）种植结构调整步伐加快，杂粮播种比重增加

2018年以来河北省以加快种植业结构调整作为深化农业供给侧结构性改革的关键举措，实施了农业结构调整三年行动计划，主动提出调减籽粒玉米播种面积，因地制宜发展饲用玉米、马铃薯、中药材等作物种植。通过结构调整，实现了“以养定种”、订单生产，提高了杂粮等高效优质作物的比例，粮食结构比例更加合理。受华北地下水限采政策的影响，黑龙港地区减少了小麦种植面积，转而增加其他粮食及经济作物面积。据调查，2018年河北省两个主粮品种播种面积减少，小麦播种面积比上年下降0.7%，玉米播种面积比上年下降3.0%。其他粮食品种除谷子播种面积有所减少外，其余小品种作物播种面积均有所增加，其中稻谷播种面积增加了4.6%，大豆播种面积增加了24.9%，马铃薯播种面积增加了0.3%，杂粮比重较上年提高了0.2个百分点。因棉花市场需求依旧较小，棉价持续低位运行，播种面积连年缩减。

二　河北省粮食生产利弊因素分析

（一）夏粮利弊因素分析

2018年夏粮生产期间，由于受2017年秋播期间连续降雨影响，部分地

区小麦播期推迟，播期偏晚导致苗情弱亩穗数减少；越冬期间平均气温较常年偏低、降水少；早春的先暖后凉不利天气频发又影响穗分化；后期的连阴雨和干热风又影响了小麦千粒重。河北省2018年夏粮面积、单产、总产量呈现“三减”格局。

1. 不利因素

（1）播期偏晚导致苗情差影响亩穗数。小麦播种期间降雨较多，播种偏晚，播期不集中；越冬期间全省平均降水7.2毫米，比常年同期少66%，全省麦田缺墒面积1930万亩，占总播种面积的57%，导致小麦返青期群体不足，个体偏小，整体苗情较弱。据3月中下旬部分市县苗情调查情况，2018年各地苗情复杂，既有壮苗又有弱苗，大部分地区长势不如上年，一、二类麦田比重下降，三类麦田增加。

（2）早春不利天气频发影响穗粒数。入春以来，气温波动大、冷热交替频繁，返青期较常年推迟一周，麦穗分化时间短，影响穗粒数。尤其是清明节的“倒春寒”对中南部麦区影响较大，部分地块叶片顶端出现轻微冻害，同时偏春性小麦品种小穗分化受到影响，部分地块出现光秆穗、狼牙穗。

（3）阴雨天气和干热风影响冬小麦灌浆。阴雨天气出现在两个阶段，分别是5月15～17日和19～21日，主麦区日照偏少，平均每天不足3小时，尤其是石家庄局部、邢台中西部、邯郸北部几乎无日照。5月28～31日出现了大范围干热风天气，范围最广覆盖44个县（市、区），造成中南部麦区部分地块出现点、片倒伏。前期的小麦播期延迟导致冬小麦生育进程延后，而后期出现的连阴雨和干热风造成小麦提前成熟、灌浆不足，籽粒干瘪、千粒重下降，小麦质量下降。

（4）小麦播种面积有所减少。一是各地积极推进农业供给侧结构性改革，大力调整农业种植结构，减少夏粮播种面积，增加经济作物面积。二是黑龙港地区受华北地下水限采政策的影响，减少了小麦种植。三是小麦种植成本偏高，费工费水收益低，致使城郊农户种植积极性下降，导致小麦面积减少，这种现象在京津等城市周围更为明显。

（5）农资价格持续上涨，种植成本增加。受天然气紧张和取暖期间工矿企业错峰生产的影响，化肥、农药等农资产品价格出现不同程度的上涨。据调查，受农用机油和化学肥料价格上涨影响，2018 年上半年，河北省农业生产资料价格同比上涨 2.1%，涨幅较上年同期扩大 0.3 个百分点，其中 6 月上涨 4.1%，已连续 9 个月呈现上涨态势，涨幅呈逐月扩大之势。

2. 有利因素

（1）小麦良种覆盖率大幅提升。据农业厅统计，2018 年河北省结合开展地下水超采综合治理试点重点推介了 45 个节水品种，累计推广面积达到 2200 万亩，较 2017 年新增小麦节水品种 500 万亩，占总播种面积的 64.5%，优质稳产高产小麦品种实现区域化种植，有效提高了小麦产量。邯郸、邢台等中南麦区，大力推广强筋小麦订单生产，全省优质强筋小麦面积达到 298 万亩。

（2）田间技术指导到位。落实规范化播种技术，加强农机农艺结合，全省农机深松面积达到了 1050 万亩，播后镇压达到 2925 万亩，秸秆还田达到 2899 万亩。各级农业部门组织农技专家深入田间地头，认真考察苗情、墒情、病虫害情况，科学运筹肥水，促弱转壮，增穗数、争粒数，加强病虫监测预警，认真组织实施病虫害统防统治，有效地控制了病虫害发生。

（3）高质高效、绿色创建项目示范引领作用明显。近两年来，全省加强小麦绿色高质高效示范县建设，形成了节水优质高产、节水节肥高产、水肥一体化托管服务等 9 种绿色发展模式，带动周边市县小麦生产方式转变，有效提升了小麦管理水平和生产能力。

（4）小麦生长中后期气象条件总体有利。4 月以来，河北省先后出现了 5 次降水，强降水主要发生在 4 月 13 ~ 14 日和 4 月 21 ~ 22 日。特别是 4 月 21 ~ 22 日的大范围降雨，使全省平均降雨量达到 45.7 毫米，27 个县（市、区）出现暴雨，有力地改善了土壤墒情，麦田旱情基本解除，加快了苗情转化升级。

（二）秋粮利弊因素分析

2018 年秋粮生产期间，苗期降水偏少，部分地区出现旱情；灌浆期持续高温，造成夏玉米果穗结实不佳；部分地区遭遇大风、冰雹及强降雨等自然灾害，导致部分地块出现倒伏；各种不利的气象条件共同造成秋粮减产。

1. 不利因素

（1）苗期降水偏少，部分地区出现旱情。5～6 月，春玉米苗期至拔节期，春播作物区累积降水量大部分地区为 45～130 毫米，较常年减少 1～8 成；6 月下旬至 7 月上旬，夏玉米苗期，河北省大部分地区降水偏少，累积降水量 10～45 毫米，局部地区 50～100 毫米，较常年减少 1～9 成，但由于大部分地区进行了灌溉，未对苗期作物造成明显影响。

（2）持续高温，造成夏玉米果穗结实不佳。2018 年 6 月 1 日至 8 月 10 日，全省共出现 35℃以上高温天气 51 天，其中 6 月 19 天、7 月 23 天、8 月 9 天，40℃以上高温天气 4 天，最高气温达到 43℃。

受副热带高压影响，7 月 25 日至 8 月 5 日河北省出现持续 12 天高温闷热天气。在此期间春玉米处于灌浆初期，高温对其灌浆和干物质积累略有影响，但影响不大；而夏玉米正处于抽雄开花期，尤其是 6 月 10 日以前播种的夏玉米，遭受了不同程度的高温热害，出现花粉和花丝活力下降、吐丝困难、雌雄发育不同步、受粉结实不良等现象，籽粒结实率明显下降。

高温热害影响区域主要集中在河北省中南部地区，如邯郸、邢台、衡水、石家庄等地，早播地块以及花粉量少的品种（如“先玉”系列品种）受影响较大。主要导致玉米花粉母细胞发育不良或畸形，散粉阶段持续高温则导致花粉活力降低甚至丧失；尽管花丝能够正常抽出，雄穗也能散粉，但由于花粉、花丝活力问题而出现果穗受粉、受精不良，最终导致结实不良。另外由于花粉是随机散落在花丝上面，因此果穗结实不良呈现“花粒”“缺粒”“秃尖”等问题。

总的来说，一是春播普遍好于夏播。就调查情况来看，北部张承地区及唐山、廊坊的春播玉米结实情况普遍良好，基本不存在果穗结实不良现象。而整个夏播区果穗结实不良现象较为普遍。二是北部好于南部。地处南部的邯郸、邢台问题偏重，保定、廊坊等地问题略好一些，石家庄、衡水、沧州等地则居中。这种现象的出现主要是因为2018年南部地区夏玉米播种较常年提早了3~5天，夏玉米早播导致了上述问题的发生。三是晚播夏玉米普遍好于早播。由于2018年河北省各地夏玉米播期普遍提早，加之实施地下水超采治理部分地区预留了部分春白地，早播夏玉米面积进一步扩大。从调查情况来看，早播夏玉米（特别是在6月10日前播种的）果穗缺粒偏重，而6月15日后播种的受影响相对较小。

（3）部分地区遭遇大风及强降雨，导致部分地块出现倒伏。2018年河北省秋粮生产连续遭遇气象灾害：4月出现低温冷害，部分早播的地膜春玉米受到影响；5~7月个别地区发生雹灾，对春玉米和夏玉米造成一定影响；7月下旬受台风影响，沧州、唐山、秦皇岛等沿海地区强降雨，导致各地不同程度出现倒伏、涝灾现象，部分地块积水严重；9月6日，石家庄、保定、邢台、衡水、沧州等地出现大风天气，部分地区玉米遭受风灾，部分地块出现不同程度的倒伏，产量减少。

2. 有利因素

（1）播种基础好。4~5月河北省北部春播区均出现大范围有效降雨，而春播区玉米播期主要集中在4月下旬至5月上旬，集中降雨有利于春玉米播种和出苗。由于2018年小麦收获期较常年提前，加之机械化收获进程加快，夏玉米播种期较常年提早了3~5天，集中播期在6月10~18日，6月15日之前播种的比例较大，同期全省出现大范围降雨过程，有利于夏玉米播种出苗以及春玉米苗期的生长发育。播期集中有利于田间管理和病虫害防控。

（2）技术指导到位。河北省继续扩大“郑单958”“浚单20”“蠡玉35”等紧凑耐密型玉米优良品种推广面积；推行扩行缩株种植形式，玉米达到最优种植密度；发挥省产业体系专家作用，分作物、分区域制定发布农作物高效栽培、病虫害绿色防控、节本增效技术规范，推进化肥农药使用量零增长；引导公益性和经营性服务组织，推行合作式、订单式、托管式和代耕代收、统防统治等多种形式服务。尽管在年初时全国农技推广中心预报，2018年黄淮海区夏玉米病虫害可能会偏重发生，但由于预报和防治及时到位，河北省均未出现大的病虫害情况。

（3）降水充沛、墒情适宜。7月上旬至8月中旬河北省各地降水充沛，累积降水量170～480毫米，局部550～630毫米，其中7月7～25日降水频繁，有效补充了土壤水分，解除了前期旱情；8月6～18日先后出现了3次降水，较常年偏多4成以上，为玉米生长提供了充足的水分条件，有利于大秋作物生长和产量形成。

（4）病虫害偏轻发生。无论是春玉米还是夏玉米，整个生长发育期间对病虫害控制得较好，植株生长发育健壮。7月下旬受台风“安比”的影响，沿海地区（唐、秦、沧）部分地块有三代黏虫发生，部分地区在受粉以后有南方锈病发生，但对全省玉米生产总体影响不大。

（三）全年粮食生产情况

“六月立秋，两头不收”是2018年河北省粮食生产的真实写照，综合夏、秋两季利弊，河北省全年粮食呈现近年来少有的“夏减秋减全年减”“面积减单产减总产减”的“两季三减”局面。

三　河北省棉花生产利弊因素分析

2018年棉花生产期间，气象条件总体有利，为棉花单产增加提供有力的自然条件。棉花播种后，大部分时段光温条件适宜，仅花铃期出现阶段性寡照；播种期和现蕾期降水偏少，部分棉区出现旱情，其他时段降水充足，墒情适宜。据实地调查，河北省大部分棉区棉花长势正常，伏前棉桃存量较大，后续分蘖、成桃情况较好，疯长、落花、落铃现象较少，无明显病虫害，单产与上年相比有所增加。

（一）有利的气象条件

1. 播种期温度适宜

棉花播种期（4 月下旬至 5 月上旬），棉区平均气温大部分为 19～21℃，接近常年或偏高 1～3℃，热量条件适宜棉花播种。

2. 苗期至花铃期大部分时段光温适宜

棉花苗期（5 月中下旬），平均气温 22～24℃，大部分棉区偏高 1～2℃，日照时数平均每天 8～11 小时，光温条件有利于棉花苗期生长。现蕾期（6 月上中旬），上旬平均气温 24～27℃，较常年偏高 1～3℃，中旬日照时数平均每天 7～11 小时，接近常年；花铃期（6 月下旬至 8 月中旬），平均气温 25～29℃，较常年偏高 1～2℃，日照时段平均每天 6～9 小时，光热较充足，利于棉花生长发育。

3. 花铃期降水较多，大部分棉区墒情适宜

棉花开花结铃期，降水充沛，时空分布合理，土壤水分得到有效补充，结合灌溉，大部分棉区土壤墒情适宜，利于棉花开花结铃。

（二）不利气象条件

1. 播种期棉区降雨较多

4 月中旬至 5 月中旬棉区降水偏多，部分棉田出现 2～3 天积水现象，棉苗正常生长受阻，部分棉苗出现立枯病。

2. 现蕾期降水偏少，部分棉区出现阶段性旱情

棉花现蕾期（6 月上中旬），降水偏少，累积降水量大部分在 20 毫米以下，较常年偏少近 1/2，旱情持续加重，墒情不足，不利于棉花现蕾生长。

3. 花铃期出现阶段性寡照和强对流天气

7 月日照阶段性不足降水较多，与常年相比，全省大部分棉区每天偏少 1～2 小时或接近常年，局部每天偏少 3～4 小时，中南部大部分棉区日照不足 5 小时，局部不足 3 小时，容易造成落铃，对棉花开花结铃有一定不利影

响。7月16日，邢台市受强对流天气影响，部分县（市）遭受风暴灾害，对棉花生长造成一定影响。

四 2019年河北省粮棉生产形势预测

展望2019年，全省各市县扎实推进粮食生产调整，落实粮食安全机制，出台各项支农惠农措施，继续深化种植结构调整，推进供给侧结构性改革，各粮食品种的种植比例继续调优。在2018年粮食“两季三减”的不利形势下，2019年河北省粮食单产上升空间较大，粮食有望丰收。受需求影响，棉花市场将继续低位运行。

（一）小麦

1. 冬小麦单产受上年影响，增产空间较大

2018年河北省冬小麦受不利气象条件影响，单产下降12.2公斤/亩，在生产技术提高，规模化生产扩大，高产示范田相继创建的带动下，在不遭遇特别严重的自然灾害前提下，2019年河北省小麦单产将较大幅度提升，一部分填补2018年因灾减产的空间；另一部分则体现为农业科技进步和社会发展的必然结果。

2. 耕地资源有限，播种面积增长乏力

2018~2019年河北省连续两年无因地下水综合治理而新增压减小麦种植的任务，一定程度上保证了小麦播种面积的稳定。但毕竟耕地资源有限，随着社会的进步，工业化、城镇化的发展，开发区、工业区、城镇扩张等均需占用耕地，影响了小麦的种植规模。加上种植小麦等粮食品种比较效益低，农民弃种后又复种的积极性和动力不足，小麦播种面积上涨的可能性不大。

3. 小麦价格预期稳中有升

从2006年开始，我国小麦最低收购价持续上涨，2014~2017年，小麦（三等）最低收购价保持在1.18元/斤的历史最高点。2018年小麦最低收购

价每斤下降 0.03 元，2019 年小麦最低收购价继续下跌，每斤又下降了 0.03 元。连续两年下调小麦最低收购价是国家充分考虑小麦生产成本等情况，统筹市场供求、国内外市场价格和产业发展等因素做出的安排，在保持农民种粮收益预期基本稳定的同时，可以更好地发挥市场机制作用，进一步激发市场活力，引导粮食供给结构优化。在小麦市场供需基本平衡的形势下，预计 2019 年小麦价格将以平稳运行为主，间或小幅下行。

综合分析，2019 年小麦播种面积将保持稳定，单产有望大幅提升，总产量稳中有涨，市场价格将平稳运行。

（二）玉米

1. 玉米单产上升潜力大

河北省 2014～2015 年连续两年发生严重的夏旱，汛期降水量较常年偏少 4 成到 5 成，造成玉米单产因灾减少，两年单产共减少 22.56 公斤/亩。2016～2017 年，气候适宜，田管得力，玉米单产恢复性上涨，两年单产共上涨 40.05 公斤/亩，但与小麦单产相比，仍然低 40 公斤/亩。2018 年玉米因不利的气象因素减产。从品种理论产量角度考虑，玉米单产比小麦单产高，而且河北省玉米单产与全国单产水平相比，处于较低水平。综合多种因素，预计 2019 年河北省玉米单产上升空间较大。

2. 玉米播种面积将进一步减少

为落实国家到 2020 年调减“镰刀弯”等非优势产区玉米的要求，加快推进农业供给侧结构性改革，促进农民增收，提升种植业质量、效益和竞争力，河北省 2016 年开始政策性计划调减非优势产区的籽粒玉米，扩大青贮玉米、鲜食玉米种植面积，同时大力发展经济作物，扩大饲料、杂粮作物种植。2019 年，随着农业供给侧结构性改革调整政策的进一步深入，河北省青贮玉米种植面积将继续增加，相应的籽粒玉米种植面积继续减少。

3. 玉米价格平稳回升

2018 年 1～11 月，河北省玉米价格平稳回升，平均价格达到 1.8 元/公斤，与上年同期相比，每公斤价格上涨了0.20元，涨幅为12.5%，玉米市场出现了较大幅度的回升。2019年玉米播种面积仍有缩减趋势，市场供给继续减少，随着市场需求的回暖，用途的进一步发掘，玉米的市场价格将保持平稳，并小幅上涨。

综合分析，2019年河北省玉米播种面积将继续减少，单产在未遇气象灾害的前提下将继续增加，总产量呈增加态势，价格稳中有升。

（三）棉花

1. 棉花单产保持稳定

2018年，河北省棉花生产形势较好，气象条件有利，棉花单产达到历史高位，每亩产棉75.8公斤。虽播种面积连年减少，棉农管理较宽松，但近年来棉花单产仍波动上行。根据作物理论产量分析，受实地光、温、水及土壤条件限制，2019年棉花单位面积产量将保持稳定，既有小幅上行的可能，也有小幅下行的可能，取决于自然气象条件。

2. 植棉面积将基本稳定

2012年以来，受棉价持续低迷和市场需求减弱等因素影响，河北省棉花种植面积大幅度持续减少。截至2018年，全省棉花播种面积共减少了589.9万亩，年均减少84.3万亩。2017年10月31日，河北省政府发布了《关于建立粮食生产功能区和重要农产品生产保护区的实施意见》，按照国家统一部署要求，争取用3年时间完成国家分配下达河北省的300万亩重要农产品棉花的生产保护区的划定任务，保持棉花生产能力基本稳定。基于2017年棉花生产建立保护区政策的实施，预计2019年河北省棉花播种面积将保持基本稳定态势。

3. 棉花价格将继续低位运行

自2012年棉花价格下降以来，棉花价格数年低迷，2016年下半年至2017年棉价有所回暖反弹。2018年棉花价格继续走低。从农村重点集贸市场棉花（籽棉）价格监测来看，2018年1~11月，河北省棉花平均价格为6.6元/公斤，在历史低位运行。与上年同期相比，每公斤下降0.3元，降幅达4.3%。分月看，呈波动小幅下行态势，2017年1月至2018年11月，月均降幅0.4%。从需求的角度来讲，目前纺织企业整体的棉花消费量相对平稳，支持棉价走高的需求量难以大幅提升。2019年，预计河北省棉花价格将继续低位运行。

综合分析，预计2019年河北省棉花价格稳定于低位运行，播种面积、单产、总产量均保持稳定。

五 河北省粮棉生产的对策建议

（一）升级粮食产品质量，拉长拓宽粮食产业链

新时代下既然要提高粮食供给，就必须从数量和质量上双重发力。一方面增加粮食供给量，夯实全省粮食安全的基础，另一方面推动我国粮食向优质、高产、高效、供需平衡方向迈进，保证粮食长久供给，相对安全。提升粮食作物的品种结构，依托科技投入，从新品种培育方面着力，不断研发更符合市场需求的粮食作物新品种。加大性能稳定的粮食优良种子推广力度，在优良粮食品种适宜生长的区域大范围推广种植，为市场提供有地域优势的优质粮食产品。增强种粮农民的国家安全意识，努力种出好粮、安全粮。一方面，升级粮食产品质量，推广实施优质粮食生产基础性工程，推动粮食生产的创新发展、转型升级和提质增效，构建高层次、高质量、高效率、持续久的粮食安全高保障体系，促进全省粮食源头的生产安全。另一方面，科技引领粮食产业链拉长拓宽，发挥科技作用，延长产业链、提升价值链，构建农业与二三产业交互融合发展的现代生产体系，多方位多角度力促全省粮食产品质量提升。

（二）对粮食生产县实行差异化管理，引导粮食生产适度聚集发展

通过提高粮食的生产力水平和种粮者的收益水平，优先支持和满足粮食优势生产县的各项发展需求，促进优势粮食生产县及其粮食品种的区域化发

展，使粮食生产的区域结构趋于合理、高效。有针对性地完善重点区域农业基础设施建设，制定种粮者专项补贴政策，调整其生产方向，调动其生产积极性，进一步推动全省粮食区域化发展，适度聚集。随着时代的变革和科技的进步，区域经济发展步伐的加快，替代粮食生产的各种经济活动活跃且诱惑力强，各地政府尤其是自然地缘禀赋有优势的地区政府应抵住诱惑，坚持不懈地抓粮食生产，把粮食生产做大做强，做成规模化生产、产业化经营，使全省粮食生产由粗放种植向精细化管理的新台阶迈进。

（三）建立粮食作物长势监测系统，在作物生长过程中及时采取应对措施

当前粮食预测主要从两方面入手。一是气象预测。气象部门通过气象数据及历年产量数据建立模型，预测粮食产量。二是统计、农业等部门到田间地头观测粮食作物长势，理论测算出预计粮食产量。随着遥感卫星功能的强大和人类解读能力的进步，利用遥感技术来监测作物生长，既能体现主要粮食品种的种植结构和布局，也能监测作物的长势。建议气象部门、统计部门、农业部门多采用遥感技术，构建地面和空间立体监测粮食作物长势系统，以便全方位准确地预测及预警粮食作物长势，为及时采取相应措施提供便利和科学的监测条件。同时加快自然灾害的预警速度，提高粮食生产的防灾减灾能力。

（四）推进棉花产业化发展，力促河北省棉花提质增效稳产能

从供给侧结构性改革入手，提高棉花产品的质量，降低生产成本，提高整个棉花产业链的整体效益，从根本上带动棉花产业健康、持续的发展。影响棉花产量高低、品质优劣的因素除气候和栽培水平外，起决定作用的因素是棉花品种的优劣。培育研发出适应时代发展特色的、综合性状优良的常规抗虫棉品种，高抗枯、黄萎病的品种，高品质棉品种、彩色棉品种、短季棉品种、机采棉品种等优良系列品种，从根本上提升棉花质量，提高棉产品附加值。以规模化、机械化、产业化发展为载体，大力加强科技投入的力度，

推广栽培新技术，提高植棉规模化、机械化和智能化水平。只有实现规模化种植，产业化生产、机械化生产才能推进。应借助国家推进重要农产品生产保护区建设的契机，遵照“宜棉则棉”的原则，支持产棉大县建设万亩乡镇、千亩村等优质棉生产基地，以推进棉花生产机械化的快速推广发展。充分发挥农业、农机专业合作社的作用，努力实现统一品种、统一机械作业，最大限度地降低成本，求得最大效益，真正促使河北省棉花生产提质增效，产能可持续增长。

参考文献

朱要名、牛峰等：《河北省中南部地区近年来棉花生产状况分析》，《中国棉花》2017 年第 10 期。

B.3

2018 ~2019年河北省果品业形势分析与预测

李军　袁媛*

摘　要： 2018年，河北省林业部门深入贯彻新发展理念，以林果业供给侧结构性改革为主线，全面优化全省果品产业布局、调优品种结构、做强果品基地、壮大龙头企业，全面提升果品产业质量效益，全省果品产业呈现总体平稳、稳中向好、动力增强的良好态势。本报告从果品产业发展作用出发，对全省果品产业一年的运行情况进行分析，指出当前河北省果品产业发展面临的主要问题，提出2019年果品产业发展思路，以及未来加快果品产业高质量发展的对策建议。

关键词： 河北省　果品业　生产形势　供给侧结构性改革

河北省地处北方落叶果树最佳适生区，是全国重要的果品生产基地和果品大省。2018年在省委、省政府正确领导下，各级林业部门积极建设高标准基地，狠抓结构调整，推进产业化经营，使果品产业发展取得了显著成效。

* 李军，河北省社会科学院农村经济研究所研究员，主要研究方向为农村经济理论与实践研究。袁媛，河北省林业信息中心高级工程师，主要研究方向为林业生态文化与产业经济。

一　河北省果品产业发展形势

2018年，河北省果品产业坚持以推进供给侧结构性改革为主线，优布局、调结构，强基地、壮龙头，创品牌、拓市场，全面提升产业质量效益，呈现总体平稳、稳中向好、动力增强的良好态势。

（一）促进农业增效、农民增收

果树为多年生长，果品生产投入相对较少、产出效益较高，素有“一亩园十亩田之称”，每亩水果收益是三种粮食的8～10倍，是农林业中的高效产业。为深入落实《河北省农业供给侧结构性改革三年行动计划（2018～2020年）》要求，2018年初制定了《河北省特色优势农产品区域布局规划（2018～2020年）》和《河北省特优农产品提质增效实施方案》，深入推进苹果、梨、葡萄、桃、核桃、板栗、枣、仁用杏“八大优势树种”提质增效，主产区果品优质果率显著提升。据调查，2018年全省果品生产原产品平均亩效益为2000元以上，优新品种果品亩效益为8000元以上，果品产业已经成为调整农业结构，提高农业效益，促进农民增收的重要途径和现实选择。2018年全省果树面积居全国第1位，在带动农业增效、农民增收中发挥重要的作用。由于因灾量减和提质增效的双重影响，全省大宗果品产地收购价格增幅较大，曾一度出现收购商高价抢收果品现象。鸭梨、雪花梨产地收购价每公斤均3元左右，同比增长均超过60%；黄冠梨每公斤4.2元左右，富士苹果每公斤7元以上，同比增长均超过40%；京东板栗每公斤18元左右，同比增长30%以上；核桃每公斤15元左右，同比增长20%以上。全省新建集“生产、生态、生活”于一体的休闲观光采摘果园94个。文安县、平泉市和曹妃甸区分别被国家林业和草原局授予“国家文安人造板示范区”“国家平泉山杏加工示范区”“国家曹妃甸木材加工示范区”称号。全省62个贫困县中，除坝上地区的康保县、沽源县气候不适外，都把发展果品产业作为脱贫攻坚重要载体，其中，种植面积超10万亩的县37个，发展果品业已成为贫困地区产业扶贫的重要组成部分。

（二）发挥比较优势，提升竞争能力

河北省有六大类型区，跨越纬度大，资源丰富，气候适宜，适合多种果树生长。北部燕山和西部太行山区山场广阔，是多种优质果品的重要产地；地处京津周围的区位优势，为果品销售和观光旅游提供了广阔的空间；土壤肥沃的冀中平原，为果品产业大规模发展提供了优质土地资源。特别是面对日趋激烈的农产品国内外市场竞争，果品产业保持了较强的竞争力。梨和板栗作为果品出口的拳头产品，深受国内外消费者欢迎，京东板栗出口量和创汇额均占全国的90%以上，梨占全国的60%以上。赵县、黄骅、怀来等50个县被国家命名为“中国名特优经济林之乡”，数量居全国之首；梨、板栗、枣、桃、葡萄、柿子、杏扁产量均居全国前列，产品畅销国内外市场，其中70%销往省外，京津市场占有率为45%以上。在第二十二届中国（廊坊）农产品交易会期间，联合北京市、天津市林业部门，共同举办了“太平杯”第三届京津冀果品争霸赛暨获奖产品展，召开了第三届京津冀果品争霸赛获奖产品评选新闻发布会，圆满地完成了省政府交办的各项任务，得到了省政府领导的充分肯定。本届果品争霸赛得到了社会各界的广泛关注，吸引了来自京津冀三地的443家龙头企业、合作社、家庭林（果）场的860个名特优产品前来参赛、参展，参赛单位、参赛产品、参选品牌数量均为历届之最。经北京市林业果树研究院、河北省农业大学、河北省林业科学研究院等国家级、省级专家评审，共评选出果王10个、金奖46个、银奖68个、铜奖90个、名优产品奖20个。由于林业展厅设计创意新颖、林业筹展工作组织得力，省林业厅被第二十二届中国（廊坊）农产品交易会组委会分别授予“优秀设计奖”和“优秀组织奖”。

（三）延伸产业链条，促进产业化经营

各地围绕果品产业发展，与基地建设相结合，大力发展果品贮藏、

加工等配套产业，提高了果品产业化经营水平。2018 年，全省果品贮藏、加工、销售龙头企业 3066 家，比 2000 年增加 970 家，其中，国家级 27 家、省级 173 家；果品协会和专业合作社 7296 家，是 2000 年的 4.3 倍，其中国家级合作示范社 120 家、省级 320 家。涌现出养元、露露、长城、富岗、绿岭等一批大型果品龙头企业，创建了六个核桃、露露杏仁露、长城葡萄酒、威梨等国家和省级名牌产品 126 个，地理标志产品 39 个，中国驰名商标和省著名商标 32 个。龙头企业通过公司加基地连农户经营模式与果农结成利益共同体，延长了产业链条，形成了昌黎葡萄酒、沧县红枣、平泉仁用杏等一批具有较强竞争优势的区域特色果品产业集群，培育宽城板栗、涉县核桃、晋州梨等果品产业联合体 12 个。全省 164 个县（市、区）14600 多个行政村 1800 多万农民从事果品生产经营，每年可吸纳农村劳动力 400 多万人。通过贮藏销售、精深加工、休闲观光等产业化经营的多次、多环节转化增值，对农业农村经济发展起到巨大促进作用。

二　河北省果品产业发展面临的主要问题

当前，河北省果品产业正处在转型升级的关键时期，还存在一些发展不平衡不充分的问题。一是供给侧结构还不够合理。果树树种、品种结构仍不能满足激烈竞争的市场需求，水果面积偏大，优种干果面积偏小，苹果、梨、桃等主要树种的早、中、晚熟品种比例搭配不合理，市场供应不均衡。低端大路产品比重大，鲜食精品、优质产品占比小，供给端产品类型、品质难以满足日益提高的消费需求。区域特色主导产业不突出，“一县一业、一村一品”的格局尚未完全形成。二是产业化经营水平还不够高。果品生产以农户分散经营为主，企业与农户之间利益联结不紧密。果品采后商品化处理率不到 10%，冷链贮运能力较弱，贮藏率仅占总产量的 36%，比发达国家分别低 90 个和 34 个百分点。年果品加工率为 26%，比全国平均水平低 10 个百分点。龙头企业规模小、实力弱，缺少年经销能力在 5 万吨以上的大型外向龙头企业。三是科技支撑能力还不够强。新品种研发力度不足，自主创新能力较弱，科技成果转化率低，精深加工技术水平不高。技术推广体系不完善，县、乡两级薄弱，经费难以保障。果农科技文化素质偏低，仅少数通过专业培训实现持证上岗。市、县果品质量安全监管力量薄弱，缺乏经费保障。四是扶持政策还不够有力。农机补贴、农业开发、金融保险等相关政策向果品产业延伸不够，特别是在基础设施建设、新产品新技术研发、精深加工等方面支持力度有待加强。

三　2019年河北省果品产业发展思路与推进举措

（一）发展思路

以习近平新时代中国特色社会主义思想为指导，认真落实党中央、国务院和省委、省政府决策部署，以促进农民增收为目标，以供给侧结构性改革为主线，以科技创新为动力，以特色优势果品产业为抓手，调结构、优布局，抓特色、提质量，强龙头、创品牌，拓市场、增效益，努力构建现代果品产业体系，加快实现果品生产大省向果品质量强省跨越。

（二）主要举措

1. 调整产业结构，提高质量效益

一是调整优化区域布局。根据地理类型、气候条件、资源禀赋和区位优势，全省划分为“太行山—燕山”“冀中南平原”“黑龙港流域”“冀东滨海”“冀北山地”“桑洋河谷”“城镇周边”等七大果品优势产区。围绕结构调整的总体要求，立足果品产业基础，结合大规模国土绿化，压减低产低效粮食作物，扩大耕地果园面积，提高耕地产出效益，加快建设出口创汇型、高效节水型、生态经济型、原料加工型、休闲观光型等各具特色的果品优势产区，形成优势聚集、重点突出、科学合理的果品生产力布局。

二是加快发展特优果品。做大做强苹果、梨、桃、葡萄、核桃、板栗、枣、仁用杏等八大优势产业，重点发展梨、板栗、冬枣三大主导产品。梨，重点抓好“鸭梨”“雪花梨”传统品种的品质提升，“秋月梨”“新梨7号”“黄冠梨”等名优品种的规模扩增，全力打造国际果品标准示范区，避免同质化竞争。板栗，重点抓好“燕山早丰”“东陵明珠”等绿色有机板栗基地建设，淘汰低质果园，做强“京东板栗”品牌。枣，重点发展冬枣等鲜食枣，加快抗病抗裂品种规模扩张。深入挖掘“黄骅古贡枣”历史内涵，带动适宜区生产，淘汰非适宜区产能，大力发展设施栽培，促进“黄骅冬枣”老品牌焕发新生机。苹果，重点发展“国光”“黄元帅”“印度青”等特殊风味品种，化解“红富士”一品独大带来的同质化矛盾。桃，重点发展“黄油桃”“大京红”等耐贮运的硬溶质品种，适度发展设施栽培。葡萄，加快发展“阳光玫瑰”等促成设施栽培，突出发展优质无核新品种。核桃，着力提升“绿岭”“辽系”等优质薄皮核桃的集约化、品种化栽培水平。仁用杏，着力加强低产劣质园改造，扩大“优一”“围选1号”等优种杏扁种植规模。

三是建设高效示范基地。围绕国内外高端市场需求，突出区域特色和优势树种，通过品种改劣换优、果园改造提升、完善基础设施建设高效示范基地，进一步提升产业集中度和市场竞争力。其中，在太行山、燕山地区重点发展高档苹果、优质薄皮核桃、板栗出口基地；桑洋河谷、冀东滨海地区重点发展加工和鲜食葡萄；冀中平原、黑龙港流域重点发展梨出口基地和优质干鲜枣基地；张承地区和太行山北部浅山丘陵区发展仁用杏加工原料基地；大中城市周边重点发展桃、樱桃等时令果品。

2. 壮大新型经营主体，提升综合竞争能力

一是壮大龙头企业。强化政策引导、资金激励，谋划建设一批投资规模大、科技含量高、产业链条长、带动能力强的项目，支持企业进行技术改造，加快龙头企业提档升级。支持龙头企业加大科研投入，建设高水平研发中心，开展关键技术、前沿技术攻关，引进国内外先进技术进行集成创新，推进产业产品结构升级。引导龙头企业建立现代企业制度，完善公司治理结构，提高经营管理水平。支持龙头企业开展股份合作、资产重组、联合经

营、上市融资，多种形式扩大规模、增强实力。

二是提高加工能力。依托梨、板栗现有出口企业，加快建设以气调库为主的贮藏保鲜设施，引进智能化采后商品化处理生产线，增加贮藏保鲜能力。在巩固提高干红、干白葡萄酒加工的基础上，积极发展梨酒、枣酒、苹果酒等果酒加工业。大力发展梨、枣、桃、苹果等浓缩果汁加工和以杏仁露、杏仁粉等为主的仁用杏加工，以小包装栗仁、速冻栗仁、糖炒板栗等为主的板栗加工，以风味核桃、核桃油、核桃露、多肽饮品等为主的核桃加工业，以制干、制脯、罐头等为主的大枣、小枣、冬枣、柿子、山楂等加工，不断提高果品加工能力。

三是建强合作组织。指导专业合作社提升服务功能，为果农提供生产物资和科技信息服务，提高果农组织化程度。鼓励成立农机化服务组织、病虫害统防统治服务组织、果园托管服务组织，开展生产托管、统防统治、储运加工等市场化和专业化服务。鼓励专业合作社争创省级和国家级合作社示范社。推广“商超＋合作社＋农户”等形式，以订单为纽带，建立稳定的产销关系。

3. 打造知名品牌，拓展市场空间

一是抓好品牌创建。支持龙头企业和专业合作社大力发展无公害果品、绿色食品、有机食品、地理标志产品、森林生态标志产品，争创驰名商标、著名商标和名牌产品。以主产区为重点，培育区域公用品牌，实行区域生产果品统一注册商标，规范商标使用，严格质量标准，推进品牌化经营，提升品牌知名度和竞争力。

二是提升品牌质量。引导企业规范生产工艺流程，实施统一品牌、统一质量标准、统一包装、统一监督管理的质量管理体系，提升产品质量档次。鼓励企业结合绿色食品、有机果品生产规范和国际先进标准，制、修订省市地方标准，提升特色果品的观感品质、营养品质、卫生品质和安全品质，增强特色果品质量话语权。引导生产经营主体制定要求更严、水平更高的企业标准，大力推行质量认证，塑造现代顶级果品品牌。加强区域公用品牌使用、管理、保护，严格监督、严防滥用。加强果品产地环境保护和源头治理，实施严格的投入品使用管理制度，加快健全果品质量监管体系，建立果品质量追溯体系，推行品牌果品产地准出和市场准入制度。

三是强化品牌宣传。支持企业借助“一带一路”、京津冀协同发展、2022年冬奥会等平台，强化自主品牌宣传。大力实施“走出去”战略，组织企业抱团参加德国、中国香港、阿联酋、巴西、肯尼亚、俄罗斯和北京、上海等国际大型专业展会，扩展展位面积，增加企业数量，丰富参展产品。举办专场推介会，进一步稳固东南亚市场，扩大欧洲和中东市场，拓展南美洲、非洲和俄罗斯市场，做强“冀果”品牌，拓展国内外市场空间。

4. 推进融合发展，助推乡村振兴

一是拓展服务功能。坚持自然景观、果园景观和人文景观协调推进，加强统筹规划，拓展果品产业的休闲、康养、观光等多种功能，促进果品产业与旅游、度假、餐饮等产业的有机结合，打造田园综合体。重点在环京津、环城镇、环景区周边新建板栗、枣、梨等主题公园和特色果品小镇、省级观光采摘果园。发挥邢台前南峪、遵化沙石峪、井陉矿区天户峪等果品生产示范区资源优势，加强果园景区化建设，打造林果精品旅游线路，助推乡村振兴。制定出台河北省星级果品观光采摘园评定标准，开展星级观光采摘园认定工作。

二是促进产业融合。科学布局生产基地、加工基地和仓储物流基地，促进产、销、游一体化、一二三产业深度融合，打造科技高端、标准高端、品质高端的现代特色果品精品园、科技园，鼓励果品新型经营主体进行产品加工、仓储物流、产地批发市场等辅助设施建设。支持“绿岭”“栗源”“桑干”等果品加工企业发展工业旅游，建设一批集产品加工、生态旅游、科普教育等于一体的现代果业园区。

三是发展新型业态。充分利用农村闲置场所，建设产地交易市场，为果农出售产品提供服务。引导大中专毕业生、新型职业农民、务工经商返乡人员领办果品专业合作社、兴办家庭林果场、发展乡村旅游等。培育壮大经纪人队伍，积极引入拍卖、期货、电商等交易方式，拓宽特色果品销售渠道。支持产地批发市场开展线上线下结合的一体化经营，推进电子商务技术应用，逐步扩大网上交易品种和范围，促进果品产销与物联网、互联网协同发展。鼓励果品生产企业、合作社、家庭林果场与阿里巴巴、京东等知名电商平台合作，探索新型果品流通模式，完善鲜果电商配送及综合服务网络，着力解决生产标准化、物流标准化及冷链仓储建设等关键问题，化解小生产与大市场对接矛盾，加快培育农村经济发展新业态。

5. 强化科技支撑，提升发展动能

一是构建产业创新体系。依托河北省农业大学、河北省林业科学院、河北省农业科学院等科研力量，成立八大特色优势果品专家指导组，建立健全重点实验室、工程研究中心、产业技术研究院、产业技术创新联盟等平台，构建以企业为主体、市场为导向、产学研深度融合的技术创新体系。发挥“京津冀果树产业科技创新联盟”作用，围绕智慧农机、精深加工等关键制约因素展开联合攻关，突破一批关键技术，开发一批拳头产品，提高质量和附加值。立足果品资源禀赋，加大产业扶贫力度，助力精准脱贫。

二是完善技术推广体系。深化基层技术推广体系改革，组建科技服务团队，抓好技术集成、试验示范和成果转化。充分调动社会力量参与推广活动，逐步构建多元化推广体系，建立健全以林业推广机构为骨干，科研院所、高校、专业合作组织等社会力量广泛参与的新型科技转化推广体系，使全省每万亩果树有一名高级技术人员，每千亩果树有一名中级技术人员，每百亩果树有一名初级技术人员，村村都有农民技术员，户户都有技术明白人。

三是健全科技下乡机制。鼓励科技人员下乡，组织选派一批涉林高校和科研院所的专业技术骨干为科技特派员，完善科技特派员科技创业激励政策，鼓励科技特派员和科技人员开展技术咨询、技术服务和领办、创办林果示范基地和技术服务实体，把科技特派员的工作业绩，作为评聘和晋升专业技术职务（职称）的重要依据。营造乡土人才创新创业的优良社会环境，建立健全科学合理的乡土人才评价激励机制，充分激发乡土人才自我发展、造福乡村的主动性和创造性，培养一批乡土技术专家，让乡土专家真正服务于林业生产和脱贫的第一线。

参考文献

李鸿飞、马永清、张志鹏：《河北省果品产业发展现状及对策》，《安徽农学通报》2018 年第 6 期。

B.4

2018～2019年河北省畜牧业产销形势分析与预测*

穆兴增　赵学风　马修国　潘　兵**

摘　要： 2018年，河北省各级畜牧部门深入贯彻新发展理念，以畜牧业供给侧结构性改革为主线，努力克服环保升级、"非洲猪瘟"活猪禁运、饲料成本上涨等不利影响，深化产业结构调整，推动产业转型升级，有效应对挑战，畜牧业经济运行质量效益持续改善，整体呈现"结构优化、效益向好、供应无虞、安全保障"的年度特征，保持了健康稳定的良好发展势头。本报告通过对主要畜禽一年来的生产形势进行了分析，并对2019年生产和市场走势进行了预测，并对当前畜牧业发展存在的生产效率不高、进口冲击大、资源约束趋紧、环保压力大等制约因素进行了阐释，并提出有针对性的应对措施。

关键词： 河北省　畜牧业　产销形势　产业结构调整

* 本报告数据来源为国家统计局河北省调查总队第三季度生产数据，以及农业农村部统计监测项目2018年度生产、价格和交易量数据。

** 穆兴增，河北省社会科学院农村经济研究所所长、研究员，主要研究方向为农业农村经济、区域经济、畜牧经济；赵学风，河北省奶源管理办公室研究员，主要研究方向为农业畜牧经济。

一 2018年度河北省畜牧业发展特征与总体运行态势

2018年，河北省各级畜牧部门坚持以农业高质量发展为引领，努力克服环保升级、成本上涨等不利影响，着力推动畜牧业向规模化、标准化、循环化、生态化方向发展，全年畜牧业生产保持了平衡较快增长的态势。

具体来看：生猪生产受“非洲猪瘟”影响，出栏激增、存栏下降，猪价短期内趋降；蛋鸡存栏下降，蛋价先抑后扬；奶业发展质量明显提升，奶价略涨；肉鸡平稳发展，全年无大波动；肉牛形势平稳，价格缓升；肉羊生产逐步恢复，价格走高。2018年全省肉类、奶类、禽蛋总产量将分别达到477万吨、395万吨和389万吨，同比分别增长1%、2%和1%。

二 河北省主要畜禽生产形势分析

（一）生猪存栏下降，猪价呈降势

1. 生猪存栏下降，养殖场户补栏不足

从总体趋势来看，2018年全省生猪生产较为平稳，市场价格未出现大幅波动。受“非洲猪瘟”的影响，河北省于9月8日紧急启动了生猪“跨省禁运”措施，致使活猪销售出现一定困难。由于京津市场供应偏紧，白条销量明显增加，同时，“非洲猪瘟”疫情使得行业补栏积极性大幅下降，主要表现为一是部分种猪场和自繁自养的商品猪场购买种猪需求降低，开始压减能繁母猪存栏，使得种猪销售受阻。石家庄市中山牧业公司2017年同期存栏能繁母猪1500头，2018年不到900头。玉田县牧富种猪有限公司2018年9月共销售种猪98头，比正常情况减少80%。二是仔猪价格持续下跌。从8月底到11月初，全省仔猪价格一直呈下降态势，下滑速度很快。全省28个生猪价格监测县日报告数据显示，11月8日，全省仔猪平均售价18.49元/千克，同比下降38.12%，与8月均价对比下降27.32%。

“非洲猪瘟”促使小规模养殖场户加速退出生猪市场。一是在大市场趋势的作用下，2018年小规模养殖户生产积极性本来就不高，加上疫情影响，在市场和“跨省禁运”政策都不明朗的情况下，许多散户都在观望。二是取消生猪交易市场使得小规模养殖场户的销售受阻，售价比规模场普遍偏低0.6～0.9元/千克，养殖效益明显下降，已经出现亏损。

2. 猪价呈降势

“非洲猪瘟”不是人畜共患病，对消费端影响较小，消费市场没有出现恐慌。9月上旬受“跨省禁运”政策影响出现小幅震荡后，迅速回归正常，生猪市场总体平稳。2018年河北省生猪价格呈现先走高，后快速回落的走势，春节后猪价呈现断崖式下跌，5月中旬生猪均价9.8元/千克，创近8年来的新低，6月整体上行，7月继续回升。受“非洲猪瘟”影响，8月猪价涨势中断，9月初开始下行。11月15日，全省活猪平均收购价为12.19元/千克，同比下降11.79%，与8月均价相比下降7.09%；猪肉集贸市场平均交易价为20.54元/千克，同比下降7.44%，与8月均价相比上涨1.88%（见图1）。

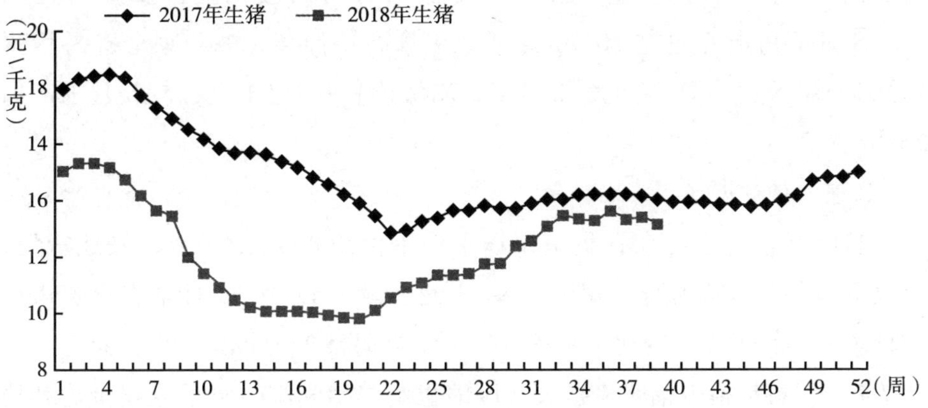

图1　2017～2018年各周生猪价格走势对比

3. 养猪效益下滑

2018 年上半年，猪价跌幅逐步加大，亏损随之加剧，5 月下旬猪价反弹，亏损逐步缓解。6 月底全省平均猪粮比回升到 6.04∶1，生猪养殖处于盈亏平衡点附近。目前生猪出栏价在 12.4～13.6 元/千克，15 千克仔猪 330 元左右。按此计算，自繁自养大中型规模场处于保本状态；自繁自育小规模及散养户缺乏议价能力，猪价较低，已开始亏损。母猪养殖场出售仔猪每头亏损 30 元左右。专业育肥生猪，如温氏合同猪每头猪毛利 160 元左右，一般社会育肥已亏损，若猪价进一步下滑，加之饲料成本不断上涨，生猪养殖亏损将有所加重。

（二）蛋鸡生产平稳，蛋价高位运行

1. 蛋鸡存栏略降

2018 年蛋鸡养殖持续盈利，产蛋鸡存栏止跌回升，但后备鸡存栏处于较低水平，蛋鸡存栏总体略降。监测显示，截至 9 月底，87 个监测村蛋鸡总存栏同比下降 1.2%，其中，产蛋鸡存栏下降 0.5%，后备鸡存栏下降 6.3%。

2. 蛋价高位运行

进入 2018 年，蛋价受春节备货提振，大幅攀升至 9.8 元/千克，3 月底回调到 7.2 元/千克。第二季度需求有所回暖，蛋价反弹（见图 2），8 月下旬蛋价超过 10 元/千克，9 月高位回落，9 月底全省平均蛋价 9.7 元/千克，同比上涨 12.3%，淘汰鸡 8.6 元/千克，较 6 月末涨约 23%。

3. 养殖效益较好

2018 年前三季度全省集贸市场平均蛋价约 8.4 元/千克，按此行情，每只蛋鸡一个养殖周期可盈利 23～24 元。截至 11 月 15 日全省集贸市场均价 8.76 元/千克，同比上涨 5.5%，配合饲料 2.51 元/千克，同比上涨约 7%，饲料价格涨幅明显扩大，压缩蛋鸡养殖利润，每千克鸡蛋盈利约 1.2 元。

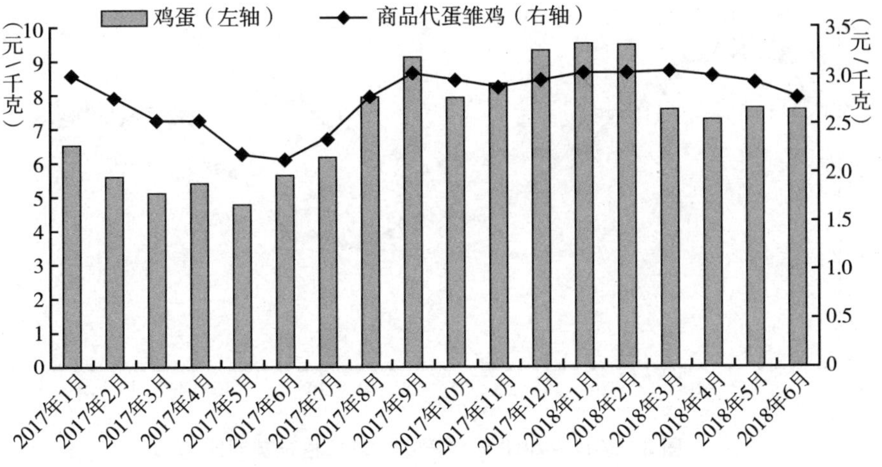

图2　2017 年至 2018 年 6 月各周鸡蛋价格走势对比

（三）奶价回升，奶业形势有所好转

1. 奶业振兴加快

全省大力推进奶业振兴，加快转变发展方式，促进产业提质增效，奶业发展呈现牛群结构优化，单产提高，标准化、集约化生产水平进一步提升的良好态势。据奶站全数监测，9 月底，全省奶站减少到 941 家，同比减少 17.5%；奶站存栏奶牛 90.1 万头，同比下降 11.5%。奶牛养殖主体户均存栏 454 头左右，同比增长 38.4%。

2. 奶价稳步回升

从 2017 年 10 月开始，生鲜乳价格连续 7 个月上涨，呈现缓慢回升的态势，全省均价 3.39 元/千克，同比增长 1.85%。2018 年春节期间达到最高价 3.48 元/千克，节后震荡回落，受需求拉动，8 月开始奶价稳步上涨，9 月底，全省奶价达到 3.43 元/千克，同比上涨 3.90%，到 11 月 15 日，全省奶价 3.57 元/千克，同比上涨 5.9%（见图 3）。

3. 奶牛养殖效益平稳

据调查，自 2018 年 5 月以来，乳企逐步提高收购价，限收和拒收现象

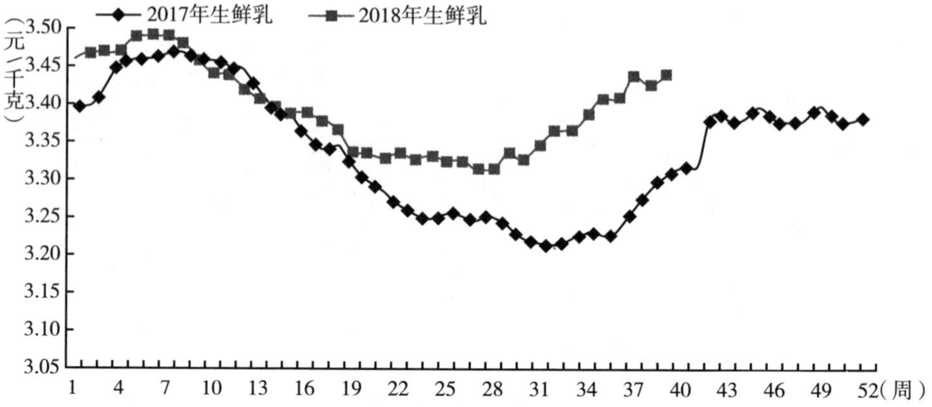

图3　2017～2018 年各周生鲜乳价格走势对比

减少。据测算，全省平均每公斤奶成本在 2.8～3.0 元，目前奶价，养殖场盈利尚可，但面临较大环保和资金压力。

（四）肉羊生产逐步恢复，效益较好

1. 肉羊生产逐步恢复

自 2014 年“小反刍兽疫”以来，活羊禁止跨区域流动，卖羊难，活羊价格大幅下降，长期亏损使得能繁母羊被宰杀较多，加之受禁牧及禁养政策影响，不少养殖户弃养或养殖场面临被拆，以及农区肉羊生产成本高、效益低，严重挫伤了养殖户的积极性，造成河北省养羊业发展受限，产能降低。直到 2016 年 10 月，羊价开始走出“小反刍兽疫”引发的长期低迷，逐步回暖，随着养羊效益的提升，产能开始恢复，2017 年养羊业持续向好，2018 年养殖户积极性不断提高，肉羊生产势头转好，生产逐步恢复。根据统计局数据，9 月末全省羊存栏 1285.7 万只，下降 3.2%，累计出栏 1516 万只，增长 4.0%。

2. 羊肉价格不断冲高

羊肉市场供应偏紧，消费需求增长明显，2018 年第 1～38 周羊肉交易量同比增长 2.6%，使得羊肉价格持续攀升。2018 年 2 月羊肉、活羊价格分别涨至 60.9 元/千克和 24.2 元/千克，6 月底暂时分别回落至

60.0 元/千克、23.0 元/千克。8 月以来涨势迅猛，9 月底全省羊肉、活羊均价分别达到 63.2 元/千克、24.1 元/千克，同比分别上涨 15.1%、16.3%，均处于历史高位。9 月架子羊价格达到每公斤 23.2 元，同比上涨 10.9%。11 月 15 日，羊肉价格达到 64.46 元/千克，同比上涨 14.4%，创近年来新高，活羊价格 24.97 元/千克，同比上涨 13.4%（见图 4）。

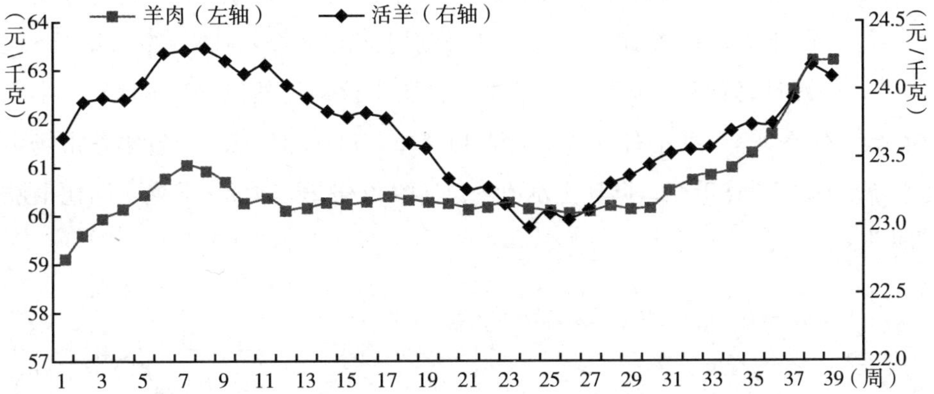

图 4　2018 年部分周羊肉、活羊价格走势

3. 养殖效益明显提升

按目前市场价格，肉羊养殖效益较好：舍饲母羊已能够盈利，一般北部繁育区每只母羊年可盈利 550 元以上；购买架子羊短期育肥，15 千克羔羊经三个月育肥到 50 千克出栏，每只可盈利 400 元以上。

（五）肉牛存栏小幅增长，养殖效益较好

1. 肉牛产业发展加快

一是肉牛养殖效益稳中有增，吸引社会资金投入肉牛生产，同时部分奶牛户发展公犊或杂交育肥。二是得益于机械化、信息化技术的推广应用和饲养管理水平的提高，母牛存栏量下降的趋势得到一定程度的遏制。三是基础母牛扩群、“粮改饲”、产业扶贫等项目带动了农户种草养牛的积极性，也

使养牛数量增加。随着活牛价格持续上涨，养殖效益增加，拉动肉牛生产向好，部分效益较差的奶牛场转产肉牛。9月底，全省肉牛存栏192.4万头，同比增加1%，累计出栏277.9万头，增长3.0%。

2. 牛肉价格高位上扬

2018年第1～38周累计牛肉交易量同比增长1.2%，全年牛肉价格呈现高位上扬态势。春节后，牛肉价格有所回调，但仍然在55元以上高位运行，活牛价格在25元/千克左右小幅震荡，9月底，全省牛肉、活牛均价分别达到57.2元/千克、25.6元/千克，同比分别上涨了8.6%和6.9%（见图5）。另外，牛源日趋紧张，犊牛、架子牛和育肥牛价格仍然倒挂，9月架子牛均价涨至27.6元/千克左右，同比上涨14.5%。11月15日，全省集贸市场牛肉均价57.54元/千克，同比上涨6%，活牛价格26.14元/千克，同比上涨7.4%。

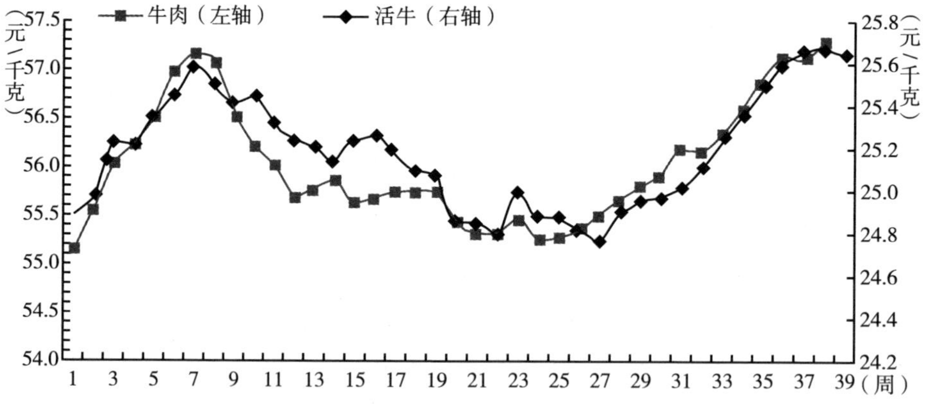

图5 2018年部分周牛肉、活牛价格走势

3. 养殖效益增加

据调查，当前玉米每公斤1.92元，同比上涨8.3%，豆粕每公斤3.54元，同比上涨13.1%，青贮料价格每公斤0.2元左右，同比上涨5%。按当前价格，自繁自育养殖周期为2年，出栏每头肉牛盈利3000元左右；购进架子牛短期育肥3～4个月，每头牛有2000元左右的利润。

（六）肉鸡存栏下降，毛鸡价格大幅上涨

1. 肉鸡存栏下降

近几年，引种受限后产能下降逐步显现，种鸡存栏处于低位，毛鸡出栏量下降。2018 年 6 月底，全省存栏肉鸡 5482 万只，同比减少 8.5%；上半年全省出栏家禽 2.7 亿只，同比增长 0.5%；禽肉产量 41.2 万吨，同比增长 0.6%。种鸡产能下降，毛鸡供应持续低位。截至 9 月底，全省存栏肉鸡 6105 万只，同比减少 8.2%。前三季度全省出栏活鸡 3.46 亿只，同比增长 3.6%。

2. 肉价涨势明显

2018 年 6 月底，鸡肉产品综合售价接近 10000 元/吨，同比上涨 13.6%，8 月再涨至 11000 元/吨左右；6 月底毛鸡价格 8.2 元/千克，同比上涨 24.2%，8 月中旬涨至 9 元/千克，达到近三年最高点，中秋节后落至 7.8 元/千克，后又涨至 10.33 元/千克；肉鸡苗由 6 月底 2 元/只，涨至 8 月中旬 4.5 元/只，后又涨至 4.57 元/只。

3. 养殖效益良好

合同鸡价格平稳。据调查，大成合同鸡每千克回收价维持在 9.4 元，华都公司回收价格 11.08 元/千克，合同肉鸡每只可获利 1.5～2 元。市场鸡盈利更佳，若饲养管理良好，出栏一只肉鸡可获利 3 元左右。

三 2019年河北省畜牧业生产预测

（一）生猪

“非洲猪瘟”导致生猪禁止跨省调运，河北省是生猪调出大省，叠加省内消费需求不旺，短期内造成猪价下降。从长期看，由于“非洲猪瘟”不是人畜共患病，对消费端影响不大，却对生产产生很大影响，尤其是发生疫情的省份，生猪产能会有较大幅度降低，随着疫情结束，生猪供应全面吃紧，不排除在 2019 年猪价会出现较大涨幅。

（二）蛋鸡

由于前期补栏蛋鸡陆续开产，后期产能将持续增加，蛋价下行压力加大，但是由于饲料成本不断增加，盈利空间被压缩，受成本支撑，鸡蛋价格春节前会平稳发展，不会出现较大波动。按照往年行情，春节过后鸡蛋价格会有小幅回落，但由于蛋鸡生产的基本面没有发生大的改变，如不发生较大疫情，预计2019年蛋价会相对平稳，养殖继续盈利。

（三）奶业

近年来，河北省奶业发展质量向好，在强力推进奶业振兴的背景下，呈现发展强劲、品质向优的良好态势。但是受进口乳制品冲击与环保压力等因素影响，预计奶价涨幅有限，随着饲料成本将增加，如没有大的政策支持，2019年奶牛养殖前景难言乐观。

（四）肉羊

在较好盈利的刺激下，肉羊养殖量将稳步增长，但母羊存栏量短期内不会大幅增加，而羊肉消费需求保持较快增长，羊肉供需仍将处于紧平衡状态。预计2019年活羊、羊肉价格将稳中向上，养殖效益将处于较高水平。

（五）肉牛

牛肉市场供应趋紧，预计2019年肉牛养殖总体稳定，价格保持上涨态势，养殖效益继续提升，牛肉价格有望在2019年春节期间再创新高。

（六）肉鸡

从需求端来看，年终岁尾是肉类消费旺季，进口鸡肉量下降，市场供应不足将导致毛鸡、鸡肉价格再次上涨。预计2019年肉鸡养殖将延续2018年行情，毛鸡和鸡苗价格走高，养殖户盈利好转。

四　影响河北省畜牧业健康发展的不利因素

一是生产效率不高，竞争力不强，进口压力加大。我国畜产品从2003年起由净出口转为净进口。效率低导致成本高，传统的拼资源的粗放发展方式难以为继，环境问题凸显，廉价畜产品进口冲击对提升国内畜产品竞争力提出了迫切要求，解决好畜牧业发展中不平衡、不协调、不可持续的问题已经成为当务之急。二是产业结构不均衡，产业链不健全，产业发展风险较大。河北省强劲的本地龙头企业少，在畜产品加工方面主要依靠外埠企业，不利于畜牧业的长期稳定发展。部分中小企业管理经验缺乏，抵御市场风险能力和对养殖户带动作用不强。三是资源约束趋紧，环境管控趋严，发展空间受限。国家相继出台了《畜禽规模养殖污染防治条例》、《水污染防治行动计划》（水十条）、《土壤污染防治行动计划》（土十条），加上开征环保税，都会对畜牧业发展造成一定影响；按照农业部门相关文件要求，畜牧大县在2019年之前必须完成规模化养殖场的粪污等废弃物处理设施建设，要求环保设施设备配套率95%以上。作为畜牧大省，粪污产生量大，各地一些中小养殖场普遍存在粪污处理难、成本高的问题，环境承载力紧张，环保压力很大。四是疫情防控形势严峻。多年来，全国部分地区各种疫情连续不断，成为养殖业发展的巨大隐忧。当前，“非洲猪瘟”已在全国17个省份发生，河北省防控形势依然十分严峻。

五　促进河北省畜牧业健康稳定发展的对策建议

（一）加快结构调整，提高畜牧业生产效率

一是大力推进畜禽适度规模养殖。积极探索适合不同区域资源、环境等条件，指导散养户逐步退出生产或向适度规模养殖转变。二是夯实良种基

础。以市场需求为导向、种畜禽场为载体、机制创新为动力，提高生产能力为主攻方向，健全畜禽良种繁育、地方遗传资源保护、新品种培育、生产性能测定四大体系。鼓励种畜禽企业成立育种团队，完善育种协作组织，联合科研院所开展区域性育种，培育具有自主知识产权的畜禽新品种。三是提升技术推广与创新能力。继续健全省、市、县、乡四级畜牧科技推广体系，完善县、乡两级畜牧科技推广机构基础设施，大幅提升畜牧科技服务能力。通过在职继续教育、职业技能培训等多种形式，全面提高从业人员素质。强化机制创新。建立以政府为主导，科研院所和大专院校为依托、畜牧科技推广机构为主体，专业协会、农民经济合作组织为纽带的新型畜牧科技推广机制。强化技术创新。加快建设和完善畜牧科技创新体系，科学确定研发重点和主推技术，着力解决集约化、规模化、标准化生产和清洁养殖、动物保健和畜产品质量安全等关键技术。强化成果落地。按照“采集广泛化、技术模块化、嵌入实用化、应用集成化、落地适应化、成效放大化”路线，采取集成创新、典型示范、技术培训、观摩展示、现场指导等多种手段，提升产业技术水平。

（二）加强重大动物疫病防控，有效控制重大动物疫病

加强区域化管理，创新管理机制，探索推进动物疫病区域化管理新模式，全面推进动物疫病风险评估和分级管理，强化实施风险管理，严格限制活体动物从高风险区向低风险区移动，打造动物疫病风险网格化管理。实施强制免疫。以口蹄疫、高致病性禽流感、高致病性猪蓝耳病、猪瘟、小反刍兽疫等重大疫病为重点，夯实强制免疫工作。规模养殖场坚持集中免疫与程序免疫相结合，推行免疫告知和免疫报告制度，实施免疫抗体检测全覆盖。加强疫情监测。坚持主动监测与被动监测相结合、病原监测与抗体监测相结合、常规监测与定点监测相结合、专项调查与紧急调查相结合、监测净化与评估管理相结合。果断处置疫情。加强动物疫情报告，严防疫情扩散。

（三）重视解决畜禽养殖业污染难题，推进绿色养殖

重视加强畜禽规模养殖污染防治，在畜牧业生态化水平上实现再提升。

持续开展畜禽规模养殖场粪污污染防治和综合利用宣传工作，引导规模场建设配套的畜禽粪便处理、污水与雨水分流设施。引导各地开展畜禽粪污的综合利用，完善污水处理、畜禽尸体处理等无害化处理设施建设，鼓励有机肥加工企业通过与畜禽养殖主体合作经营方式，实行畜禽排泄物集中处理加工。

（四）多策并举，保障畜牧业生产健康稳定发展

一是积极引导养殖场户调整生产规模，防止价格大起大落。针对养殖场户对市场预期把握不准，生产和销售存在很大盲目性的现状，相关部门应及时发布生猪等重要畜产品的供需状况、价格行情等信息和预警预报，引导养殖场户合理安排生产，适时调整存栏结构，尽量避免一哄而上或一哄而下的盲动局面发生。二是建立长效利益机制，确保奶业健康发展。奶业是河北省畜牧业发展重点，2008 年三聚氰胺事件后，国内乳制品企业大幅压低原奶的收购价格，从而使中小养殖场户大量退出，最终导致 2013 年国内出现大规模的奶荒。目前，原奶价格持续低位运行，有可能进一步促使养殖场户退出，引发新的奶荒。因此，要尽快建立乳制品企业和奶农的长效利益平衡机制。三是强化供给侧结构性改革措施，着力加强肉牛肉羊生产。近年来，人们对牛羊肉的需求不断增大，供不应求的现象十分明显，牛肉价格坚挺，羊肉价格迅速飙升。应当以市场供需平衡为向导，适度加大对牛羊生产的支持力度，扶持较大规模养殖场户扩大生产，提高产能，增强供给保障能力。

参考文献

河北省农业厅发布《河北省畜牧兽医事业“十三五”发展规划》。

B.5

2018～2019年河北省渔业经济形势分析与预测*

周栓林**

摘　要： 2018年，河北省围绕乡村振兴战略的实施，持续推进渔业供给侧结构性改革，以提质增效、减量增收、绿色发展、富裕渔民为目标，着力提升渔业生产标准化、绿色化、产业化、可持续发展水平，全省渔业经济发展呈现稳中向好、质量效益同步提高的有利局面。本报告在对2018年河北省渔业生产形势分析基础上，对河北省渔业生产面临的主要问题进行了分析，预测了2019年河北省渔业生产情况，提出了推进河北省渔业健康稳定发展的对策建议。

关键词： 河北省　渔业生产　分析预测

2018年，河北省渔业系统以党的十九大精神和习近平新时代中国特色社会主义思想为指引，深入贯彻全国渔业渔政工作会议、省委九届六次全会精神、全省农村工作会议的决策部署，围绕乡村振兴战略的实施，持续推进渔业供给侧结构性改革，加快转方式、调结构，提升管理水平，以提质增效、减量增收、绿色发展、富裕渔民为目标，以健康养殖、适度捕捞、保护资源、做强产业为方向，强化政策引导、科技支撑、投入支持、法治保障，

---

* 本报告数据来源为河北省农业厅渔业处监测数据。

** 周栓林，河北省农业厅渔政处，主要研究方向为渔业资源与渔政管理。

促进创新强渔、协调惠渔、绿色兴渔、共享富渔、开放助渔，提升渔业生产标准化、绿色化、产业化、组织化和可持续发展水平，提高渔业发展的质量效益和竞争力。全省渔业经济发展呈现稳中向好，质量效益同步提高的有利局面。

一 2018年河北省渔业生产形势分析

2018年1~10月，全省水产品总产量为52.83万吨，同比下降16.18%。其中，海洋捕捞15.26万吨，同比下降4.24%；海水养殖15.67万吨，同比下降28.4%；淡水捕捞3.37万吨，同比下降17.9%；淡水养殖18.63万吨，同比下降12.6%。2018年末，顺利完成农业农村部向河北省下达的水产品产量压减5%的年度目标。虽然渔业产量有所下降，但渔业新型业态发展速度不断加快，渔业经济更具成长活力。休闲渔业继续保持良好的发展势头。截至2018年8月15日，河北省休闲渔业企业接待游客达244万人次，经济总产值达2.71亿元。水产品加工出口继续保持平稳态势，据海关统计，2018年前三季度河北省水产品加工进出口总量4.6万吨，经济总额已达15.7亿元。

综合分析2018年渔业发展形势，主要特点如下。

（一）海洋捕捞产业结构更加合理

制定印发《渔船减船转产和更新改造实施方案》，落实减船转产和更新改造专项转移支付资金15629万元，其中渔民减船转产7270万元，完成减船234艘，减少功率12937.23千瓦，海洋捕捞渔船更新改造8359万元，更新改造渔船127艘。每季度对减船、更新和信息化等油补项目进行督导调研，及时掌握项目进展情况、存在问题，按照实际情况，调整项目资金需求等，不断优化海洋捕捞作业结构，实现转型升级。出台实施《渔业船舶通导设备与使用管理规定（试行）》、《2018年度渔港视频动态监控试点建设指导意见》和《2018年省级财政项目渔船渔港安全救助信息服务系统实施方案》，完成了渔船通导建设、岸台基站升级改造和容灾备份中心建设前期调研、设计方案制定和招投标工作，协调省财政落实项目建设资金，努力推进渔船渔港信息化建设。巩固西非等过洋性远洋渔业生产，拓展大洋性鱿钓生产，2018 年新增 2 艘渔船赴毛里塔尼亚海域生产，新建 3 艘鱿钓渔船下水生产，全年共 23 艘渔船从事远洋渔业生产。进一步引导渔船从事远海渔业生产，到黄海海域生产的渔船数量达到 600 艘以上。据目前初步统计，远海远洋渔业生产效益十分显著，为下一步结构调整奠定了良好基础。

（二）水产养殖业更趋健康生态

按照农业农村部统一部署，全面启动全省养殖水域滩涂规划编制工作，科学划定禁养区、限养区和养殖区，明确各地规划编制发布时间节点，截至目前，衡水、宽城、围场、隆化等 4 个市县已完成规划编制发布任务，丰南、曹妃甸、乐亭、中捷、三河、丰宁等 6 个县区完成规划编制工作，其他市县正按计划积极组织编制。因河北省谋划及时、措施得力受到农业农村部于康震副部长 2 次点名表扬。继续开展农业农村部水产健康养殖示范创建活动，推广生态、健康、高效、环保的养殖模式，扩大辐射带动作用，已复查创建部级示范场 25 家，完成年度任务，于年底前报农业农村部审定。加快渔业种业体系建设。新批准中国对虾、日本对虾、梭鱼、泥鳅等 4 家省级水产原良种场。及时组织中华鳖“永章 1 号”新品种审核，并报农业农村部审定。组织制定启用了新版水产苗种生产许可证，进一步规范许可管理工作。持续加大养殖基础建设，统筹渔业各项资金，支持工厂化循环水、池塘生态循环养殖、苗种繁育设施提升、数字渔业、渔业物联网等建设，提高现代化渔业装备建设水平。强化疫病害防控工作，开展对虾白斑综合征、草鱼出血病等 12 种重大水生动物疫病专项监测，检验样品 500 个，检出 6 种疫病 22 例阳性并及时进行应急处置，未发生扩散蔓延或爆发现象。继续组织养殖病害测报，监测面积近 20 万亩，及时对 15 个品种发生 26 种病害进行预警。继续组织贝类毒素监测预警，发现贝类毒素增高现场及时预防和处置。

（三）政策创新引领作用不断凸显

紧跟时代潮流，找准渔业工作热点，抓住推动渔业经济快速发展的“牛鼻子”，结合河北省渔业发展实际，制定并印发了《2018 年全省渔业渔政工作要点》等整体性政策文件，实施了《渔业转型升级推进方案》《2018 年省级海洋渔业发展项目实施方案》，为全省渔业转型发展提供规范性指导意见和工作着力点。抓住油价补贴政策调整机遇，制定《2017 年度河北省渔业油价补贴政策调整实施方案》和《关于印发河北省国内渔业油价补贴政策调整中央专项转移支付项目相关工作实施方案的通知》，争取渔业油价补助中央专项转移支付资金 2.13 亿元，比原计划多争取中央转移支付油补资金 9600 多万元，落实了省级一般性转移支付资金共计 4.66 亿元。及时召开了全省渔业渔政工作会议及各类专项工作会议，分析渔业发展面临的形势，研究部署年度重点工作，确保各项任务顺利完成。加强了对渔业重点工作重点项目的督导检查，极大促进了河北省渔业现代化发展。

（四）渔业资源养护力度不断加大

扩大增殖放流规模，严格增殖放流监督管理，按照《河北省渔业资源增殖放流督查验收工作规范》《渔业资源增殖放流管理办法》等规定规范实施，邀请渔民代表参与渔业资源人工增殖放流的全程监督，保证了放流苗种的质量和数量。在秦唐沧近海海域和白洋淀、衡水湖、潘大水库等内陆湖库增殖放流中国对虾、褐牙鲆、三疣梭子蟹、鲢鱼、鳙鱼、草鱼、青虾、中华鳖、细鳞鱼、池沼公鱼受精卵等 10 个品种 5.58 亿尾。2018 年 6 月 6 日在沧州黄骅市组织开展了国家“放鱼日”同步增殖放流活动。配合农业农村部启动了白洋淀水生生物资源环境调查及渔业生态修复示范活动，并组织了“增殖水生生物，共建美丽雄安”放流活动。加强海洋牧场示范区建设，第一批 3 个国家级海洋牧场示范区人工鱼礁项目建设加快推进，并组织编制了第二批 4 个国家级海洋牧场示范区人工鱼礁项目实施方案，已累计在国家级海洋牧场示范区投放人工鱼礁 15.2 万空方，圆满完成年初计划，海洋牧场建设规模位居全国第二。10月29～31日，河北省作为主要参展方参加了首届中国国际海洋牧场大会，积极组织全省国家级海洋牧场项目单位参展，获“最佳组织奖”和“特别贡献奖”两个荣誉称号。为理顺涉海工程渔业资源损害赔偿工作流程，明确渔业资源损失补偿标准和补偿责任，起草《工程建设项目对海洋生物资源损害评估技术规范》，并广泛征求意见，通过专家评审后出台实施。

（五）渔业行政执法力度不断增强

印发了《中国渔政亮剑2018河北省系列专项执法行动实施方案》、《2018年河北省海洋伏季休渔管理实施方案》和《河北省海洋违规渔具清理整治“清网”行动实施方案》，积极组织开展伏季休渔、“亮剑2018”系列渔政执法活动，严厉打击毒电炸鱼、使用涉渔三无船舶、违规网具等违法行为。有效落实海洋伏季休渔制度，全省伏休期间累计出动执法人员27693人次、执法船艇2950艘次、执法车辆5717台次，检查渔港及码头6305个次、市场281个次，查获各类违法违规渔船152艘次，没收非法渔获物2.8万公斤，收缴罚款201万元。向海警、公安部门移送涉刑案件51起。加大“绝户网”等违规渔具清理整治力度，累计出动渔政执法人员5204人次，没收、清理各类违规渔具22587条（副、张），基本实现滩涂不见禁用陷阱类作业、近岸不见禁用耙刺及地拉网作业、海上作业网目尺寸明显改善的工作目标。扎实推进违规渔具清理整治，省属渔政船全年累计出海368天，航行1.4万海里。共计没收、清理各类违规网具1767条（张），共2万余米。积极做好水生野生动物保护工作，联合省农业厅、省工商局等部门下发了《关于联合开展打击破坏海龟资源违法行为专项执法行动的通知》《关于开展打击红珊瑚等非法经营利用专项执法行动的通知》，严厉打击非法经营利用海龟、红珊瑚行为，加强对海洋馆、水族馆的监管力度，开展“水生野生动物保护科普宣传”活动，成功救助1头野生斑海豹幼崽。认真落实“谁执法谁普法”的普法责任制，起草制定了《河北省渔业行政处罚自由裁量基准》，简化办事流程，办理各类行政许可事项54项，并按要求进行了公示，按时办结率和群众满意度始终保持100%。

（六）渔业安全管理水平不断提高

完成海洋渔船通导与安全装备建设项目，升级改造了超短波岸站3座，建设数字甚高频基站4座，智能海陆通信联通全语音融合平台1套，海上生产通信安全保障能力进一步提高。及时印发《关于做好2018年春季海上渔业生产秩序稳控工作的通知》《关于加强海洋渔业秋冬季生产渔政执法工作的通知》，认真组织摸排渔事纠纷隐患。对各地上报纠纷认真受理并核实，提前介入排查纠纷隐患，积极参与调解工作，妥善化解矛盾，防止事态扩大。春季海上渔业生产期间，妥善化解渔事纠纷3起，确保了海上渔业生产秩序稳定，促进了渔区稳定。积极开展扫黑除恶专项斗争，印发《关于在渔业捕捞领域开展扫黑除恶专项斗争的通知》，对专项斗争进行部署；在全省渔业渔政工作会议、2018年海洋伏季休渔会议、渔业安全生产集中谈话会议上，对扫黑除恶专项斗争进行再动员、再部署。到唐山、秦皇岛、沧州对捕捞行业扫黑除恶专项斗争工作开展情况进行督导，实地听取各市工作汇报，检查部分渔港渔船，结合渔业生产秩序管理强化涉黑涉恶线索摸排，共摸排出4条涉黑线索，已移交当地公安机关。加强涉外渔业管理，强化“涉外无小事”的观念，积极推进涉外渔业规范化、科学化管理。印发《关于加强涉外渔业安全监管的实施方案》，明确涉外渔业管理目标、实施范围和工作重点。赴山东石岛等地督导调研涉韩渔船管理和登船检查发证工作，开展涉韩入渔和安全生产培训，共计培训船东、船长300人次，组织专业人员进驻山东石岛渔港成立办事处，从船员管理、安全教育、涉外渔业服务等方面，发挥船队党支部和党员在海上安全生产、依法依规生产等方面的先锋模范作用。2018年河北省83艘渔船取得入韩生产许可证，除发生4起技术性违规事件外，没有严重违规和越界捕捞事件发生，涉外渔业生产秩序保持了基本稳定。

（七）京津冀渔业协同发展能力不断提升

作为主办方，河北省在唐山市曹妃甸区圆满召开了“第三届京津冀渔业协同发展联席会议暨休闲渔业论坛”。三地渔业主管部门、国家级休闲渔业专家及三地水产企业共计130余人出席会议。会议总结了三年来京津冀三地渔业合作发展所取得的显著成效，签订了休闲渔业合作协议，发布了京津冀休闲渔业旅游精品路线，并就休闲渔业如何与旅游深度融合进行了专题研讨。三地代表还参观了水产企业和休闲渔业基地。三地共同编著《京津冀休闲垂钓游》，与北京市水产技术推广站在承德共同举办了休闲垂钓大赛等，联合京津冀渔政部门开展官厅水库、潮白河、拒马河、白洋淀等重要渔业水域执法行动，累计出动执法人员232人次，查获迷魂阵、小网目地笼等违规渔具386余套。三地渔政在交界水域联合执法逐步常态化，严厉打击了内陆水域非法捕捞行为，有效维护了重要渔业水域生产秩序，促进了京津冀水域生态文明建设。积极参加农业农村部“白洋淀水生生物资源环境调查及渔业生态修复工程示范”项目，对上游入淀河流、上游主要水库开展白洋淀淀区及主要流域水生生物栖息环境调查，为项目示范工程建设及白洋淀水域整治、生态系统修复和雄安新区建设提供技术支撑。

（八）渔业科研人才和技术手段不断充实完善

渔业科研队伍建设保持良好势头。8人直接参与国家海水鱼、贝类产业体系工作，1人担任省产业技术体系特色海产品创新团队首席专家，3人分别担任海水、淡水创新团队岗位专家。在研项目共计43个，包括农业农村部项目11个、省科技厅项目4个、省农业厅项目12个、国家海洋局项目1个、省海洋局项目1个、黄海水产研究所项目1个、东海水产研究所项目1个、烟台大学项目1个，委托横向项目11个。其中2018年新上科研项目（课题）19个，验收项目3个，发表论文10篇，《渤海西部海洋软体动物》已正式出版。各科研机构新增分析测定仪器设备36台（套），价值826.27万元，建成300吨级近海渔业资源调查船“渤海001”、建造快艇1艘并投入使用，完成海洋生物实验室改造、328 万元船载实验仪器设备的采购工作。开展了水质检测移动平台建设和河北省海洋牧场立体剖面监测及可视化展示系统构建，进一步提高了渔业水质移动检测能力和人工渔礁水下在线监测能力。

二　河北省渔业发展面临的主要问题分析

（一）基础设施升级改造和重点项目推进缓慢

河北省现有渔业基础设施设备老旧、能耗高、科技含量低等问题突出，养殖池塘老化，苗种生产车间破旧、路电网等配套设施不健全，机械化装备水平低，阻碍了现代渔业的快速发展。渔业重点项目、重点任务落实还不到位。个别市县对渔业油价补贴政策调整适应慢，重视程度和思想认识不足，工作措施不力，虽然经多次督导，相关项目推进仍较迟缓，带动效应还没达预期。

（二）水产养殖绿色发展推动迟缓

随着涉海工程、工业开发等用海用滩面积不断扩大，湖库网箱养殖逐步清理退出。河北省水产养殖业数量规模和质量效益不平衡，大路货多，优质品牌产品少，二三产业发展滞后。产业链短，附加值低，渔业发展新动能不足。池塘养殖尾水排放技术落地需要一定的设施和设备，增加了养殖成本，养殖户积极性不高。渔业养殖尾水处理关键技术研发还需要加大试验示范的力度，如池塘工程化循环水养殖技术落地，还有多个环节需要熟化和验证。

（三）渔业安全保障能力仍需进一步提升

渔业安全生产仍是短板，渔船渔港等基础设施建设落后，渔业信息化工作有待进一步提升。远海渔船和载人 10 人以上渔船安全风险依然较大，监管责任落实和源头治理措施有待进一步加强。养殖病害监测与应对能力仍待加强。2018 年多地突发疫病，虽然规模不大，但是死亡严重，造成的危害不小。突发疫病病因不清，防控措施缺乏，其潜在的危险不容小觑。水产品质量安全不容忽视，药残仍然是当前河北省水产品质量安全的主要风险，应提高监督抽查的覆盖面。育苗环节违规用药的风险更高，是质量安全的薄弱环节。

（四）科技支撑能力仍需进一步提升

渔业科技研发和服务现代渔业发展的支撑能力较弱，科研创新成果和推广能力在全国排名靠后。一线科研人员总量不足、高层次科技人才匮乏。科研机构和人员还存在重应用轻基础研究的思想，企业对新技术、新机械、新方式的接收能力弱，科研成果产业化程度不高，向生产一线转化能力弱，科技和产业“两张皮”现象依然存在。河北省缺乏吸引或引进优秀人才的相应待遇，特别是在重大项目争取过程中仍处于弱势地位。

三　2019年河北省渔业经济形势分析预测

2019 年，河北省渔业系统将坚决执行党中央国务院的政策措施，按照省委省政府的安排部署，积极应对国内外复杂的经济形势，稳定国内渔业生产水平和水产品市场供应。经济形势将主要面临以下特点。

（一）捕捞业

为按时完成农业农村部下达的海洋捕捞产量年压减 5% 以上、“十三五”期间海洋捕捞渔船转产转业 10% 以上的任务，全省将进一步压减沿海捕捞强度，水产品总产量会进一步下降，海水淡水捕捞总产量减幅将会保持在 6% 左右。全省主要减少的产量和品种为低端捕捞产品。随着海洋渔业资源品种多样性的明显恢复，河北省高价值捕捞产品会逐步恢复，渔民经济收入会有小幅增长，捕捞业将继续保持平稳态势。

（二）养殖业

河北省将在水源地进一步清理取缔大宗高能耗、高排放、低价值、低效益的粗放水产养殖方式，在近海海域将继续压减高密度养殖方式，海水淡水水产品产量均将略有下降。但随着河豚市场的有条件放开，中华鳖市场的活跃，日韩两国与我国外交关系的回暖，预计2019年，全省水产品出口量将有明显涨幅，名特优养殖水产品价格会有较大幅度增长，水产养殖总产值也会有明显增加。

（三）休闲渔业

2019年，河北省将继续深入开展休闲渔业示范创建活动，加快培育一批有水平、上档次的休闲渔业示范基地和最美渔村。深入挖掘渔业传统文化、生产技能、加工工艺、特色饮食，充实休闲渔业内涵，提升渔村文化底蕴，增强河北省休闲渔业吸引力，推广一批有影响力的渔业赛事节庆活动，将河北省地域特色渔业发扬光大，休闲渔业产值仍会保持较快的增长速度，增速将进一步提高。

四　2019年河北省渔业稳定发展的对策建议

2019年，全省渔业系统将继续认真贯彻乡村振兴战略，坚持“生态优先、提质增效、减量增收、绿色发展”工作方针，以保护渔业资源和生态健康养殖为工作方向，大力推进渔业供给侧结构性改革，加快转变渔业发展方式，提高现代化渔业发展水平，努力打造美丽渔区。通过加大支持力度，促进休闲渔业、特色渔业养殖及水产品加工、数字智慧渔业及水产品电商、远洋渔业及水产品出口等新兴业态纵深发展，实现渔业质量效益同步提升，促进渔业经济保持平稳较快增长。力争将全省水产品总产量控制在105万吨左右，海洋捕捞产量减幅继续保持5%以上，渔业总产值同比增长8%以上，渔民人均纯收入增长8%以上，水产品产地抽检合格率不低于99%。着力抓好以下七个方面重点工作。

（一）继续推动捕捞业的转型升级，有效降低捕捞强度

严格按照《渔业转型升级推进方案》要求，加快减船、更新和信息化建设步伐，继续推进标准化船型更新改造和老旧渔船减船转产工作，进一步完善渔船渔港动态管理系统建设，争取国家资金，加大对渔船通导设备和渔船渔港监控管理系统的投入力度，利用先进的信息化技术强化渔船渔港监控管理，为渔业安全生产提供可靠的信息化保障。

（二）继续推进水产养殖绿色发展，促进渔业供给侧结构性改革

一要优化区域布局。养殖水域滩涂规划是水产养殖业发展的基石，是水产养殖业与其他行业协调发展的依据。目前，各地都在开展主体功能区划定、编制生态功能区负面清单，养殖水域滩涂规划编制工作必须加快，绘制好养殖业发展的空间底图。

二要美化养殖环境。要建立健全绿色养殖的制度体系，加强全程监管，提升养殖者环境保护责任意识。要治理养殖尾水，推进达标排放。科学确定养殖容量，节约利用资源，鼓励循环水养殖，探索建立轮养模式。积极发展碳汇渔业、净水渔业，把水产养殖场打造成为美丽渔场、水上景观。

三要调整养殖结构。针对日益多元化和个性化的市场需求，加强养殖品种创新，大力发展水产种业，培育绿色生态特色品种，提高水产养殖全要素生产率。调减结构性过剩的大路货，做到产得出、产得优、卖得出、卖得好。

四要继续以开展水产健康养殖示范创建活动为抓手，引导扶持工厂化循环水养殖、池塘工程化循环水养殖等节水、高效、生态等养殖模式发展，创建提升部级水产健康养殖示范场 10 家以上。继续加大养殖基础设施设备建设，提升渔业现代化装备化水平。加强水生动物防疫及重大疫病监测体系建设，科学开展重大水生动物疫病专项监测，提高防控预警和应急处置能力及养殖病害测报水平。

（三）继续大规模开展渔业资源增殖放流，有效养护水域生态环境

持续加大水生生物增殖放流力度，在近海和内陆重点水域放流20亿尾（粒）水生生物苗种。积极配合国家举办好“放鱼日”等重要活动。加快海洋牧场及水产种质资源保护区建设，规范人工鱼礁标准化建设与投放，投放10万空方以上。对现有水产种质保护区进一步加强督导、强化管理。积极参加涉海工程环境影响评价工作，最大限度地落实渔业资源与生态损害补偿资金。

（四）继续大力发展休闲型渔业，促进渔业提质增效

以减量增收、绿色发展、富裕渔民为总目标，全面打造河北省休闲渔业质量提升活动。

一是推进产业协同发展。有效衔接休闲渔业发展规划，统筹水域滩涂、人文等资源，因地制宜、突出特色，优化休闲渔业产业结构布局，强化区域间分工与合作，实现优势互补，着力拓展中高端消费市场，大力发展垂钓游钓、观光观赏、科普体验、体育竞技以及渔家乐等多形式、多功能的休闲型渔业。完善扶持政策，加强休闲渔业基础服务设施建设，推动高质量发展。

二是与相邻省市开展技术交流与协作。发挥各自比较优势，联合组织观赏鱼良种选育、新型钓具、优质钓饵等技术攻关；加强休闲渔业地方标准或技术规范的衔接；推进水产技术推广机构深度合作，广泛开展休闲渔业技术知识培训活动；加强水产协会、渔业协会间交流与协作，依托专家团队，联合开展休闲渔业发展理论和现状研究。

三是融合发展。立足京津冀资源禀赋、区位优势，创新发展方式，积极推进三地休闲渔业在产业政策、技术交流、品牌推介等方面的对接，努力形成工作同向、措施协同、利益相连的发展新格局，推动生产要素合理流动与市场一体化，大力提升休闲渔业社会服务、可持续发展和整体效益水平。

四是强化品牌建设与推介。贯彻国家部署要求，大力培育休闲渔业示范典型；积极推动区域休闲渔业品牌建设，加强与文化旅游部门的对接，加大

休闲渔业品牌在京津冀旅游市场推介力度，联合发布京津冀休闲渔业旅游精品路线，扩大休闲渔业品牌知名度和影响力；因地制宜举办各具特色的休闲渔业产品展览展销、垂钓竞赛等活动，邀请相邻省市组织参展、参赛。

（五）继续加快推进渔港经济区建设和产业融合发展，提高发展质量和效益

以渔港建设为基础，引导各地建设发展渔港经济区。加快唐山市丰南区黑沿子中心渔港、沧州黄骅市歧口等6座沿海渔港及承德市宽城县潘家口水库渔港、邯郸市磁县东武仕渔港等2座内陆渔港升级改造和整治维护项目的建设进度，为沧州黄骅市张巨河渔港升级改造项目争取中央专项资金。引导各地在渔港周边配套建设冷库、水产品加工、冷链物流等配套设施，引导渔业企业聚集发展，实现渔港经济区振兴。以渔业产业转型升级为抓手，不断发展渔业生产力，做大做强渔业产业。按照生态宜居的新要求，渔业不仅要为人民群众提供丰富的水产品，还要提供优美的水生态环境。促进乡风文明，要求注重传承渔文化，不断满足城乡居民日益增加的休闲、度假和健康需求，提供更好的休闲文化生活。推进治理有效，创新渔业渔区管理，依法治渔，维护渔区稳定。不断提高渔业发展质量效益，实现渔民增收致富，提高渔民获得感、幸福感。

（六）继续强化渔业安全保障能力，为平安渔业保驾护航

一是加强渔业安全管理。坚决按照省委省政府的部署，进一步落实渔业安全监管责任，深入开展渔业安全生产大检查、隐患排查整治和捕捞领域扫黑除恶专项斗争，通过推进改革创新、监管执法、专项整治、技术改造、宣传教育、应急救援和基础建设等重点工作，化解渔业安全风险和制约因素，净化渔业生产环境，坚决防范各类事故的发生，确保人民生命财产安全，为建设“首都政治护城河”提供有力的安全保障。

二是加强涉外渔业管理。进一步加大宣传教育和培训力度，落实多层次、多形式的培训计划，不断扩大培训面，拓展培训内容。通过多种方式开

展宣传教育，充分提高管理者和渔民对涉外渔业相关政策的认知程度。利用先进的电子信息装备渔船，进一步提高渔船管理水平。加大对“三无渔船”和涉外违规的打击力度，与燃油补贴等政策相结合，多措并举，从源头上杜绝涉外违规事件发生。

三是继续加大摸排力度，细化工作流程，强化渔事纠纷调处属地管理责任；加强同相邻各省市的协作力度，丰富协作内涵；继续密切保持同海警等相关部门的协作机制，严格防范恶性海上由渔事纠纷引发的危害渔民生命财产安全的群体性事件发生。

（七）继续加大渔政执法检查力度，维护良好的渔业生产秩序

一是严格海洋伏季休渔管理。坚决贯彻农业农村部关于伏季休渔管理制度，突出对重点时段、重点区域和重点对象的管理。完善“行刑衔接”，做好与公安海警协调联动，确保行政执法与刑事司法顺利衔接，增强威慑力。加强执法协作，加强省际交界海域以及海蜇、毛虾等资源管理的执法协作，适时开展联合执法行动，共同维护休渔秩序。

二是进一步清理取缔违规渔具。加大对近岸滩涂、交界海域等重点海域开展巡航检查力度，严厉查处使用禁用渔具、网目尺寸严重偏离标准等行为，并对没收的违法违规渔具进行销毁。严格落实《农业部关于实施带鱼等15种重要经济鱼类最小可捕标准及幼鱼比例管理规定的通告》要求，加强幼鱼比例管理。对幼鱼比例不符合规定的，依法查处。

参考文献

《河北省渔业统计年鉴（2017）》（修订后），河北省农业厅内部资料，2018。

农业农村部渔业渔政管理局、全国水产技术推广总站、中国水产学会编《中国渔业年鉴（2018）》，中国农业出版社，2018。

B.6

2018～2019年河北省民营经济发展形势分析与预测

李延军*

摘　要： 民营经济是我国经济的重要组成部分。2018年，面对错综复杂的国际国内经济形势，河北省民营经济持续稳步发展，为全省经济社会健康运行做出了重要贡献。本报告在分析2018年河北省民营经济发展形势基础上，针对当前民营经济发展面临的主要问题，提出了促进2019年全省民营经济健康运行的对策建议。

关键词： 河北省　民营经济　分析预测

2018年，河北省各级民营经济主管部门在省委省政府的正确领导下，坚决贯彻落实党中央、国务院各项决策部署，坚持稳中求进工作总基调，坚持把发展民营经济作为稳增长、调结构、促改革、惠民生的重要抓手，以深化供给侧结构性改革为主线，以高质量发展为目标，按照全省“双创双服”活动部署，着力优化发展环境，完善扶持政策，强化公共服务，激发双创活力，培育发展新动能，推动全省民营经济实现长足发展。

---

* 李延军，河北省工业和信息化厅中小企业处副处级调研员，主要研究方向为民营经济、中小企业。

一　2018年河北省民营经济运行的基本情况

近年来，随着政府行政体制改革深化，以“多证合一”为代表的商事制度改革全面加快，各类市场主体数量迅速增加，市场活力不断提升。2017 年，河北省民营经济市场主体和私营企业分别达到458.36 万户、113.2 万户，民营经济实现增加值24406.4 亿元，占全省 GDP 比重达到67.9%，比2016 年提高0.1 个百分点。民营经济完成工业增加值增长3.6%，高出全省0.6 个百分点。全省民营经济上缴税金3125.9 亿元，占全省财政收入的比重达到61.4%，拉动全省经济发展的作用突出。全省民营经济吸纳就业2204.2 万人，占全省二三产业就业比重的77%以上，成为社会劳动力就业的主渠道。民营企业出口总额达到1420.85 亿元，占全省出口额的比重达到66.8%。

2018 年，河北省委省政府出台《关于大力促进民营经济高质量发展的若干意见》，从解决融资难融资贵、减轻企业税费负担等8 个方面出台40 条具体措施，支持民营企业发展。2018 年9 月，全省民营经济市场主体达到504.1 万户，占全部市场主体的97.64%；实现增加值17269.9 亿元，同比增长6.8%，高于全省生产总值增速0.2 个百分点，占全省 GDP 的68.5%；上缴税金3112.7 亿元，同比增长26.9%，高于全省财政收入增幅12.5 个百分点；出口额213 亿美元，同比增长8.4%，高于全省出口总值增幅4.4 个百分点；完成固定资产投资同比增长5.6%，略低于全省固定资产投资0.3 个百分点。民营经济持续稳步发展，占全省经济比重稳定在2/3 以上，经济支撑作用更加显著。

二　河北省民营经济运行的主要特点分析

（一）产业结构稳步优化

全省民营企业投资有效地推动了民营经济产业布局优化和结构调整转

变，2017 年完成固定资产投资 20385 亿元，占全社会固定资产投资总额的六成以上，比全省固定资产投资增速高 3.1 个百分点，同比增速小幅回升，保持了持续增长。战略新兴产业、科技新能源、现代服务业等呈现投资增长趋势，优势产业科技创新、转型升级投资逐步增大，产业结构加快向高精尖和中高端层次转变。全省科技型中小企业数量达 5.5 万家，占全省中小企业比重达到 13%；有效期内高新技术企业超过 3100 家，其中民营高新技术企业占比超过 70%。全省高新技术产业投资增长平稳，电子信息投资增长 26.6%，新材料投资增长 9%，环保产业投资增长 36%；软件和信息技术服务业投资增长 45.4%，商务服务业投资增长 11.7%，均高于全省民营经济固定资产投资增速。

投资结构的优化带动产业结构不断改善。2017 年民营企业投资亿元（含）以上施工项目 3500 多个，完成投资占全部民营企业投资的 42.6%，当年投产项目达 2000 个，对推进民营经济产业结构持续优化发挥了重要作用。全省民营经济第二产业占比 62.74%，比 2012 年下降 8.9 个百分点，其中工业占比 57.7%，比 2012 年下降 9.1 个百分点，第三产业占比则由 2012 年的 27.8% 上升到 35.33%。

（二）规模企业支撑强劲

2017 年，全省民营规模企业保持稳步发展，规模以上工业企业经济效益平稳增长，带动行业产业链进一步优化发展，多行业大型龙头企业实力不断增强，运行质量效益实现较快提升。一是规模以上工业企业主体支撑作用明显。全省规模以上民营工业企业 14092 家，完成增加值 9359.8 亿元，营业收入 40349.1 亿元，上缴税金 1051.7 亿元，分别占全部民营工业企业的 85.2%、75% 和 76.6%，分别占全部民营经济的 38.3%，35.2% 和 33.7%。二是重点行业规模企业增长较快。规模以上工业 40 个行业大类中，26 个增加值同比实现增长，其中，食品制造、文教体育用品制造、医药制造、化学纤维制造、仪器仪表制造，电气机械等传统产业及汽车制造、计算机通信和其他电子设备制造等优势和新兴行业营业收入和利税实现两位数增长。三是优势龙头大企业强劲发展。年营业收入10亿元以上民营大企业（集团）191个（初步统计），平均营业收入达80亿元，平均利税5亿元。百亿元以上企业达34个，其中新奥集团和长城汽车营业收入突破千亿元，税金总额超10亿元的企业15个，其中保定长城汽车利税突破100亿元，成为全省盈利规模最大的民营企业。行业分布上电子信息、食品制造、精细化工、生物医药和新能源等优势工业企业58个，现代服务业企业16个，装备制造业企业22个，占比达到74%。

（三）县域产业质量提升

2017年，全省县域277个重点产业集群（年营业收入5亿元以上）直接带动企业15.3万家，吸纳从业人员411万人，完成增加值5704亿元，占县域GDP和民营经济比重分别为26.2%和35.2%，上缴税金466.7亿元，占县域财政收入和民营经济比重分别为23%和32%。重点产业集群年营业收入百亿元以上的达62个，五百亿元以上的5个，其中迁安市冶金产业集群和武安市钢铁产业集群突破千亿元。117个县（含定州和辛集市）中，88个民营经济增加值占本地GDP比重超过60%，其中辛集市、正定县、迁安市、清河县和武安市等22个县占比超过80%。

2017年，各级政府部门大力支持重点产业集群集聚发展、提升发展、智慧发展，有力地推动了县域经济持续稳定发展。一是开展规划编制。委托专业服务机构为石家庄循环化工园区等10个重点产业集群编制发展规划。二是推动智慧集群试点。组织开展推进安国中药等智慧集群试点互联网技术与产业集群融合发展。三是打造集群品牌。石家庄生物医药等4家单位被列为国家级产业集群区域品牌建设试点，滦县装备制造产业集群等14个产业集群、宁晋县等14个县（市、区）、贾家口镇等15个镇分别被评为省中小企业示范产业集群、特色产业名县、特色产业名镇。四是深入服务企业。选择部分优势产业集群，集中开展15场次“订单式”服务活动，服务企业2300多家。

（四）小微型企业发展壮大

全省深入开展“大众创业、万众创新”行动，全社会创业创新氛围更加浓厚，引领创业高潮，提升创新活力，推动了小微企业的快速发展。2017年全省小微企业经营单位增长较快，总数达38.6万个，同比增长12.3%；小微企业占全省民营企业数量比重达90%。小微企业从业人员805.2万人，同比增长3.5%，占全省民营企业从业人员比重73.5%，同比提高3.5个百分点。实现营业收入3987亿元，同比增长9%，比民营企业增速高3.2个百分点；完成固定资产投资7723.9亿元，同比增长3%。

各级部门深入落实扶持小微企业发展政策，持续加大服务平台、融资、技术、减负等方面支持力度，助力小微企业不断创新壮大。一是优化发展政策环境。各级全面推进营商环境集中整治活动，组织省直部门联合举办线下现场宣讲和线上“政策大讲堂”等活动32场次，培训中小微企业人员7000多人，组织开展“双创活动周”、首个“中小微企业日”等系列活动。二是着力减轻企业负担。动态调整涉企行政事业性收费、政府定价经营服务性收费和中介服务收费标准目录清单，取消涉企收费58项，放开30项，降低收费标准8项，全年降低企业负担85.38亿元。三是强化双创载体建设。推进中小企业创业辅导基地升级换代，分别培育省级“双创”示范基地、小微“双创”示范基地22家和28家；新增科技企业孵化器、中小企业公共服务示范平台、众创空间分别达76家、25家、25家，总数分别为113家、139家、156家，进一步发挥示范引领和带动作用。四是扩大企业信贷融资。全省28家小额票据贴现分中心，累计办理300万元以下小额票据贴现业务金额292亿元；全省小微企业贷款余额达10213.46亿元，占全部企业贷款余额的41.72%；开展“政银企保”对接，组织开展“京津冀金融支持产业升级高端论坛”、产融合作银企对接唐山站等92场活动，与23家金融机构签署合作协议，全年完成中小微企业融资12076亿元，超额完成19.2%。五是提升公共服务能力。全年聚集带动服务机构2500多家，服务企业近3.4万家；搭建跨部门、跨领域、多功能的小微企业服务平台，公示扶持政策523件、服务信息271条。

三 河北省支持民营经济发展的主要举措

（一）健全组织机构，强化统筹协调

一是强化组织领导。省委、省政府成立省民营经济领导小组，省级18个部门为成员，各市县也全部参照设立领导小组，切实加强对全省民营经济、中小企业工作的领导。省民营经济领导小组办公室统筹谋划全省民营经济、中小企业工作，每年制定全省工作要点并按期调度总结，形成了省市县协同推进工作机制。

二是加强督导考核。每年组织对各市、县民营经济发展考核排序，将排在前3名的市政府、前10名的县（市）政府分别认定为年度先进市、先进县（市），并在全省通报。考核指标既有客观指标，也有中小企业发展专项资金落实等工作指标，体现了考核导向。

（二）抓好政策落实，优化发展环境

一是学习宣贯法律。新修订的《中小企业促进法》出台后，河北省印发了宣传贯彻工作实施方案；召开了全省宣贯工作视频会议，依托“中小微企业日”“金色阳光”法律等专题活动，开展法律宣讲，发放相关资料；制定省级条例修订立法调研方案，年底前形成阶段性成果。

二是加强财税支持。省级财政每年安排1亿元中小企业发展专项资金用于贷款风险补偿、产业集群建设、公共服务体系建设、拓展市场等方面，引导带动各地积极扶持企业发展。严格落实国家税收优惠政策，加大税收政策宣传力度，全面推行网上办税，让中小企业“多跑网路、少跑马路”。

三是培树发展典型。每年评选发布百强民营企业，进一步激发了民营经

济发展热情和活力；加大对优秀民营企业家宣传表彰力度，河北省长城汽车股份有限公司董事长魏建军、以岭药业集团董事长吴以岭、君乐宝集团总裁魏立华入围改革开放40年百名杰出民营企业家名单。

四是实施包联帮扶。按照“分类服务、分级负责”的原则，选择5930家规上企业列为省、市、县包联对象；建立省政企服务直通信息化平台，收集处理企业反映的问题。

（三）拓宽融资渠道，突破融资瓶颈

一是强化信贷支持。2018年，督促各银行业金融机构积极拓宽融资渠道，创新金融产品，增加贷款供给。截至9月底，全省金融机构小微企业贷款余额1.1万亿元，同比增长13.4%，占企业贷款余额的41%。发挥小额票据贴现作用，截至9月底，全省28家分中心累计为中小微企业办理300万元以下小额票据311亿元。

二是开展银企对接。省工信厅会同央行、银监等部门与34家银行、保险机构等签署扶持中小企业贷款战略合作协议，支持中小微企业发展融资额度10975亿元。积极推进倒贷应急基金建立，已有10个市建立企业应急基金，总规模约为31亿元。

三是加强担保增信。着力做大省级、做强市级、做实县级，加快调整优化融资担保布局结构。截至9月底，河北省融资担保公司277家，资本金总额500亿元。大力开展融资担保机构风险补偿，近两年共给予符合条件的融资担保机构补偿3800余万元。

（四）实施创新引领，搭建创新平台

一是专精特新发展。河北省已连续2年培育“专精特新”中小企业324家，2018年组织第三批评审认定；制定《2018年河北省“专精特新”中小企业服务提升工作推进计划》，提出培育示范企业、实施上市培育等12项工作计划，为“专精特新”中小企业量身定制个性化服务。

二是培育创新载体。加强对国家级和省级小微企业创业创新示范基地的

指导，目前省级小微示范基地28家，国家级9家；制定河北省“双创”工作推进计划，着力推动中小企业创业辅导基地升级换代。

三是组织双创活动。组织开展2018年京津冀中小企业创业创新服务对接活动，为广大服务机构和中小企业提供对接平台；组织推荐企业参加“创客中国”创新创业大赛，激发中小企业发展活力；组织“中小微企业日”宣传活动，推介宣传扶持中小微企业发展的政策措施和发展典型；开展创业辅导师培训，2018年共培育220多名省级创业辅导师。

四是推动集聚发展。省委、省政府研究制定《关于加快产业集群建设推动县域经济高质量发展实施方案（2018～2020年）》，为县域经济发展增添新动能，培育一批示范产业集群、产业集群区域品牌和产业名县、名镇。

五是指导规范发展。对13家建立现代企业制度试点民营企业继续深度培育，开展试点经验和路径总结工作，为企业规范发展奠定基础。推动廊坊市大厂县开展民营经济综合改革试点工作，为河北省县域经济创业创新发展提供样板。

（五）引进培养人才，提升全员素质

一是高端人才引领。依托清华、北大等高校优势资源，年均组织600余名中小企业经营管理领军人才和中小企业高层管理者参加专题培训和短期培训；开展民营企业家后备人才培养高级研修班，每年组织60名后备人才进行为期半年的培训；以大讲堂的形式举办“名家讲坛”活动。

二是实用人才引进。每年组织开展民营企业招聘周、京津冀招才引智大会、沿海经济隆起带高级人才洽谈会、中国河北省海内外高层次人才洽谈会等活动，年均引进3万多人到中小微企业就业；发挥民营经济人才培训基地、高技能人才培养基地、技能大师工作室等作用，为民营企业输送各类人才超万人。

三是全员素质提升。以省级培训基地和中小企业公共服务机构为依托，为200个用户开通8个门类、300门网络点播课程，年均培训10万多人次；依托“河北省中小企业远程学堂”支持中小企业开展在线教育培训，每年全省完成各级各类培训200万人次（含自主培训）。

（六）建设服务体系，增加有效供给

一是建设发布平台。为落实《中小企业促进法》要求，河北省制定《河北省跨部门中小企业政策信息发布平台建设运行方案》《河北省跨部门中小企业政策信息发布平台运行管理暂行办法》等，建立协同工作机制，搜集整理国家、省及其职能部门政策信息，搭建平台系统，并于全国"双创活动周"期间发布上线。

二是健全平台网络。拓展完善平台网络功能，依托省平台和 39 个窗口平台，开展线上线下服务，已集聚带动服务机构 3500 多家，累计服务企业近 30 万家；依托省级 127 家公共服务示范平台、192 家公共技术平台等，为中小微企业提供技术开发、检验检测、管理咨询等多种共性公共服务，满足企业多层次服务需求。

三是开展入企服务。开展"订单式"服务活动，深入企业进行面对面交流，真正帮助企业解决生产运行中遇到的各类难题，近两年开展活动 69 场，服务企业 8300 多家。

四 河北省民营经济发展面临的主要问题分析

（一）发展思想观念滞后，企业创新能力不强

部分民营企业家发展理念不够新，行业选择就近就熟，小进即满、小富即安等思想较重，干事创业劲头集中在创业前期，有的无自主商标品牌，有的无成熟营销策略，有的无科学用人机制。各级政府部门过多从本地自然条件、纳税就业等短期因素考虑，过多选择"立竿见影"的主导产业或引入项目投资，缺乏科学、先进的顶层设计和发展规划，由此造成河北省民营企业过度集中在传统产业和中低端行业。目前，367 个年营业收入 5 亿元以上的产业集群中，以传统产业或中低端为主的约占 2/3，形成了对内竞争激烈、对外竞争力差，盈利能力羸弱、发展速度缓慢、创新要素保障严重不

足、转型升级困难重重的局面。

2017 年河北省民营经济市场主体中私营企业注册数量达到 113.2 万户，但是高新技术企业、科技型中小企业分别为 3174 家、5.5 万家，合计只占私营企业注册数量的 4.7% 左右。根据国家高新技术企业认定要求，企业从事研发和相关技术创新活动的科技人员占当年职工总数的比例不低于 10%，国家科技型中小企业建设标准为科技人员数占企业职工总数 30%，省科技型中小企业要求的比例为 20% 以上，大多数民营企业科技人员短缺是一个重要制约因素。

2017 年下半年全省中小微企业经营状况调查，1522 个企业问卷反馈：只有 11% 的企业认为转型升级非常紧迫，27% 的企业转型升级意愿比较强；但高达 62% 的企业转型升级意愿一般，没有意愿的企业占 13%。从侧面反映了河北省民营企业危机意识不够，小富即满思想依旧严重。

（二）融资难问题依然较突出，企业税负较重

中小企业“融资难”问题是历史性难题，尽管河北省各级部门做了大量工作，但金融机构信贷条件和企业发展现状匹配度差，金融机构也是市场经济中以盈利为驱动的经济单位，降低自身信贷成本和防范信贷风险是经营发展的重要考虑因素。一方面，全国金融工作会议以来，金融系统对于防范风险重视程度进一步提升，部分银行收紧信贷政策，导致民营企业融资难度进一步增加；另一方面，大部分民营企业在公司治理、规范经营、资本实力、市场竞争力等方面相对较弱，难以通过挂牌上市或发行债券等方式融资，过分依赖银行贷款和民间融资，融资渠道单一。受民营企业股权结构、资产状况和经营特点以及企业诚信建设滞后等条件限制，相当一部分民营企业难以达到商业银行授信条件。

税负重也突出反映了民营企业发展结构性难题。2017 年下半年，工业企业减负问卷调查显示，271 家被调查企业中，44% 的企业主要困难是税收负担较重。河北省民营企业普遍集中在产业链中低端和竞争性行业领域，税率总体较高，多数没有资金优势和先进技术，难以进入高附加值、高利润行

业领域。当前，民营企业税负重的一个重要表现是“营改增”全面施行后，河北省民营企业产业结构层次低、区域结构不合理的“小、低、散”现象没有有效改观，多数没有建立起现代企业制度，尤其是财务管理、合同管理、供应链管理、税收筹划等内部管理水平较低，与增值税征收规定不够匹配，造成企业很多进项税抵扣不足。

（三）部分政策不接地气，执行落地不实

近年来，省委省政府连续出台了《关于大力推进民营经济加快发展的若干意见》（冀发〔2014〕8号）、《关于促进民营经济又好又快发展的意见》（冀发〔2016〕19号）等支持民营经济发展的政策措施，加之省市各有关部门配套制定了一系列政策措施，形成了相对比较完善的政策体系。但是很多政策措施存在“悬而未落”现象，更多的是“落而不实”。

究其原因，一方面，有些政策措施不接地气。比如，企业反映的“担保贷款贴息受惠面小”问题，一是按照《财政部关于印发〈普惠金融发展专项资金管理办法〉的通知》（财金〔2016〕85号）规定，申请人自提交创业担保贷款之日起向前追溯5年内，应没有商业银行其他贷款记录。这条规定很大程度上限制了进城创业人员享受创业担保贷款，是造成申请创业担保贷款成功率不高的主要原因。二是小微企业（原劳动密集型小企业）申请创业担保贷款，需满足当年新招用符合条件的人员占上年末职工总数的30%以上（100人以上的占15%以上），且和职工签订劳动合同并交纳社会保险等条件，而财政贴息只是补贴基础利率的50%，对小微企业来说，申请创业担保贷款财政给予的贴息资金低于为新招用人员交纳社会保险的费用，削弱了小微企业申请创业担保贷款的积极性。

另一方面，各级政府部门大力“广而告之”宣传政策，不少企业管理者却“充耳不闻”。2017年民营经济政策宣讲活动中，参训民营企业超过6000家，很多企业在交流中反映，对有关部门政策不熟悉，或只是在新闻媒体上听说过，对支持企业发展的具体政策内容基本不清楚，有的甚至没有上过宣讲部门门户网站。

还有部分县级基层职能部门工作人员少，年龄偏大，工作繁重，缺少社会机构或行业协会的支撑，对政策把握不够，不能精准指导企业利用政策，也极大制约政策有效落地。

五　2019年河北省民营经济发展形势预测

2019年，河北省民营经济发展的有利因素：在全球经济深度调整和我国发展进入新常态，逐步向高质量方向发展的背景下，习近平总书记2018年9月27日辽宁调研、10月20日给“万企帮万村”行动中受表彰的民营企业家回信、10月24日广东调研、11月1日主持召开民营企业座谈会，短短的35天时间内，连续4次对民营经济发展发表重要讲话和做出重要指示，以站在新时代党和国家事业发展全局的高度，充分肯定了改革开放以来民营经济取得的显著成绩，深刻阐述了民营企业在经济社会发展中的重要地位，再次重申了“两个毫不动摇”，并对当前和今后一个时期内民营经济发展工作做出重大战略部署，为我们做好新形势下民营经济、中小企业发展工作指明了前进方向，勾画了崭新蓝图，提供了重要遵循。

11月2日，省委常委扩大会议传达学习了习近平总书记在民营企业座谈会上的重要讲话精神，要求全省各级各部门要切实增强抓好民营经济发展的政治责任感和使命感。2018年河北省以省委、省政府的名义召开了两次高规格民营经济发展会议，彰显了省委、省政府坚定推动民营经济大发展、快发展、高质量发展的坚强决心，同时连续出台了《关于营造企业家健康成长环境弘扬优秀企业家精神更好发挥企业家作用的实施意见》（冀发〔2018〕25号）、《关于大力发展民营经济的意见》（冀发〔2018〕30号）、《河北省支持中小企业融资若干措施》（冀政办字〔2018〕168号）等一系列支持发展的政策措施，大力激发全省民营企业发展热情，必将更加充分地释放民营经济发展潜能。

河北省民营经济发展仍具有良好的基础和有利条件，“双创”支撑有力、民间投资和出口有望回升向好，服务业和消费拉动稳中有升，工业和信息化融合、二三产业融合等更有力度。特别是经过多年落后产能压减和两年多“散乱污”企业整治，河北省多数民营企业、中小企业产业结构调整和转型升级步伐逐步加快，企业生产经营更加规范、效益质量不断提高，从生产经营上应对大气治理等政策性倒逼更为理性、更加积极，追求壮大发展和创新发展的意愿空前强烈，同时河北省京津冀协同发展、规划建设雄安新区、筹办冬奥会等为新时代新阶段民营经济、中小企业发展提供了巨大发展势能和重要窗口机遇。从当前全省经济发展状况来看，一是工业结构调整步伐加快。1～10月，全省规模以上工业增加值同比增长4.4%，回升1个百分点，比前三季度提高0.7个百分点；新动能加快成长，装备制造业增加值同比增长6.8%，比前三季度提高1.4个百分点，对规模以上工业增加值增长的贡献率为33.5%，居七大主要行业首位；工业战略性新兴产业增加值同比增长11.6%，比前三季度提高2.8个百分点。二是投资结构持续优化。1～10月，高新技术产业投资快速增长，完成投资同比增长28.5%，比前三季度提高1.4个百分点，占全省投资比重的12%；装备制造业完成投资同比增长9.7%，快于工业投资1个百分点，占工业投资比重的32.9%。预计2019年河北省中小企业仍处于加快产业调整、加速转型升级、加大创新发展的重要阶段，逐步向好的基本面正在形成，发展速度平稳有升、运行质量稳中有进将成为主要趋势。

六　推进河北省民营经济发展的政策建议

2019年是全面落实十九大精神的重要一年，也是深入推动实施“十三五”规划的重要年，河北省各级民营经济主管部门将以新时代中国特色社会主义思想为指引，重点围绕优化发展环境、推动中小企业创新、建设完善公共服务体系、推动产业集聚集约发展，进一步支持民营企业做大做强做优，使之成长为河北省经济发展的“顶梁柱”，努力打造“铺天盖地”中小企业与“顶天立地”大企业融通协调发展的新局面，为新时代建设经济强省、美丽河北省提供重要支撑。主要推动发展举措如下。

（一）抓顶层设计，着力提升工作效能

以谋划制定2019年全省民营经济工作要点为要旨，根据机构改革情况调整好全省民营经济领导小组和工作机构，加强对民营经济工作的领导、指导、督查等工作的考核引导督促作用，组织开展年度民营经济市县发展情况考核和季度通报，推动民营经济各项政策措施落地落细落实。

（二）抓载体建设，着力提升双创水平

建立省级小微企业创业创新基地培育库，优选认定一批特点突出、服务高效、创新能力强的示范基地；发挥知名行业专家、成功创业者、高校教师作用，开展创业辅导师培训，打造高水平的师资队伍；坚持培育和提升并举，重点推动已命名的小型基地提质提效。

（三）抓集群建设，着力提升集聚能力

全面落实《关于加快产业集群建设推动县域经济高质量发展实施方案（2018～2020年）》，指导市县抓好重点产业集群发展规划编制及论证工作，大力推进第二批智慧集群试点建设，实施产业集群示范工程，鼓励集群企业打造产品名牌、企业名牌、区域名牌，继续组织开展特色产业集群名县、名镇创建工作。

（四）抓专精特新，着力提升专业化能力

围绕“推选入库、择优认定、选拔小巨人”三个层次组织中小企业入库培育，优选认定“专精特新”中小企业，选拔一批专业化“小巨人”企业；对入库中小企业开展综合性专题培育，与专业机构深入合作推动挂牌上市，组织开展“专精特新”中小企业发展需求定制对接、细分领域领军企业和专业化小巨人企业系列专题宣传、“专精特新”中小企业发展成功案例推广等培育服务活动。

（五）抓体系完善，着力提升服务水平

优化省中小企业公共服务平台网络功能，拓展窗口平台范围，提升线上服务质量；整合线下服务活动项目，组织开展多形式的服务活动；优化省内跨部门中小企业政策信息发布平台功能，完善部门、机构政策服务协调机制，扩大政策覆盖范围；组织开展“订单式”服务、“金色阳光”法律服务活动，更大范围地服务企业。

（六）抓舆论宣传，着力营造发展环境

加大对新修订的《中小企业促进法》宣传贯彻力度，做好河北省中小企业促进条例修订立法相关工作，为促进中小企业发展提供法律支撑；加强与《河北日报》、河北省电视台、河北省新闻网等各类宣传媒介联系，选树发展典型，强化民营宣传，营造尊商、重商、亲商、爱商的发展氛围。

参考文献

张铁彗、赵志伟、陈明：《河北省民营经济发展的现状及政策建议》，《中国财政》2016 年第 20 期。

B.7

2018～2019年河北省农产品价格形势分析与预测

刘 珺*

摘 要： 价格是市场的风向标。本报告在对主要农产品生产价格数据深入分析观察的基础上，对2018年前三季度河北省农产品生产价格运行情况、主要特点进行分析，并结合各品种随着市场供求关系变动的规律性、周期性对2019年河北省农产品生产价格进行了分析预测。

关键词： 农产品 生产价格 河北省 规律性

据国家统计局河北省调查总队对全省42个国家调查县（市、区）调查，经过农产品生产价格全年指数连续三年下跌之后，2018年河北省农产品生产价格止跌回升，农林牧渔四大主板块价格指数均呈上涨态势。本报告对主要农产品生产价格数据进行深入分析，研究各品种随着市场供求关系变动的规律性和周期性。

一 2018年前三季度河北省农产品价格运行总体情况

2018年前三季度，河北省农产品生产价格累计指数为104.72，较上年

* 刘珺，国家统计局河北省调查总队农业调查处主任科员，主要研究方向为农产品价格。

同期上涨了4.72%。其中第三季度指数为109.74，较上年同期上涨9.74%，如图1所示。

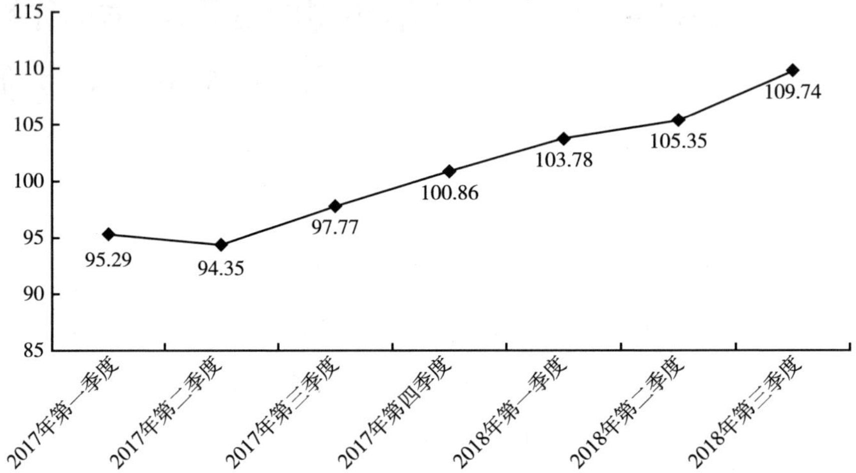

图1　2017～2018年前三季度河北省农产品生产者价格指数

二　2018年前三季度河北省农产品生产价格运行结构变化

2018年前三季度，河北省农林牧渔业产品价格同比呈涨态势，分别上涨了2.37%、0.53%、8.19%和12.53%，如图2所示。

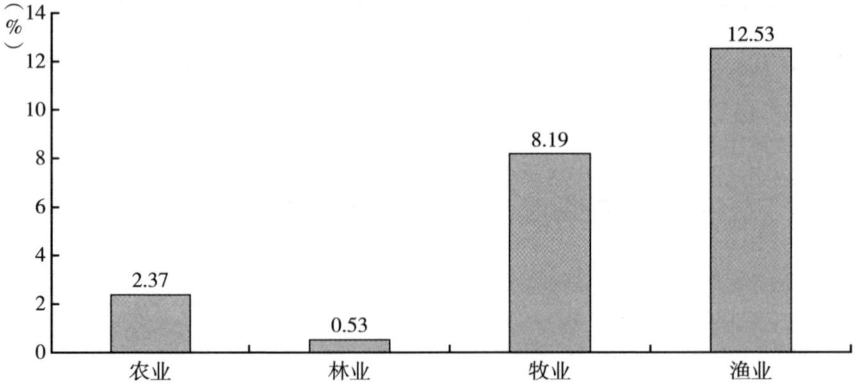

图2　2018年前三季度河北省农产品生产价格分行业涨幅

（一）农产品生产价格同比上涨2.37%

2018年前三季度，河北省种植业产品生产价格同比上涨2.37%。所调查的八大类产品呈现“四升四降”。其中，香料原料、蔬菜食用菌、谷物、水果坚果分别上涨7.77%、6.01%、2.89%、2.55%；油料、豆类、薯类、棉花分别较2017年同期下降了16.56%、10.64%、7.05%、5.43%。

（二）林业产品生产价格微涨0.53%

2018年前三季度，河北省调查的林业产品价格呈上涨态势，同比上涨0.53%，主要原因是随着雄安新区建设步伐的加快，园林景观规划逐步出台，松树苗的销量稳步增加，苗圃植被、绿化树木，直接拉动当地植保类树苗的销量，导致林产品价格上涨。

（三）畜牧业产品生产价格涨幅明显

2018年前三季度，河北省畜牧业产品生产价格受牛、羊、禽、蛋价格直线上涨的影响，同比涨幅8.19%。其中，畜禽产品、动物毛类、活家禽类价格分别比上年同期上涨了29.42%、21.17%和10.93%，而活牲畜类产品受生猪价格下降的影响同比降幅8.69%。

（四）渔业产品生产价格涨幅最大

2018年前三季度，河北省渔业产品生产价格上涨，同比上涨了12.53%，主要原因是需求上升，市场供应不足致使价格上涨。

三　2018年前三季度河北省农产品生产价格主要品种变动分析

从2018年前三季度河北省农产品生产价格主要品种变动情况看，呈现升多降少的特点。价格呈现下降的品种主要是生猪、花生、马铃薯、棉花和小麦，分别下跌了16.84%、16.56%、7.05%、5.43%和2.36%，其他品种均呈上涨态势，见图3。

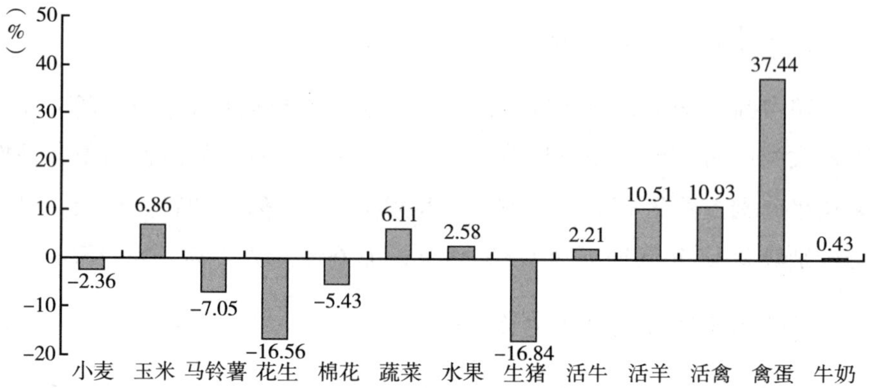

图 3　2018 年前三季度河北省农产品生产价格主要品种变动情况

（一）小麦价格持续下跌

2018 年前三季度，河北省小麦累计出售价格平均为每公斤 2.33 元，生产价格指数为 97.64，同比下降 2.36%。分析小麦生产价格下跌的原因：一是受国内部分省份去库存影响，2018 年以来市场供货量居高不下；二是受国际期货市场价格指数冲击，实体货品受到一定影响；三是国内粮食深加工企业效益不佳，导致小麦需求不足，价格持续低位运行。2017～2018 年前三季度河北省小麦生产价格指数趋势见图 4。

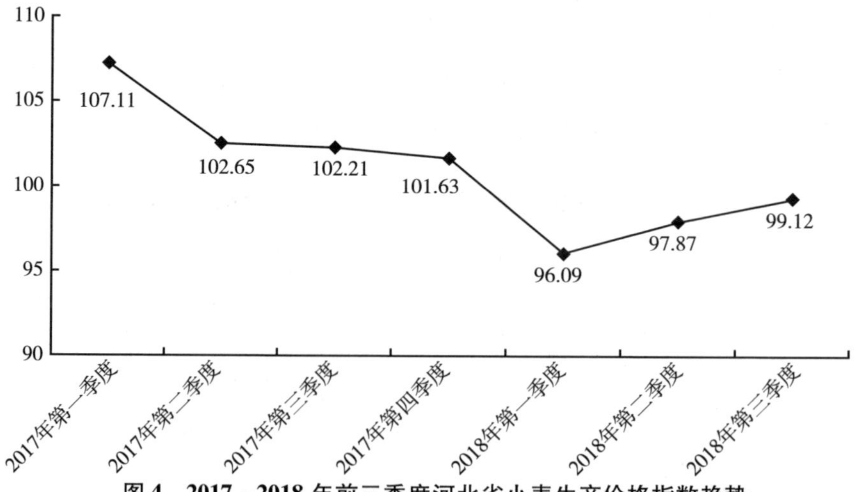

图 4　2017～2018 年前三季度河北省小麦生产价格指数趋势

（二）玉米价格回升

2018 年前三季度玉米累计出售价格平均为每公斤 1.6 元，生产价格指数为 106.86，较 2017 年同期上涨 6.86%。上涨原因主要是受到中美贸易战的影响，间接拉高了玉米的销售价格。其次是近几年华北外出打工收入的提高，农民外出打工一个月的收入远远高于田间劳作种植一季的效益，导致二三产业比较发达地区和偏远山区的部分农户直接弃农从商，特别是"90 后"新生代农民工思想已经悄然改变，不再是"面朝黄土背朝天"的生活模式，农村很多地区种植业劳动力严重不足，导致玉米价格保持高位运行态势。2017～2018 年前三季度河北省玉米生产价格指数趋势见图 5。

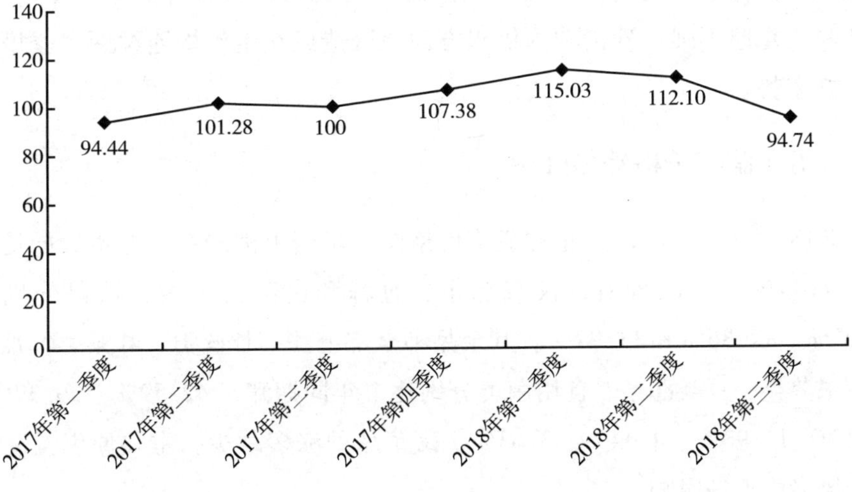

图 5　2017～2018 年前三季度河北省玉米生产价格指数趋势

（三）马铃薯价格低位徘徊

2018 年前三季度，河北省马铃薯生产价格指数为 92.95，与 2017 年同期相比，下降了 7.05%。主要原因是前两年囤货太多，造成大量货源滞销。2016 年冬天，河北省张、承两地大雪，马铃薯产量下降，由于交通受阻，销售通道不畅，导致马铃薯价格上涨超过三成。2017 年开始当地农民大量挖掘地窖储藏马铃薯，准备从中获利，马铃薯供给量远远超过市场需求量，从2017年第二季度开始，马铃薯价格一蹶不振，始终低位徘徊，可以看出量价平衡、市场供求关系都是直接影响价格的重要因素。

（四）花生价格大幅下降

2018年以来，河北省花生价格持续走低。到2018年第三季度，河北省花生价格已下降到每公斤4.63元，比2016年第二季度的最高点价格6.89元，下跌了2.2元之多。前三季度，河北省花生平均价格为每公斤4.57元，同比下降了16.56%。主要原因：一是受国际形势影响，2018年花生外贸出口量锐减；二是本地内需市场疲软，河北省多家大型油厂、企业收购意愿不强。外销和内供双方面原因造成花生价格连续两个季度呈现下跌态势。

（五）蔬菜价格涨多降少

2018年前三季度，河北省蔬菜价格总体呈现上涨趋势，总指数同比上涨了6.11%。分品种看，仅有茄果、葱蒜和白菜类下跌，跌幅分别为12.03%、12.86%和11.97%。其余品种全部上涨，甘蓝类、叶菜类、瓜菜类、根茎类、豆类蔬菜、食用菌类分别比上年同期涨了42.59%、29.37%、18.7%、11.93%、4.44%、3.63%。蔬菜品种涨多跌少，主要原因是受夏季台风多雨天气影响。

（六）水果价格小幅上涨

2018年前三季度，河北省水果类生产者价格上升，同比上涨了2.58%，苹果和梨生产价格分别上涨了7.53%和5.75%。主要原因是暴雨、冰雹和冻害等极端天气的影响，对水果生产带来一定的影响，市场供应量有所减少，价格上涨。大枣价格较2017年同期相比下降了1.58%，降幅不大，价格相对往年的波动幅度来看，位于较为平稳的运行区间。

（七）活猪价格高位回落

2018年第三季度，河北省活猪累计生产价格为每公斤12.28元，虽比第二季度有所回升，但前三季度价格同比下降了8.69%，主要原因：一是经过2015～2016年的大幅上涨以后，活猪生产价格长期走高，养殖户开始扩大养殖规模，导致市场供应较为宽松，生产价格受市场调节开始回落；二是2018年夏季全国局部地区暴发猪瘟，卫生部门将发病活猪与仔猪就地进行无公害化处理，同时对疫情发生地区发出通告，市民心存谨慎，购买欲望下降，造成近一段时间生猪价格持续低迷。2017～2018年前三季度河北省生猪生产价格指数趋势见图6。

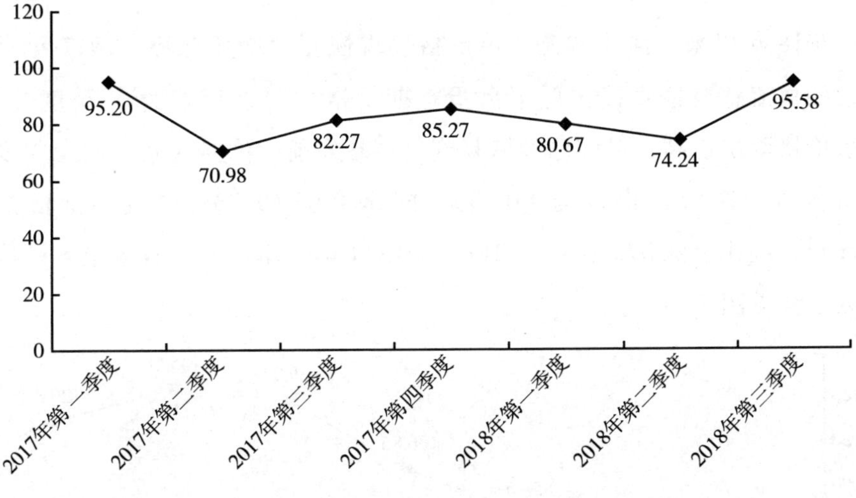

图6　2017～2018年前三季度河北省生猪生产价格指数趋势

（八）活牛价格稳步回升

河北省活牛价格自2014年第三季度达到27.16后开始下跌，到2016年第一季度，价格已下降到每公斤20.9元的最低点，目前已经恢复到每公斤24元的合理区间，2018年前三季度，河北省活牛价格一直保持小幅稳步回升势头，生产价格指数为102.21，同比上涨2.21%。经过近两年价格波动与市场调节，目前活牛价格回归较为理性的区间。

（九）活羊价格回升速度较快

河北省活羊同活牛价格走势基本一样。自 2014 年第二季度，活羊价格达到 24.81 元高点之后开始下跌，2015 年第四季度活羊价格下降到每公斤 14.97 元的最低点，受羊肉需求增长的影响，活羊价格从 2016 年第一季度开始持续小幅回升，连续两年持续保持小幅稳步回升势头。2018 年第三季度，河北省活羊价格已回升到每公斤 19.5 元，前三季度生产价格指数为 110.51，累计同比上涨 10.51%。

（十）禽、蛋价格同比继续双升

2018 年以来，河北省禽、蛋价格呈现恢复性增长态势。2017 年夏季爆发的禽流感疫情直接拉低了禽蛋基期价格，从 2018 年第一季度开始，禽蛋价格逐步走高，目前已经恢复到疫情暴发前的价格区间。前三季度河北省活禽生产价格指数为 110.93，同比上涨 10.93%；蛋类价格指数 137.44，同比上涨 37.44%。2017～2018 年前三季度河北省禽蛋生产价格指数趋势见图 7。

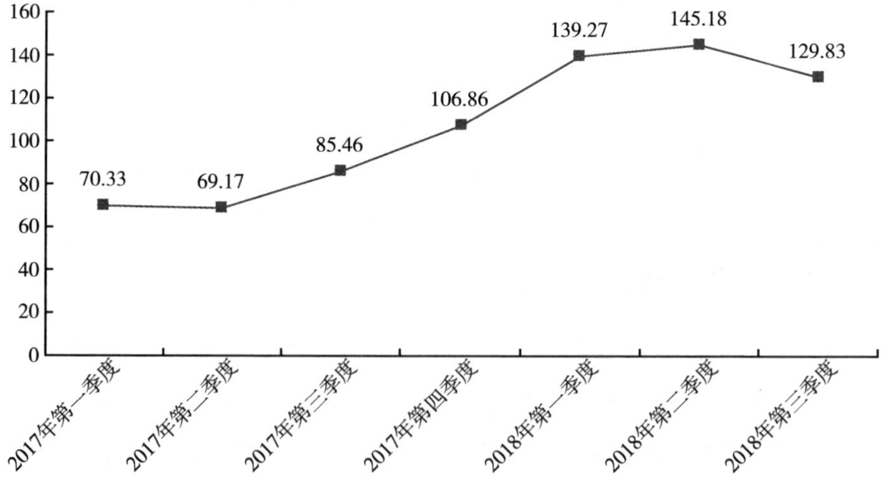

图 7　2017～2018 年前三季度河北省禽蛋生产价格指数趋势

四 2019年河北省农产品生产价格走势研判

（一）粮食供需平衡将被打破，预计粮价开始走高

国家虽然对小麦有托市收购和价格保护政策，粮食收购企业与小麦加工企业也存在买方竞争，但自中美贸易战打响，这种市场平衡将产生不利的影响。从分析数据可以看出，2018 年第一、二、三季度小麦价格虽然下降，但降幅已经逐步收窄，有开始走高的势头出现。加上省内部分地区小麦减产，品质下降，预计 2019 年河北省小麦生产价格出现上涨的可能性较大。

玉米库存相对充裕，但 2018 年玉米减产，质量下降，并且受国际大宗农产品期货市场的影响，预计 2019 年价格呈现增长态势，但大幅上涨空间不大。

（二）油料作物价格有望呈现回暖走势

2018 年河北省花生价格持续走低，到了第三季度行情开始反转，价格指数虽然负增长，但降幅已经开始收窄。预计 2019 年河北省花生价格会触底反弹，价格有望回升。

（三）马铃薯价格继续保持平稳

由于 2016 年冬季气温较往年偏低，马铃薯受冻害影响较大，以致马铃薯出售量有限，货源较为紧缺。通过近一年的市场消化，去库存，2018 年前三个季度价格开始逐渐回稳，已经返回到马铃薯常年的均价水平，市场价格、销量、供需关系都属于比较健康的良性发展。预计 2019 年河北省马铃薯生产价格维持现状，继续保持平稳走势。

（四）气候灾害等自然因素影响，蔬、果价格将稳中有升

与往年相比，2018 年河北省气象条件不够平稳，受台风影响，降水偏多，局部不稳定因素较多。从前三季度情况看，本地种植蔬菜上市量不能满

足当地市场需求，且优质品种不如往年，这些主要因素都会助推价格走高。预计 2019 年河北省蔬菜、水果价格可能会继续上涨。

（五）活猪价格止跌回升

2015～2016 年，河北省活猪价格在经过长期的价格低迷期后，一度出现井喷式的价格增长，活猪价格在 2016 年第二季度达到 19.94 元/公斤，导致生猪养殖规模快速扩张，之后开始快速回落。2018 年第二、三季度，活猪价格持续在 10.26～12.82 元低位徘徊。根据以往经验，这种价格周期将持续 1～2 年。预计 2019 年将会进入“两年循环周期”的尾声，生猪价格会在当前经济提振的大环境下，追随牛羊产品开始走高。

（六）牛、羊价格将继续小幅上涨

河北省牛、羊生产价格自 2015 年末和 2016 年初触底反弹之后，已经历了一年多的调整时间。从 2018 年第一、二、三季度价格连续增长情况来看，价格已回到以往较为理性的水平。随着人民生活水平的提高，保健意识逐渐增强，优质牛羊肉的刚性需求增加，预计 2019 年河北省牛、羊价格将在保持基本理性的前提下，继续小幅回升。

（七）肉鸡和鸡蛋价格保持上涨

受 2017 年禽、蛋基期价格较低影响，2018 年河北省禽、蛋价格持续走高，销售势头好，市场需求旺盛。预计 2019 年河北省禽、蛋生产价格仍会保持高位运行的态势。

（八）牛奶价格将保持稳定

目前河北省奶牛存栏总量相对较为稳定，牛奶生产价格在国家政策调控保护之下，始终平稳运行，没有出现较大波动，属于农产品种类当中最为稳定的品种，相较于其他品种的涨跌幅度非常平缓。预计 2019 年河北省牛奶生产供求平衡的形势将继续保持，不会有较大变化。

参考文献

毕玉琦、张立中：《国际农产品价格调控相关政策及经验借鉴》，《江苏农业科学》2018 年第 18 期。

B.8
2018～2019年河北省农村居民收入形势分析与预测

张 力*

摘 要： 农民增收是解决“三农”问题的核心所在，也是乡村振兴的目的所在。本报告在介绍2018年河北省农村居民收入总体情况、结构特点的基础上，对2019年河北省农民收入增长面临的形势进行了深入分析，提出促进河北省农村居民收入稳定较快增长的具体建议。

关键词： 河北省 农村居民 可支配收入

2018年是全面贯彻党的十九大精神的开局之年，是改革开放40周年，是决胜全面建成小康社会、实施“十三五”规划承上启下的关键一年。在省委、省政府的正确领导下，全省深入贯彻落实习近平新时代中国特色社会主义思想和党的十九大精神，按照省委九届五次、六次全会决策部署，牢牢把握社会主要矛盾的新变化和高质量发展的根本要求，坚持创新竞进、转型升级、提质增效、改善民生，全省经济运行保持总体稳定、稳中有进、稳中向好，农村居民收入增长与经济发展同步，收入增速呈现“五高”，即高于上年同期、高于城镇、高于全省GDP、高

* 张力，国家统计局河北省调查总队居民收支调查处调研员、统计师，主要研究方向为居民收入、农村统计。

于全国及周边多数地区，生活消费质量提高，农村居民获得感、幸福感增强。据住户一体化调查资料显示：2018 年前三季度，河北省农村居民可支配收入实现 10640 元，比上年同期增长 9.1%，全年增长 7.5% 的目标如期实现。

一　2018年河北省农村居民可支配收入增长的主要特征分析

（一）收入全面稳定增长，工资性收入贡献最大

从构成可支配收入四大项来看，河北省农村居民工资性收入、家庭经营净收入、财产净收入和转移净收入分别为 5593 元、3372 元、220 元和 1454 元，分别比上年增长 8.7%、10.7%、6.5% 和 7.7%，占可支配收入的比重分别为 52.6%、31.7%、2.0% 和 13.7%（见图 1）。

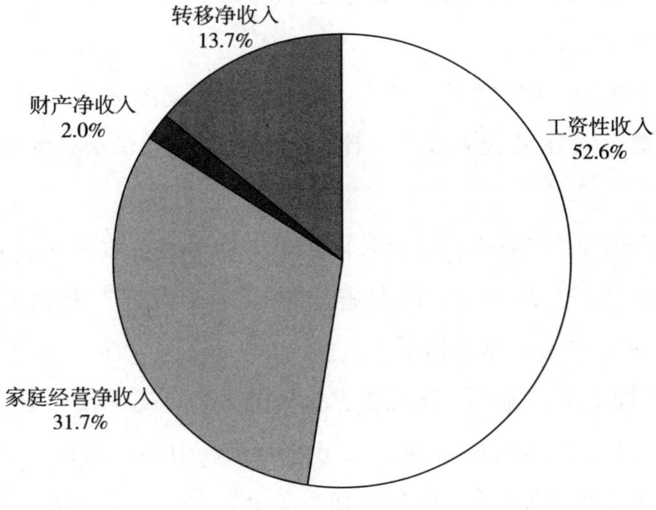

图 1　2018 年前三季度河北省农村居民四项收入来源比重

从支撑农村居民增收主要因素看，一是工资性收入继续稳定增长，农村居民人均工资性收入 5593 元，对农村居民人均可支配收入增长的贡献率为 50.3%，拉动农村居民可支配收入增长 4.6%。二是家庭经营净收入提高。农村居民人均经营性收入 3372 元，对农村居民人均可支配收入增长的贡献率为 36.6%，拉动农村居民可支配收入增长 3.3%。三是各项制度保障深化和落实，前三季度仅养老金或离退休金增加 58 元，增长 11.1%，对农村居民人均可支配收入增长的贡献率为 6.5%，拉动农村居民可支配收入增长 0.6%。

（二）人均可支配收入增速“五高”，与全国差距缩小

增速高于 2017 年同期。前三季度农村居民人均可支配收入增长 9.1%，高于 2017 年同期 1.1 个百分点，同比增速连续多年下降趋势得到遏制，增速是 4 年来最高。

增速高于同期城镇。城镇居民人均可支配收入 24152 元，同比增长 8.0%，比农村慢 1.1 个百分点，城乡居民收入比为 2.27∶1（以农村居民为 1），比上年缩小 0.02。

增速高于同期 GDP 增长。农村居民人均可支配收入增速为 9.1%，扣除价格因素，实际增长 6.7%，比同期 GDP 增速 6.6% 高 0.1 个百分点。

增速高于全国平均增速。全国农村居民人均可支配收入增长 8.9%，河北省比全国高 0.2 个百分点。河北省农村居民人均可支配收入比全国的 10645 元低 5 元，与全国基本持平。

增速高于周边多数地区。河北省农村居民人均可支配收入增速仅低于内蒙古 0.5 个百分点，分别比天津、辽宁、山东、山西、河南和北京高 3.2 个、1.9 个、1.2 个、0.6 个、0.6 个和 0.2 个百分点。收入水平高于山西、内蒙古和河南，分别高 2416 元、1349 元和 1154 元，比北京、天津、山东和辽宁分别低 10422 元、6954 元、2664 元和 1212 元（见图 2）。

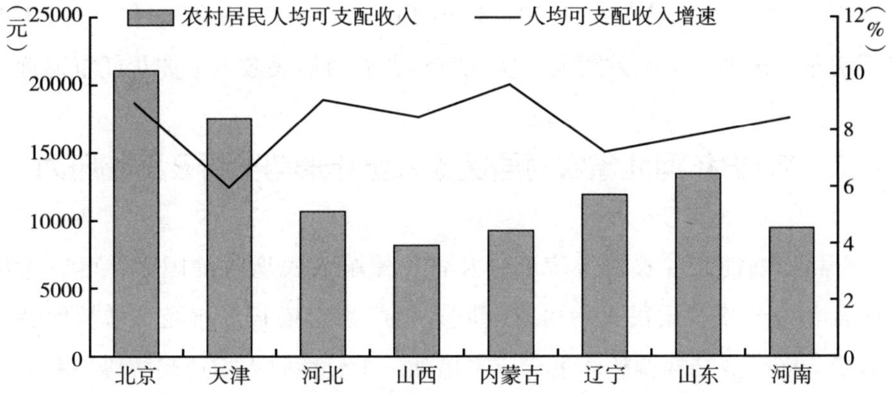

图2　2018年前三季度河北省与周边农村居民人均可支配收入比较

（三）经济结构转型升级步伐加快，第三产业增收明显

2018年省委省政府按照高质量发展要求，坚定不移推进供给侧结构性改革，强化改革引领、开放支撑和创新驱动，服务业保持平稳较快发展态势，现代服务业发展加快，成为拉动经济增长的重要引擎。信息传输软件和信息技术服务业、租赁和商务服务业、居民服务修理和其他服务业、文化体育和娱乐业等行业快速增长，带动了农村居民收入的增加。前三季度，农村居民第三产业经营净收入1333元，增长9.3%，比农村居民人均可支配收入增速高0.2个百分点，拉动农村居民人均可支配收入增长1.2%。

（四）京津冀农村居民收入水平差距明显，收入一体化任重道远

2018年前三季度，北京农村居民人均可支配收入21062元，高于河北省10422元，是河北省的1.98倍。天津农村居民人均可支配收入17594元，高于河北省6954元，是河北省的1.65倍。

从2013～2018年前三季度同期数据来看，京冀收入倍差（北京农村居民人均可支配收入与河北省农村居民人均可支配收入的比，河北为1）分别为1.98、1.96、1.97、1.98、1.98和1.98，津冀收入倍差（河北省为1）

分别为1.68、1.68、1.69、1.70、1.70和1.65。虽然略有起伏，但缩小趋势不明显，再加上基础差距大，实现京津冀农村居民收入一体化任重道远。

二 2018年河北省农村居民收入全年形势分析及面临压力

分析当前河北省农村经济形势及各种影响农民增收的因素，可以看出2018年河北省农村居民人均可支配收入持续稳定增长，与经济增长保持基本同步。受行业结构调整、生产成本增加、工资性收入增速趋缓等不利因素影响，全年农村居民收入增速7.5%以上，全年目标完成。

预计2019年农村居民人均可支配收入将基本延续前三个季度增长趋势，继续保持稳定增长态势。2019年是中华人民共和国成立70周年，是脱贫攻坚战最后冲刺的一年，也是全面决胜小康社会的关键一年。利好因素较多，但结构调整阵痛继续显现，经济运行稳中有缓，经济下行压力加大等不利因素依然存在。

（一）有利因素

1. 工资性收入继续保持增长

一是农民工总量增长，外出务工人员收入提高。京津冀一体化建设、雄安新区建设及冬奥会配套基础设施项目的陆续开工，给有一技之长的外出务工人员提供了更多的就业机会。2018年第二季度末，河北省外出务工农村劳动力总量继续增长，外出务工农村劳动力人均月收入3809元，比上年同期增加163元，增长4.5%。二是本地就近务工人数明显增加，企业用工需求较旺，工资增长较快，工资水平同比提高10%～15%。

2. 农产品价格保持上涨态势

据河北省42个国家调查县（市、区）的主要农产品生产价格抽样调查数据显示，2018年前三季度，河北省主要农产品生产价格总体保持上涨态势，农产品生产价格指数为104.72，较上年同期上涨了4.72%。其中，第三季度指数为109.74，较上年同期上涨9.74%。从调查的品种来看，下跌品种跌幅多数也已经收窄，农产品生产价格指数上行通道已经全面开启。

3. 财产净收入呈不断增长趋势

一是转让承包土地经营权租金净收入。随着农村土地制度改革不断深化，种植业大户、家庭农场和农民合作社的增加，土地流转比较活跃，流转方式多样（出租、转包、入股、托管、出让、征用等），流转面积增加，流转价格提高。二是租赁价格上涨较快。城镇化建设提速及房屋价格的上涨，推升了门店、仓库、窑坑、农业机械、家庭财产等出租价格，租金收入增加。

4. 转移净收入增加

一是扶贫政策保障力度加大。针对扶贫攻坚落实了产业发展脱贫政策、金融扶贫政策、农村低保社会兜底保障政策、商业保险等一系列保障政策，为贫困人口稳定脱贫提供全方位保障。二是精准扶贫项目开始产生效益。通过“企业＋合作社＋基地＋贫困户”的发展模式、扶贫资金入股分红等形式，帮助贫困户实现稳定增收。

（二）不利因素

1. 宏观经济形势下行压力较大

大量实证研究已表明，农民收入增长与经济增长有显著的正相关性，经济增长速度快，农民收入增长就快；反之，农民收入也相应地减缓。新常态下国民经济发展正经历深刻调整，经济增速回落，2018 年前三季度河北省 GDP 同比增长 6.6%，比全国低 0.1 个百分点，仍处于历史较低水平。因此，在农民收入增长问题上，要密切关注国民经济对农民收入增长的影响，下决心采取更加有力的政策措施，继续保持农民收入增长的好势头。

2. 结构调整与政策性减收双重压力

为贯彻国家节能减排、治理污染政策，重点治理行业的生产成本增加，利润下滑，调结构、减产能、治污染形成新的结构性失业，企业关停并转，对现有岗位造成冲击，在一定程度上制约了农民非农经营性收入和工资性收入的增长。一是空闲的农民工数量增加。二是煤炭、钢铁、采矿业、建筑业等行业是吸纳农民工的主要行业，受经济环境的影响，其生产经营受阻，用工人数和工资待遇下降，从而降低了农民的务工收入。农村居民工资性收入增长8.7%，比上年同期下降1.2个百分点，需密切关注劳务经济发展状况。

3. 农业经营增收形势不容乐观

一是2018年粮食呈现近年来少有的“夏减秋减全年减”的“三减”局面。夏粮总产量同比下降3.57%。其中，小麦总产量比上年减少3.55%。二是2018年棉花总产量较2017年出现小幅下降。三是部分农产品价格下跌或者低位运行。生猪、花生、马铃薯、棉花和小麦价格分别下跌16.84%、16.56%、7.05%、5.43%和2.36%。尤其是出售小麦价量齐降。经测算，由于主要农、牧业产品出售价格下降，农民人均可支配收入减少157元左右。四是农业生产经营成本增加。2018年10月，河北省农业生产资料价格同比上涨4.8%，连续上涨13个月，且涨幅呈逐月扩大之势。十类农资价格“九升一降”。受国家汽、柴油价格政策调整影响，农用机油价格同比上涨19.9%，涨幅居首。化学肥料价格同比上涨9.9%，农药及农药器械价格同比上涨7.1%，饲料价格同比上涨4.0%。

三　促进河北省农村居民收入稳定增收的对策建议

回顾2018年，展望2019年，农业农村发展将稳中有进、稳中有新。但也面临着很多困难和矛盾，包括农业农村发展动能不足、农业结构不合理、农业经营方式不适应以及不可持续等。应积极适应经济发展新常态，推进农业供给侧结构性改革，全面实施京津冀协同发展、转型发展、创新发展战略，采取有力措施，促进农村居民增收。

（一）推进农业供给侧结构性改革，实现一二三产业融合

由于农村产业基础薄弱，必须以农业供给侧结构性改革为主线，调优产品结构、调好生产方式、调顺产业体系，促进一二三产业融合发展。大力实施以工促农，推进农业招商引资，发展农产品加工业，打造农业产业化链

条，提升农产品附加值。通过打造生态农业、田园乡村、生态乡村，吸引市民下乡，增加农民经营性收入；通过一二三产业深度融合发展，实现产区变园区、园区变景区、产品变礼品、农民变股民、店铺变电商、民房变客房等转变，为农村产业发展注入新动能。

（二）实施乡村振兴战略，发展多种形式的规模经营

一是加强新型农业经营主体培育工程。针对农民对职业技能的不同需求，找到"痛点"，实施针对性、实用性的培训，培养新型职业农民带头人。同时要普及农业科技新技术的培训和指导，让农民及时掌握新技术、新工艺，让科技创新的成果惠及农民。二是发展多种形式适度规模经营。把对新型农业经营主体的政策扶持力度与其带动小农户数量和效果挂钩，促进小农户和现代农业发展有机衔接。采取规模经营、资源循环利用等方式促进农业节本增效，推广"订单农业""保底收益＋按股分红"等形式让农户分享产业链增值收益，有效增加农民经营性收入。

（三）加快京津冀协同发展步伐，壮大劳务经济稳增收

京津冀一体化既要实现基本公共服务均等化，又要实现人民生活水平大体相当。实施协同发展几年来，河北省农村居民收入与京津差距缩小不明显，达到真正的一体化任重道远。因此，要借助疏解北京非首都功能和雄安新区建设这两大机遇，促进劳务经济发展，稳定和提升农村外出务工人员收入水平。2017 年在京津冀地区务工的河北省农民工总量为 1326 万人。2019 年应进一步深化京津冀劳务协作，着力增加农民工资性收入。

（四）加快发展县域经济，促进农民收入增长

实施产业兴村强县行动，统筹城镇建设与园区发展，提升园区对大企业的吸引力和承载力，培育壮大特色产业集群，辐射及带动周边其他项目发展，鼓励更多的企业吸纳低技能农民工就业，促进农民就近就地转移就业增收。抓好新农村、美丽乡村、农业合作社、村庄道路等项目建设机遇，发展

乡村旅游、农产品产地加工、农村电子商务等产业发展，增加多种就业岗位，促进农民工资性收入。

（五）加大扶贫攻坚力度，提高扶贫脱贫质量

2019年脱贫攻坚进入最后冲刺阶段。应继续加大实施脱贫攻坚力度。一是充分发挥产业扶贫“造血”功能。对有劳动能力的贫困人口强化产业和就业扶持，发展特色优势种植业，提供技能培训和技术扶持，加快劳务产业发展，着力做好产销衔接、劳务对接。河北省燕山—太行山区连片特困地区22个县，主要集中在张承和保定，要利用环京津及可以错季生产的区域优势，建立设施蔬菜农业示范基地，带动农村发展设施蔬菜和务工增收。鼓励农民从事餐饮、休闲旅游等，推动自主就业创业，增加经营性收入。二是提高社会保障水平。对丧失劳动能力的特殊贫困人口，综合实施社保兜底、医疗保障救助等扶持政策，确保病有所医、残有所助、生活有兜底。三是集中解决基础设施薄弱、公共服务滞后、特色产业不强等问题。实施深度贫困地区基础设施和基本公共服务提升工程，着力改善深度贫困地区生产生活条件。

参考文献

亚岚、王宝林：《河北省农民收入现状及增收对策研究——全面建成小康社会背景下》，《河北北方学院学报》（社会科学版）2017年第1期。

B.9

2018～2019年河北省农村居民生活消费形势分析与预测

张　坤*

摘　要： 消费是人民对美好生活需要的直接体现。本报告在对2018年河北省农村居民生活消费支出特点分析基础上，分析了2019年河北省农村居民生活消费面临的形势，并针对制约河北省农村居民生活消费的问题，提出了促进农村居民生活消费健康发展的对策建议。

关键词： 农村居民　生活消费　消费支出

党的十九大报告明确提出，完善促进消费的体制机制，增强消费对经济发展的基础性作用。2018年，河北省委、省政府牢固树立新发展理念，着力扩大消费需求，加快推动消费转型升级，消费结构不断优化，城乡居民的获得感、幸福感不断提升。2018年前三季度，河北省农村居民消费支出稳步提高，同比增长9.0%，全年农村居民生活消费支出继续保持稳定增长态势。

一　2018年前三季度河北省农村居民生活消费特点

（一）农村居民生活消费稳定增长

1. 农村居民人均生活消费增长9.0%

前三季度，河北省农村居民人均生活消费支出8131元，比2017年同期

* 张坤，国家统计局河北省调查总队居民收支调查处主任科员，统计师，主要研究方向为居民收入、农村统计。

增加672元，同比增长9.0%，实现稳定增长。

2."八大类"支出呈全面增长态势

前三季度农村居民八大类生活消费支出呈全面增长态势。从增长速度来看，其他商品和服务支出179元，增长14.7%，增速最快。其后依次为医疗保健支出925元，增速为12.8%；教育文化娱乐支出770元，增速为10.3%；食品烟酒支出2238元，增速为9.4%；生活用品及服务支出553元，增速为8.1%；交通通信支出1360元，增速为7.1%；居住支出1585元，增速为6.7%；衣着支出542元，增速为5.7%（见表1）。从绝对量来看，吃、住、行依然是消费的重头戏。

表1　2018年前三季度河北省农村居民人均生活消费支出情况

单位：元，%

指标	消费支出	增加金额	增速
一、生活消费支出	8131	672	9.0
（一）食品烟酒	2238	192	9.4
（二）衣着	542	29	5.7
（三）居住	1585	100	6.7
（四）生活用品及服务	533	40	8.1
（五）交通通信	1360	90	7.1
（六）教育文化娱乐	770	72	10.3
（七）医疗保健	925	105	12.8
（八）其他商品和服务	179	23	14.7

3.生活消费支出增长与收入基本同步

2018年第一季度、上半年和前三季度农村居民生活消费支出分别增长9.1%、9.1%和9.0%，同期人均可支配收入分别增长9.2%、9.0%和9.1%，消费与收入实现同步稳定增长。

（二）食品烟酒、医疗保健与居住支出拉动消费较快增长

前三季度，农村居民人均食品烟酒、医疗保健与居住支出总计4748元，占农村居民生活消费支出的58.4%，比重比上年提高0.1个百分点。其中，

食品烟酒支出对生活消费增长的贡献率为28.6%，拉动生活消费增长加快2.6个百分点；医疗保健支出对生活消费增长的贡献率为15.3%，拉动生活消费增长加快1.4个百分点，居住支出对生活消费增长的贡献率为14.9%，拉动生活消费增长加快1.3个百分点。食品烟酒、医疗保健与居住支出成为拉动农村居民生活消费增长的三大动力。

（三）发展和享受型支出快于人均消费支出和生存型消费支出

前三季度，农村居民生活消费支出中发展和享受型消费，即生活用品及服务、交通通信、教育文化娱乐和医疗保健消费共计3588元，比上年增加304元，增长9.3%，比人均消费增速9.1%高0.2个百分点，比生存型消费支出增速高0.7个百分点。

（四）农村居民消费支出增速快于城镇居民

从表2中可以看出，前三季度，农村居民人均生活消费支出增长9.0%，城镇居民人均生活消费支出增长7.9%，农村居民消费支出增长速度比城镇居民高1.1个百分点。从构成消费支出的八大类看，农村居民除居住、生活用品及服务、其他商品和服务外，其余6项增速均高于城镇。

表2　2018年前三季度河北省城乡居民消费支出对比

单位：元，%

指标名称	消费金额		增速	
	城镇居民	农村居民	城镇居民	农村居民
一、生活消费支出	15925	8131	7.9	9.0
（一）食品烟酒	3842	2238	1.1	9.4
（二）衣着	1292	542	4.0	5.7
（三）居住	3997	1585	16.9	6.7
（四）生活用品及服务	1202	533	8.7	8.1
（五）交通通信	2021	1360	6.1	7.1
（六）教育文化娱乐	1672	770	6.0	10.3
（七）医疗保健	1483	925	10.2	12.8
（八）其他商品和服务	416	179	14.9	14.7

（五）农村居民边际消费倾向高于城镇居民

2018 年前三季度，农村居民人均生活消费支出增加 672 元，人均可支配收入增加 890 元，农村居民边际消费倾向为 75.5%（消费增加额与收入增加额之比）。2018 年前三季度城镇居民人均消费性支出增加 1166 元，人均可支配收入增加 1794 元，边际消费倾向为 65.0%。农村居民边际消费倾向比城镇居民边际消费倾向高了 10.5 个百分点。

（六）网购逐渐进入农村千万家庭

随着互联网的普及，人民生活越来越离不开网络，通过互联网购买商品和服务的消费模式已经被越来越多的人所接受和应用，农民也步入互联网消费的新时代。不仅网购次数大幅度增加，同时网购金额也大幅上涨，前三季度农村居民网购次数和金额同比分别增长 139.9% 和 52.1%。

二 2018年河北省农村居民消费形势与2019年展望

综合分析 2018 年前三季度农村经济形势及各种影响农村居民增收的因素，预计 2019 年农村居民消费支出将继续保持稳定增长态势，农村居民生活消费结构、层次、方式和规模将发生一定变化，环保绿色、方便快捷的消费模式将会逐步在农村地区普及。

（一）有利因素

1. 全省经济延续稳中有进、稳中向好的态势，农村居民增收形势向好

2018 年是十九大胜利召开后第一年，是供给侧结构性改革的重要一年。从 2018 年总体发展态势看，河北省宏观经济继续平稳健康发展，改革步伐逐步加快，全省经济延续了稳中有进、稳中向好的态势，2018 年全省 GDP 稳步增长，2018 年第一季度、上半年和前三季度全省 GDP（按可比价格计算）分别比上年同期增长 6.0%、6.5% 和 6.6%。同期河北省农村居民人均可支配收

入实际增长6.9%、6.8%和6.7%（扣除物价因素），农村居民收入与全省经济增长基本同步，农村居民收入稳步提高，增收态势总体向好。

2. 中央和地方继续贯彻惠民政策，积极推进农村经济发展

十九大明确提出有关农村发展战略，指出农业农村农民问题是关系国计民生的根本性问题，必须始终把解决好“三农”问题作为全党工作重中之重。要坚持农业农村优先发展，按照产业兴旺、生态宜居、乡风文明、治理有效、生活富裕的总要求，建立健全城乡融合发展体制机制和政策体系，加快推进农业农村现代化。一是巩固和完善农村基本经营制度，深化农村土地制度改革，完善土地承包“三权”分置制度，保持土地承包关系稳定并长久不变，第二轮土地承包到期后再延长三十年；二是党中央、国务院继续实施粮食增产农村居民增收的政策措施，千方百计保证稳定粮食产量，继续增加“三农”投入，延续农业多种补贴政策，凸显国家对“三农”工作的重视和扶持力度；三是构建现代农业产业体系、生产体系、经营体系，完善农业支持保护制度，发展多种形式适度规模经营，培育新型农业经营主体，健全农业社会化服务体系，实现小农户和现代农业发展有机衔接；四是中央及地方积极促进农村一二三产业融合发展，支持和鼓励农民就业创业，拓宽增收渠道；随着国家和河北省对创业和外出劳动力社会保障的不断重视，采取各项措施维护农村劳动力权益，社会保障情况逐步好转，为农村居民就业创造了良好环境。

3. 消费意识改变，农村居民消费层次逐步提升

2018年前三季度享受型消费支出占生活消费支出比重为44.1%，比上年同期提升了0.1个百分点；而生存型刚性消费支出所占比重为53.7%，下降了0.2个百分点。两种消费一增一降反映了河北省农村居民消费意识正逐渐转变，体现了物质基础逐渐丰富、生活水平逐渐提升的农村居民，对生活质量有了更高层次的追求，渐渐敢于将更多的资金投入享受型消费。

4. 劳务经济持续发展，增强农村居民消费预期

在农村居民人均可支配收入中，工资性收入比重已经超过50%，也是

近年来支撑农村居民收入增长的首要因素。国家统计局河北省调查总队住户一体化调查资料显示，2018 年第一季度、上半年和前三季度河北省农村居民工资性收入增速分别为8.2%、8.6%和8.7%，呈现稳定增长趋势。工资性收入稳定增长，将间接提高农村居民家庭消费水平和质量。

（二）制约因素

1. 经济发展不平衡不充分，农村经济面临较大挑战

十九大指出，我国发展的一些突出问题尚未解决，社会政治经济发展还不够平衡、充分，发展质量和效益还不高，创新能力不够强，实体经济水平有待提高，生态环境保护任重道远；农村经济仍将面临诸多问题和挑战，民生领域还有不少短板，脱贫攻坚任务艰巨，城乡区域发展和收入分配差距依然较大，群众在就业、教育、医疗、居住、养老等方面面临不少难题，农村居民生活水平和质量仍有待提高。

2. 受生产成本和市场价格影响，农民生产经营风险较大

农、牧业产品的产量和价格受自然条件、市场规律的影响非常大，加上化肥、农药、种子等生产资料价格不断上涨，农民从事种植和养殖业的积极性不高，“菜贱伤农”“肉贱伤农”的现象时有发生。而农村第三产业基础薄弱，主要集中在批发和零售业、交通运输仓储和邮政、居民服务修理等行业，这些行业受宏观经济增长放缓、汽油柴油价格浮动、环境治理等外界因素影响，增长形势并不乐观。生产经营风险大，抗风险能力差，也成为农民捂紧钱袋的重要原因。

三 促进河北省农村居民消费健康发展的对策建议

（一）提高农村居民实际收入，让农民“能消费”

收入是消费的前提和基础，“钱袋子”鼓起来，消费才能“跑起来”。提高农村居民生活消费能力，扩大农村消费的根本在于提高农村居民收入。

应着力从以下几方面入手。一是继续大力发展民营经济，促进农村居民就业，努力提高非农就业工资水平。2018 年前三季度河北省农村居民可支配收入 10640 元，与 2017 年同期相比增加 890 元，工资性收入为 5593 元，与 2017 年同期相比增加 448 元，工资性收入依然是农村居民增收的主导因素。二是发展现代农业，提高农产品科技含量，增加农业收入。提高农业科技服务水平，加快农业新成果的推广和应用。发展“订单农业”，确保农产品产销衔接；发展专业合作经济组织，形成以农村居民专业合作组织为基础的农产品市场体系，减少流通环节，降低流通费用。三是加强农业基础设施建设，改善农业生产条件，提高农业综合生产能力。四是提高农村金融服务质量和水平，改善农村融资难局面。

（二）稳步推进供给侧结构性改革，让农民“愿消费”

十九大指出，建设现代化经济体系，必须把发展经济的着力点放在实体经济上，把提高供给体系质量作为主攻方向；在提升群众中高端消费、创新引领、绿色低碳、共享经济等领域培育新增长点、形成新动能；完善促进消费的体制机制，增强消费对经济发展的基础性作用。随着供给侧结构性改革和消费结构升级步伐的加快，国民消费增长将逐步进入全新阶段，农村居民盼望能享受更加环保、高端和时尚的消费品，消费行为趋向理性，品牌和品质成为普通消费的主要导向，农村消费新常态在个性化和多样化方面将有所突破。反过来，农村居民享受到产品转型升级带来的品质、品位提升会促进内需的升级和扩大，农村内需的扩大和层次的提升能有效助推消费品供给侧结构的转型升级。

（三）继续完善农村社保制度，让农民“敢消费”

十九大报告着重强调要努力加强城乡社会保障体系建设。按照兜底线、织密网、建机制的要求，全面建成覆盖全民、城乡统筹、权责清晰、保障适度、可持续的多层次社会保障体系。河北省农村社会保障体系的不断完善，减轻了农村居民经济负担，增加了收入预期，刺激了消费需求。在改善农村民生上，仍需进一步完善农村新型合作医疗、新型养老保险、最低生活保障等社会保障制度，解除农村居民后顾之忧，使具备消费能力的老百姓敢于消费。

（四）加强农村市场建设，让农民“新消费”

实施乡村振兴战略，加强农村水、电、路、通信等基础设施建设，扩大网络覆盖面，积极发展以物流配送为主要内容的现代流通组织形式，提高消费便利性，降低消费成本。引导和鼓励大中型流通企业、连锁公司将经营触角向农村地区延伸，完善农产品流通网络，提升商贸服务功能，改善和提升农村市场购物环境，让“互联网+”向农村地区持续渗透融合，激发、释放农村消费市场潜力，壮大农村消费市场规模，促进农村消费品市场快速发展。

参考文献

林开思：《我国农村居民消费影响因素分析》，《现代商贸工业》2018年第24期。

B.10 2018～2019年河北省农村市场价格形势分析与预测

王建辉*

摘　要： 市场物价涉及千家万户，直接影响经济社会发展全局。本报告在介绍2018年河北省农村市场价格运行特点基础上，对2019年影响市场价格的因素进行综合判断，提出了市场宣传、监测和监管等方面促进全省农村市场价格平稳运行的对策建议。

关键词： 农村市场　价格　分析预测

2018年，河北省以习近平新时代中国特色社会主义思想为指引，深入学习党的十九大精神，认真贯彻河北省委九届五次、六次、七次全会部署，全面落实“3689”工作方针，坚持创新竞进、转型升级、提质增效、改善民生，全省经济运行保持总体稳定、稳中有进、稳中向好的态势。农村居民消费价格总水平与全省居民消费价格总水平走势近似，保持总体运行平稳的态势。2018年1～10月，河北省农村居民消费价格总水平（CPI）累计上涨2.4%，涨幅比上年同期扩大了1个百分点。其中，食品烟酒价格上涨1.9%，非食品烟酒价格上涨2.6%；消费品价格上涨2.8%，工业品价格上涨3.6%，服务价格上涨1.6%。

* 王建辉，国家统计局河北省调查总队消费价格调查处副处长，统计师，主要研究方向为价格统计、农村统计。

一 2018年1~10月河北省农村CPI运行主要特点

（一）农村CPI总体平稳，月度环比、同比波动大

2018年10月，河北省农村CPI累计上涨2.4%，涨幅比上年同期扩大了1个百分点（见图1）。

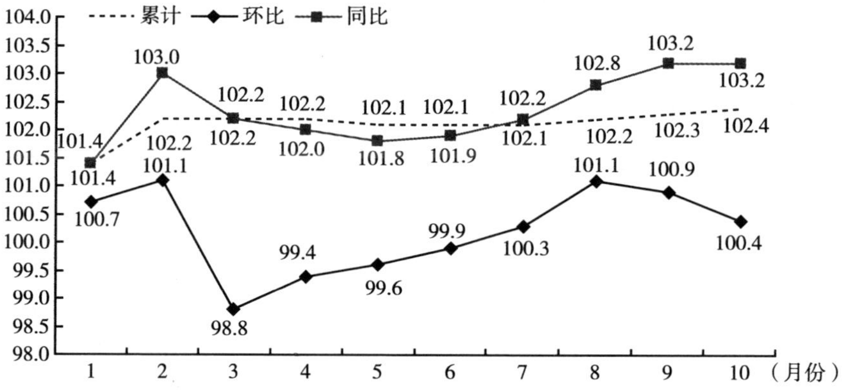

图1 2018年1~10月河北省农村CPI指数

从总体情况看，剔除2月春节错月的影响，前10个月全省农村CPI总体稳定，月度之间累计指数变化十分平缓。

从环比指数看，受节日和天气的影响比较明显，波动幅度较大。如1月受雨雪天气影响，天气较为寒冷，同时元旦期间居民消费意愿较强，环比涨幅达到0.7%；2月伴随着春节的到来，居民消费需求更加旺盛，鲜菜、鲜瓜果等食品以及部分服务项目价格高位上涨，CPI总水平环比涨幅高达1.1%；之后气温迅速回升，节日效应消退，CPI明显回落；8月高温多雨，果蔬供给季节性转换，鲜菜、鲜瓜果价格上涨，伏期蛋鸡产蛋量低，鸡蛋价格上涨，同时猪肉价格触底反弹，多种因素共同作用拉动环比指数上涨1.1%；9~10月中秋、国庆双节效应显现，环比指数涨幅达0.9%。其他月份涨跌变化则相对平稳。

从同比指数看，变化趋势和环比指数走势相似。2018 年 2 月春节期间，全省农村居民消费价格同比指数总水平达 3.0%，涨幅比上个月扩大 1.6 个百分点；3 月同比指数下降到 2.2%，涨幅回落 0.8 个百分点；8 月同比指数为 2.8%，涨幅比上个月扩大 0.6 个百分点。

（二）八大类商品及服务价格全面上涨

从结构看，2018 年 10 月河北省农村居民消费八大类商品及服务累计价格指数全面上涨。其中，医疗保健累计上涨 4.5%，居首位；其次，累计涨幅在 2% 以上的有 3 类，分别是居住上涨 3.4%、其他用品和服务上涨 3.3%、教育文化和娱乐上涨 2.1%；食品烟酒、衣着、生活用品及服务类分别上涨 1.9%、1.7% 和 1.4%；交通和通信类涨幅最低，为 0.6%。特别指出，在食品烟酒类中，累计涨幅较高的主要是：鸡蛋上涨 20.1%、鲜菜上涨 11.5%、鲜瓜果上涨 8.7%；与上年同期相比，变动幅度最大的是鸡蛋和鲜菜，分别上涨了 27.0 个、20.3 个百分点（见表 1）。

表 1　河北省农村主要商品价格指数变动情况

商品类别	2018 年 10 月 累计指数(%)	2017 年 10 月 累计指数(%)	变动幅度 (±%)
一、食品烟酒	101.9	99.0	2.9
粮食	99.9	102.7	-2.8
鲜菜	111.5	91.2	20.3
猪肉	87.9	88.4	-0.5
水产品	103.7	104.4	-0.7
鸡蛋	120.1	93.1	27.0
奶类	100.7	98.9	1.8
鲜瓜果	108.7	108.0	0.7
二、衣着	101.7	101.2	0.5
三、居住	103.4	103.1	0.3
四、生活用品及服务	101.4	100.9	0.5
五、交通和通信	100.6	100.3	0.3
六、教育文化和娱乐	102.1	102.3	-0.2
七、医疗保健	104.5	104.3	0.2
八、其他用品和服务	103.3	106.7	-3.4

（三）农村 CPI 涨幅低于城市

2018 年 10 月，河北省农村居民消费价格总水平累计上涨 2.4%，同期河北省城市居民消费价格水平上涨 2.6%，农村 CPI 涨幅比城市低 0.2 个百分点。分类看，全省涨幅低于城市的有 4 个大类，其分别是医疗保健、生活用品及服务、衣着、教育文化和娱乐，分别比低 5.5 个、0.4 个、0.3 个、0.2 个百分点（见表 2）。

表 2　2018 年 10 月河北省农村与城市 CPI 累计价格指数比较

指标名称	农村	城市	差额
居民消费价格总指数	102.4	102.6	-0.2
一、食品烟酒	101.9	101.9	0.0
二、衣着	102.0	101.7	0.3
三、居住	102.1	103.4	-1.3
四、生活用品及服务	101.8	101.4	0.4
五、交通和通信	100.5	100.6	-0.1
六、教育文化和娱乐	102.3	102.1	0.2
七、医疗保健	110.0	104.5	5.5
八、其他用品和服务	101.8	103.3	-1.5

（四）河北省农村 CPI 涨幅高于全国平均水平

2018 年前 10 个月，河北省农村居民消费价格累计涨幅为 2.4%，比全国农村 CPI 平均水平（2.1%）高 0.3 个百分点。从八大类商品（服务）构成来看，其他用品和服务、食品烟酒、医疗保健、衣着、居住类分别比全国农村平均水平高 2.1 个、0.9 个、0.6 个、0.2 个和 0.1 个百分点，交通和通信、生活用品及服务、教育文化和娱乐类分别比全国平均水平低 1.4 个、0.2 个和 0.1 个百分点（见表 3）。

表 3　2018 年 10 月河北省农村与全国农村 CPI 累计价格指数比较

项目名称	河北省农村	全国农村	差额
居民消费价格总指数	102.4	102.1	0.3
一、食品烟酒	101.9	101.0	0.9
二、衣着	101.7	101.5	0.2
三、居住	103.4	103.3	0.1
四、生活用品及服务	101.4	101.6	-0.2
五、交通和通信	100.6	102.0	-1.4
六、教育文化和娱乐	102.1	102.2	-0.1
七、医疗保健	104.5	103.9	0.6
八、其他用品和服务	103.3	101.2	2.1

二　影响河北省农村 CPI 变动的结构性因素

在宏观经济继续保持总体平稳、稳中向好的形势下，供给侧结构性改革、“放管服”改革、“三医联动”等多项改革扎实推进，全省粮食、蔬菜、肉蛋奶、水果等维持较高生产水平，供给侧结构不断优化，市场供需较为均衡，河北省农村 CPI 总体呈现平稳运行的态势。2018 年前 10 个月 CPI 上涨的影响因素，主要表现在以下三个方面。

（一）食品烟酒类价格由降转升拉动 CPI 上涨

2018 年 1～10 月，河北省食品烟酒类价格累计指数由 2017 年同期下降 1.0% 转为上涨 1.9%，影响全省农村 CPI 总水平上涨约 0.583 个百分点，对 CPI 上涨的贡献率由上年的 -22.7% 上涨到 24.6%。食品价格由降转升，是河北省农村 CPI 涨幅扩大的主要因素。

1. 鲜菜价格由降转升

因汽柴油、化肥和农药等农资价格上涨，带动鲜菜运输和种植成本增加。此外，2018 年 1～2 月受天气寒冷和春节双重因素影响，鲜菜价格涨幅较大；8～9 月本地蔬菜生产处于淡季，而台风暴雨又使部分蔬菜主产区遭受重灾，一定程度上影响了蔬菜供给，使得全省农村鲜菜价格环比上涨幅度较大，分别上涨了17.5%和11.5%。上年同期鲜菜价格整体偏低，对比基数较低，多种因素导致2018年前10个月鲜菜价格累计上涨了11.5%，涨幅比上年同期（-8.8%）扩大了20.3个百分点，拉动总指数上涨0.24个百分点，对CPI的贡献率由上年的-15.1%转为10.3%。

2. 鸡蛋价格涨幅较大

自2015年以来，河北省鸡蛋价格持续低迷，同比连续28个月为负。2017年7月鸡蛋价格止跌回升，出现恢复性上涨。由于上年前期价格过低，对2018年形成明显的高翘尾影响，导致鸡蛋价格涨幅明显，鸡蛋价格累计指数由上年同期下降6.9%转为上涨20.1%，拉动总指数上涨0.18个百分点，对CPI的贡献率由-4.8%转为7.5%。

3. 鲜瓜果价格小幅上涨

受运输、储存和人工费用上涨以及季节性水果供应量变化的影响，鲜瓜果价格普遍上涨，2018年1~10月，河北省鲜瓜果价格累计上涨8.7%，拉动总指数上涨0.15个百分点。

（二）服务项目价格普遍上涨推高CPI

2018年10月，河北省农村服务项目价格累计上涨1.6%，影响CPI总水平上涨0.597个百分点，对总指数的贡献率为25.1%，而且多种服务项目价格普遍上涨。

衣着加工服务：衣着洗涤保养服务价格累计上涨6.9%。

物业费：物业管理费上涨3.0%。

家庭服务：家政服务上涨4.0%，家庭维修服务上涨5.4%。

教育服务：学前教育上涨6.2%；小学初中教育上涨2.1%，高中中职教育上涨4.2%，课外教育上涨4.1%。

文化娱乐教育：旅行社收费上涨4.7%。

医疗服务：中医疗服务上涨5.0%，病理学诊断上涨4.0%，护理服务上涨3.6%，临床诊断上涨3.4%。

其他服务：金融保险服务上涨7.8%，中介服务上涨6.5%，洗浴服务上涨3.8%，美容服务上涨2.6%。

总体上看，随着人工成本逐年增加，医疗服务价格改革全面推行，优质教育资源供需仍存在较大缺口，致使服务项目价格普遍上涨，进而推高了全省农村CPI总水平。

（三）工业品价格走高助力CPI攀升

2018年10月，河北省农村工业品价格累计上涨3.6%，同比上涨2.8%，涨幅比2017年同期扩大0.8个百分点，影响全省农村CPI总指数上涨1.19个百分点。

1. 中、西药价格持续上涨

受房租、人工费用、包装、运输等成本持续增高的影响，自2015年药价放开以来，河北省中、西药价格持续处于上涨态势。2018年10月，中药价格累计上涨8.9%，西药累计上涨10.6%，中、西药合计影响农村CPI总水平上涨0.31个百分点。其中，治疗精神障碍药物上涨31.5%，抗肿瘤药物上涨27.5%，维生素、矿物质类药物上涨27.4%，呼吸系统药物上涨15.8%，中成药、中药材分别上涨9.3%和8.5%，其他药品也有不同程度的上涨。

2. 能源资源性产品价格总体呈上涨态势

2018年国际石油价格不断攀升，受此影响，2018年10月末全省汽油价格累计上涨14.4%，柴油价格累计上涨15.9%。因政策性调价影响，河北省农村居民用水价格上涨5.9%，燃气上涨3.5%。受煤改气、煤改电等因素影响，河北省以居民用煤为主的其他燃料价格上涨20.1%。上述五项合计拉动CPI总指数累计上涨0.895个百分点。

三　影响2018年河北省农村CPI走势的宏观因素

（一）推动物价上涨的因素

1. 全省各地连续多年提高工人最低工资标准，人工成本刚性上涨，将直接或间接拉高食品、工业品以及服务项目价格。

2. 受节日、季节、供需等因素影响，鲜菜、鲜瓜果、猪肉、鸡蛋价格或将拉动 CPI 上涨。随着气温降低，鲜菜价格将维持高位；服装换季，新品上架，衣着价格看涨。

3. 能源资源性产品价格上涨及相关的价格改革仍将推高水、煤、燃气等相关工业品价格。

（二）抑制物价上涨的因素

（1）全省主要农产品生产保持较高水平，粮、油、肉、蛋、奶等商品供应充足，为确保总体物价水平平稳运行奠定了坚实基础。

（2）后期翘尾影响大幅度回落。据测算，2018 年 1 ~ 10 月的翘尾影响平均为 1.67 个百分点，11 月的翘尾影响仅为 0.54 个百分点，12 月的翘尾影响归零，可见翘尾影响大幅度回落。

（3）医疗服务价格改革对 CPI 的影响趋于缓和。目前，全省各地已陆续完成医疗服务价格改革，后期医疗服务改革对 CPI 带来的上行压力减弱。

综合判断，2018 年河北省农村 CPI 涨幅较上年有所扩大，全年累计涨幅将维持在“2 时代”。

四　2019年河北省农村 CPI 走势分析预判

对市场价格走势的影响因素有很多，很难准确把握，特别是当前国际贸易形势错综复杂，多种力量进行博弈，然而最终需要相互妥协，寻找新的平衡点。

（一）宏观经济稳定，是物价保持总体稳定的根基

我国经济发展进入新常态，总体形势保持相对平稳，稳中向好，增长速度不会大起大落，特别是中央确定的“稳就业、稳金融、稳外贸、稳外资、

稳投资、稳预期”大政方针，坚持稳中求进工作总基调，保持经济运行在合理区间，是市场物价保持总体平稳运行最扎实的根基。

（二）防范重大风险，降低债务杠杆不放松

在内有经济下行压力和信用风险暴露、外有贸易摩擦的大背景下，国家政策需要在稳增长、调结构与去杠杆、严监管之间调整和平衡。特别是当前国有企业债务水平偏高，防范化解金融风险、降低债务杠杆大方向不会轻易改变。积极的财政政策不会是政府直接发力扩大需求，而是激发市场活力，发挥市场在资源配置中的决定性作用，优化供给侧结构，货币信贷政策将更趋收紧。因此，市场物价总体趋于平稳。

（三）农产品供给充裕，市场预期稳定

当前，河北省乃至全国农产品供给充裕，粮食、蔬菜、肉类、禽蛋、奶类、鲜瓜果等品种丰富，能够较好地满足居民生活需求，市场预期稳定，价格不会大起大落。

（四）人工成本上升，推高服务业价格

人工成本刚性上涨，直接导致教育、医疗、家政、维修等服务业价格整体升高。

（五）能源资源价格改革，相关产品价格有上涨趋势

随着价格改革的不断深化与完善，水资源、燃气价格等有上涨趋势。此外，京津冀及周边地区2018～2019年秋冬季大气污染综合治理攻坚行动的实施，钢铁、水泥、煤炭等工业品价格也有上涨的冲动。

根据上述分析，全省农村CPI总体保持稳定是大趋势，部分商品（服务）价格将有所上涨。综合判断，在不发生重大突发事件的情况下，2019年农村CPI涨幅将在3%左右。

五　河北省农村市场价格健康运行的对策与建议

市场物价涉及千家万户，关乎国计民生和社会稳定，直接影响经济社会发展全局，影响决胜全面建成小康社会的成败。因此，合理把握改革节奏，加强市场宣传、监测和监管尤为重要。

（一）完善监测预警，保持价格平稳运行

建立健全覆盖生产、流通和消费各环节的实时价格监测预警体系，特别要做好粮食、鲜菜、肉蛋奶等主要农副产品价格的监测预警工作，运用大数据处理，提高市场价格数据的真实性、完整性、时效性，以市场为导向，深化供给侧结构性改革，优化农产品供给，防止价格暴涨暴跌，保持物价总体平稳运行。

（二）做好宣传工作，正确引导市场预期

切实做好舆论宣传工作，正确引导居民对市场价格的预期。积极组织新闻媒体客观反映市场供给、物价运行变化情况，正面解读价格形势，以及价格热点、难点和突发事件，防止不正当炒作；大力宣传政府稳定市场价格的政策、措施及成效，及时发布市场供求和价格信息，正确引导生产者、经营者和消费者的市场行为。

（三）建立专业队伍，严格市场价格监管

建立专业执法队伍，严格加强政府及相关部门对市场价格的监管力度。一要加强对流通环节的监管，净化流通环境，整顿市场秩序；二要加强涉农收费的清理整顿，降低农产品流通成本；三要加强市场价格监管，有效抑制跟风涨价、哄抬物价、垄断物价等扰乱市场行为。

（四）审慎出台政策，合理管控改革节奏

审慎出台价格改革政策，特别是对涉及居民日常生活的水、电、燃气等

资源性产品价格改革要深入调查研究，做好宣传解释工作，组织召开由部门、企业、居民等社会各界参加的听证会，并设置多种预案供大家讨论协商。要合理管控价格改革的节奏和力度，避免因改革措施出台过于集中、力度过大，对居民的物价上涨预期产生负面影响。政府要充分考虑低收入居民的承受能力，切实完善社保标准与物价联动机制，不能因价格改革使低收入居民基本生活水平下降。

参考文献

彭建强等：《河北省农村经济形势分析与预测（2017～2018）》，河北人民出版社，2018。

专 题 篇

Special Reports

B.11

河北省农业高质量发展研究

段小平*

摘 要： 推动农业高质量发展，是我国经济进入新时代的必然要求，也是未来我国农业农村经济发展的必然方向。课题组运用理论分析与实证分析、定性分析与定量分析相结合的方法，在分析加快农业高质量发展必要性、明确农业高质量发展内涵的基础上，运用多指标分析法对河北省农业高质量发展水平进行分析评价。在此基础上，指出河北省农业高质量发展中存在的主要问题，提出加快河北省农业高质量发展的对策建议。

关键词： 农业 高质量发展 河北省

* 段小平，河北省社会科学院农村经济研究所副研究员，主要研究方向为农业农村经济、产业经济。

2018年中央一号文件强调，要推进农业绿色化、优质化、特色化、品牌化，调整优化农业生产力布局，推动农业从增产导向转向提质导向。当前，我国城乡居民的生活方式和消费结构正在发生新的重大阶段性变化，消费多元化、个性化的需求显著增多，对农业发展提出更高期待和更多要求。推动农业高质量发展，是我国经济进入新时代的必然要求，也是未来我国农业农村经济发展的必然方向。

一　农业高质量发展的背景分析

当前，我国城乡居民的生活方式和消费结构正在发生新的重大阶段性变化，消费多元化、个性化的需求显著增多，对农业发展提出了更高期待和更多要求。推动高质量发展，是我国经济进入新时代的必然要求，也是未来我国农业农村经济发展的必然方向。

（一）加快河北省农业高质量发展的必然性

1. 加快农业高质量发展，是缓解农业资源环境压力的必然选择

改革开放以来，我国农业发展取得了长足进步，粮食等主要农产品生产取得快速进步，但主要还是依靠拼资源拼消耗实现的。河北省作为农业大省，资源环境承载压力过大，耕地资源超强度开发，坝上高原、黑龙港流域等区域地下水位下降，土地质量下降等问题，倒逼我们必须加快农业生产方式转变，把绿色发展摆到突出位置，加快发展资源节约型、环境友好型农业，走高质量绿色发展道路。

2. 加快农业高质量发展，是满足人民群众消费需求升级的必然选择

随着经济快速发展和人民收入水平的不断提升，城乡居民消费结构日益升级，对农业发展提出了更高期待和更多要求。要求我们不仅要满足量的需要，还要提供多层次、多样化、个性化、优质、生态安全的农产品，以及清新美丽的田园风光、洁净良好的生态环境。

3. 加快农业高质量发展，是解决“谁来种地、怎么种地”的必然要求

随着工业化、城镇化进程加快，大量农村青壮年劳动力进入城镇，“谁来种地、怎么种地”困扰着农业发展。迫切需要通过农业高质量发展，提高农业比较效益，吸引专业大户、家庭农场、合作社、龙头企业等新型经营主体加速发展，有效解决农业发展后继无人的问题。

4. 加快农业高质量发展，是实现乡村振兴战略的必然要求

产业兴旺是实现乡村振兴的关键所在。加快推动农业高质量发展，通过推进农业体制机制创新，加快农村一二三产业融合发展，充分激发农村发展活力，让农业成为高效益的产业，让农民不再离家舍业，能够就近就地增收致富，农村产业才能真正兴旺，乡村振兴战略才会早日实现。

（二）农业高质量发展的内涵

农业高质量发展主要体现在产品质量高、产业效益高、生产效率高、组织化程度高、绿色持续发展能力强、产品竞争力强、农民收入水平高等七个方面。

一是产品质量高。生产的农产品在保障人的健康安全的基础上，口感更好、品质更优、营养更均衡、特色更鲜明。需要大幅提升绿色优质农产品供给，不断丰富农产品的种类、花样，更好地满足个性化、多样化、高品质的消费需求，实现农业供需在高水平上的均衡。

二是产业效益高。就是农业的生产效益，与从事二三产业相比，农业经营的收入水平大体相当。需要不断延伸农业产业链条，拓展农业多种功能，推动一二三产业融合发展，促进农业业态多元、形态高级、分工优化，拓宽农业增值空间。

三是生产效率高。机械化、现代化、信息化、智能化水平明显提升，科技、人才等要素作用更加明显，土地产出率、劳动生产率、机械化率明显提高，效率更高。要求加大现代农业机械、信息技术、种业技术以及物联网、大数据等现代科技在农业中的应用。

四是组织化程度高。从事农业生产的主体是爱农业、懂技术、善经营的

新型职业农民，以及家庭农场、农民专业合作社、农业社会化服务组织、龙头企业等各类新型经营主体。农业生产适度规模经营程度明显提高，农民与市场的对接更加顺畅。农民不再只是身份，而是成为有吸引力的职业。

五是绿色持续发展能力强。农业产出增长不再主要依靠劳动力、土地、农药、化肥等生产要素的粗放投入，而是主要依靠先进的农业科技、生产技术、管理方式，生产过程更加绿色，资源更加节约，环境更加友好，劳动生产率、土地产出率、资源利用率全面提高。

六是产品竞争力强。农业生产的成本更低、品质更好、市场竞争力更强。主要体现为同样的产品价格有优势，同样的价格品质有优势，同样的品质服务有优势。大宗产品通过上规模、降低成本，特色农产品在增加品种、提升品质上下功夫，做到人无我有、人有我优、人优我特。

七是农民收入水平高。就是要让农业发展成果更多惠及广大农民，不仅让新型经营主体受益，还要让小农户平等分享农业高质量发展的成果。要发挥新型经营主体的示范引领作用，引导其与小农户建立紧密的利益联结机制，让农民分享农业产业链增值收益。

二　河北省农业高质量发展的现状分析与评价

近年来，河北省委、省政府把提升农业发展质量作为农业、农村工作的出发点和落脚点，以农业供给侧结构性改革为主线，以改革创新为动力，着力补短板、强基础、调结构、促改革，全省农业综合效益和竞争力稳步提升。

（一）农业生产结构持续优化

近年来，河北省围绕强基础、补短板、促发展精准发力，着力构建现代农业生产体系、产业体系、经营体系，农业综合生产水平稳步提升。在农产品价格和收储制度改革的引导下，河北省农业生产结构调整稳步推进。种植业方面，太行山、燕山及农牧交错区等非优势产区籽粒玉米种植面积稳步调减，玉米播种面积从2015年的324.1万公顷下降到2017年的311万公顷。2017年全省粮经饲比由2012年的66.8∶32.5∶0.7调整为60∶37∶3。非优势产区籽粒玉米调减面积达到417万亩。与此同时，畜牧、蔬菜、果品三大优势产业产值占农林牧渔业总产值比重稳步提升，对全省农业发展的贡献率进一步增长。市场供给相对不足的饲用玉米、设施蔬菜、马铃薯、中药材、食用菌等优质高效作物种植面积稳步扩大。

（二）农产品生产质量稳步提升

全省粮食在高起点上连年丰收，为保障口粮绝对安全、谷物基本自给做出重要贡献。全省粮食总产量701.6亿斤，首次突破700亿斤。肉蛋奶菜果等“菜篮子”产品产量继续维持较高水平，蔬菜产量8850万吨、肉类462.4万吨、禽蛋376.9万吨、奶类458.1万吨、水产品127万吨，均居全国前5位。乳制品和液体乳产量连续三年位居全国第一。农业发展质量得到提升。全省化肥农药使用量首次实现双负增长。农业标准化生产覆盖率达到57%，小麦优质率达到73.1%，高于全国10.1个百分点。主要农产品实施产地抽检全覆盖，抽检合格率达到99%。

（三）农业生产经营体系逐步完善

农业适度规模经营水平加快提高，经营者文化素质稳步提升，农业产业化发展水平稳步提高。2016年，全省农业生产经营人员为1982.63万人，比2006年下降11.09%，拥有高中以上文化人员比重比2006年提高了3.43个百分点。全省土地流转面积达到2749万亩，流转面积占家庭承包面积的33%。各类新型农业经营主体达到15万家，其中，省级农业产业化重点龙头企业增加到720家，家庭农场达到2.86万家，农民合作社达11.5万家，多种形式适度规模经营格局初步形成。

（四）农产品加工能力稳步提升

河北省重点打造了小麦、玉米和乳品、肉类、油料、蔬菜、果品、杂粮、薯类、水产品、食用菌、中药材等十二大加工产业链，培育了640家亿元以上农业产业化龙头企业，其中五得利、今麦郎、养元智汇、汇福粮油、梅花味精等5家企业年销售额超百亿元。2017年，全省农产品加工业产值达1.1万亿元，产业化经营率67.5%。省级农业产业化重点龙头企业增加到720家，带动全省1300多万户农民参与农业产业化经营。

（五）农业产业融合步伐加快

2017年，全省创建国家级现代农业示范区13个，建成省级现代农业产业园120个、市县级1131个，园区二三产业产值达1147亿元，占比71%，带动农民463.7万人。邯郸市滏东现代农业产业园、石家庄君乐宝现代农业产业园成功入选国家现代农业产业园创建名单。同时，随着经济的快速发展，农村的田园价值、生态价值、文化价值、观光体验、休闲娱乐、养生康养等价值和功能被重新认识，乡村旅游、休闲农业、农村电商等新产业新业态蓬勃兴起。全省推出67条休闲农业精品线路，乡村旅游年接待游客4000万人次，旅游收入超过65亿元。河北省农村居民收入增长速度连续多年高于同期城镇居民收入增速。

（六）农业基础设施水平持续提升

“十二五”期间，河北省农村道路、农田水利、路网、电力等基础设施不断完善，全省机电井从2006年的86.38万眼增加到2016年的87.84万眼，增长1.69%，排灌站从1.67万个增加到1.98万个，增长18.56%，有效灌溉面积达到4457.64万亩，占耕地面积的比重为68.4%。全省农业机械化水平加速提升。2016年，全省联合收获机数量达到7.55万台，比2006年增长48.19%，大中型拖拉机数量从11.1万台增加到29.87万台，增长1.69倍，显示全省农业生产规模化水平进一步提升。全省温室和大棚占地面积分别达到42.11万亩和136.88万亩，分别增长11.54倍和84.90%，农业基础设施条件明显改善。

（七）绿色发展能力得到加强

全省连续三年开展季节性休耕面积200万亩，推广节水小麦品种和配套技术2700万亩。探索出冬休夏种、冬肥夏种和冬休春夏种三种绿色休耕模式，形成农业地下水压采能力27.88亿立方米。实施有机肥替代化肥行动，全面推行病虫害全程绿色防控，化肥农药使用量在实现负增长的基础上，比2016年再降低1.5%。划定畜禽禁养限养区，禁养区823个养殖场关停或搬迁，全省畜禽规模养殖场粪污处理设施装备配套率90%以上，资源化利用率70%以上。严格实施草原禁牧休牧轮牧，万亩以上草原生态保护区达到40个，草原综合植被盖度71.5%以上。推进农作物秸秆肥料化、饲料化、能源化、基料化高质量综合利用，农作物秸秆利用率96%以上。

三　河北省农业高质量发展面临的主要问题

（一）农业生产结构性矛盾突出

在居民消费结构升级、农产品供求发生深刻变化的背景下，河北省农产品供求结构性失衡的问题日益显现，农业产业结构与资源禀赋不尽匹配，农产品阶段性供过于求和供给不足并存。表现在种植业内部，存在粮食比重过大、粮食品种失衡，普通大宗农产品供给与市场对高质量农产品的需求不相适应。小麦供给充足，玉米供给过剩，而大豆、特色杂粮等农产品供给不足，2015年河北省进口大豆达到376万吨，是本省大豆产量的16.6倍。蔬菜供给上，蔬菜品种以大路货为主，旺季有余，淡季短缺。

（二）农业基础设施和物质装备技术水平偏低

全省农业基础设施较为薄弱，干旱半干旱农田6000多万亩，中低产田比重达到58%，防灾减灾能力薄弱。全省每年有2000多万亩粮食由于严重干旱等自然灾害造成减产。田间工程配套率不足30%，目前仍有1500多万亩耕地不具备灌溉条件。农业机械化应用水平偏低，山区、丘陵地区农业机械化水平低。农产品产后处理、储藏、冷链设施不足，全省农产品加工企业技术装备在关键领域还处于20世纪80年代世界平均水平，农业科技攻关和自主创新能力不强，农业技术推广“最后一公里”不到位问题没有解决，不能适应农业高质量发展和农民群众需要。

（三）规模化组织化程度相对较低

河北省农业细碎化经营，小生产和大市场的矛盾突出。2016年，全省农业生产经营者中，年龄35岁以下人员比重仅占23.42%，55岁以上的人员比重达到33.45%；高中以上学历的人员比重仅为9.84%，初中及以下学历的人员比重达到59.98%。与此同时，家庭农场、农民合作社、农业社会化服务组织等新型农业经营主体发展仍处于成长阶段，总体数量少，市场竞争力偏弱，对小农户的辐射带动作用偏弱。

（四）农业产业链短、附加值不高

与发达国家和先进地区相比，河北省农产品加工发展相对滞后，总体数量与农业规模不匹配，特色农业、品牌农业、高效农业发展滞后，对整个产业的带动能力有待提高。全省农业产业化龙头企业相对较少，缺乏一批具有竞争力的大规模龙头企业，造成农产品产地初加工重视不够，精深加工能力不强，对农业的多功能性挖掘欠缺，产业融合项目表面化、同质化现象普遍。

四　河北省农业高质量发展的路径选择与政策建议

（一）深化农业供给侧结构性改革，优化农业发展格局

一是统筹全省农业生产布局。建设环京津都市现代农业圈、山前平原高产农业区、黑龙港生态节水循环农业区、山地高效特色农业区、坝上绿色生态产业区和沿海高效渔业产业带。二是建设优质农产品生产基地。建设粮食

生产功能区、重要农产品生产保护区、特色农产品优势区，生产口感更好、品质更优、营养更均衡、特色更鲜明的农产品。三是调优农业产业结构，提高优质农产品供给水平。调减小麦、玉米等耗水作物，扩大饲料作物种植面积，增加优质食用大豆、马铃薯、杂粮等旱作雨养农业种植面积。做大做强蔬菜产业。加强设施蔬菜、反季节蔬菜、精细菜种植，满足中高端消费。优化提升畜牧业，推动畜牧业规模化、绿色化、生态化、标准化生产。做精水产业，形成“以养为主，捕捞、增殖相结合”的多元化水产发展新格局。

（二）大力发展绿色农业，提升可持续发展能力

一是全面提升农业水资源利用效率。大力推广生态节水型农业，强化农业节水工程建设，加强地下水超采治理，完善农业节水制度。二是保护提升耕地资源质量。大力实施高标准农田建设，改造中低产田。有序推进轮作休耕。推广培肥地力的关键技术。三是综合治理农业面源污染。实施高剧毒农药替代，加大农作物秸秆循环利用，推动畜禽粪便资源化利用，建设农膜回收网络。四是推动农业绿色清洁生产。推广循环农业，强化经常性执法监管制度建设，持续保持环境执法高压态势。

（三）发展科技农业，夯实农业发展基础

一是建设科技创新平台。加快推动环首都现代农业科技示范带、京津冀农业协同创新平台、雄安新区国家农业科技创新中心建设。建设农业产业技术体系创新团队。二是提升科技创新能力。加大关键共性技术攻关。培育农业科技型企业。发展现代种业，建设现代特色种业强省。三是加大科技成果转化。强化基层农业技术推广网络，提升农技推广服务能力，加快农业科技成果转化。

（四）拓展农业产业链条，提升农业发展效益

一是实施农产品加工增值倍增计划，加快引进农产品深加工项目，打造一批农产品加工品牌企业。二是大力发展休闲农业旅游。建设精品休闲农业园区、美丽乡村、精品民宿、特色小镇、田园综合体，发展乡村休闲旅游。

三是加快发展农产品电商、冷链物流。推进电子商务进农村，拓宽优势农产品销售渠道。四是大力发展品牌农业。加快发展无公害农产品、稳步发展绿色食品、因地制宜发展有机农产品。五是大力发展开放农业。建设国际标准农产品生产基地，培育出口型农业龙头企业。培育具有国际竞争力的农业企业集团。

（五）加快发展新型经营主体，建设现代农业经营队伍

一是发展多种形式的规模经营。坚持家庭经营的基础性地位，支持龙头企业、农民专业合作社、家庭农场、专业大户加快发展。鼓励工商资本到农村投资适宜规模化、产业化经营的农业项目。二是大力发展新型农业经营组织和农业社会化服务组织。构建以公益性农技推广为主体，多元化农业社会化服务体系。三是推进小农户与现代农业对接。改善小农户生产设施条件，提高小农户组织化程度和抗风险能力。密切利益联结机制，维护小农户合法权益。

（六）加强生产全过程监管，保障农产品质量安全

坚守安全底线，全面提升农产品质量安全水平。一是推动农业规模化、标准化生产。对标国外农产品质量安全标准，修订河北省农业地方标准，建立高标准、全产业链质量标准体系。二是加强农产品质量安全监管。建立健全农产品质量安全监控和可追溯制度，加强产地环境保护和源头治理。建立健全农产品质量安全风险监测、评估预警和应急处理平台和机制，提高农产品生产风险防控能力。

（七）强化政策引导监督，构建高质量农业发展的体制机制

一是加快树立农业高质量发展理念。研究编制质量兴农战略实施计划。二是推动政策支持从增产导向转向提质导向。推动农业支持政策从生产扶持、扶持增产向有利于绿色发展、质量提升、效益提高的科技研发、农业补贴、项目投资等领域转变。三是打造农业高质量发展先行示范区。推动形成一批现代农业高质量发展示范区，引领全省农业高质量发展。四是建立质量农业考核体系。制定农业高质量发展的考核评价办法，引导全省质量兴农战略实施。

参考文献

韩长赋：《大力推进质量兴农绿色兴农　加快实现农业高质量发展》，《甘肃农业》2018 年第 5 期。

寇建平：《新时期推动我国农业高质量发展的对策建议》，《农业科技管理》2018 年第 3 期。

B.12
河北省棉花产业面临形势及发展前景

陈建伟　马立刚*

摘　要： 河北省是棉花种植大省，也是纺织业大省，棉花在河北省经济和社会发展中具有重要意义。本报告在介绍我国棉花生产形势基础上，针对河北省棉花生产、经营及市场形势进行了系统分析，剖析了河北省棉花产业发展面临的有利和不利因素，针对河北省棉花产业发展存在的问题，提出了促进棉花产业发展的对策建议和补贴政策。

关键词： 棉花生产　棉花产业　河北省

棉花是锦葵科棉属植物的种子纤维，原产于亚热带，植株灌木状，宋元时期传种于中国，之后在我国广泛种植。目前，我国是世界最大的棉花消费国、进口国和第二大生产国。棉花产业不仅关系到上亿农民的生计，也关系到上千亿美元的外汇收入。河北省是棉花种植大省，也是纺织业大省，棉花在河北省经济和社会发展中具有重要意义。随着我国经济社会发展进入新阶段，我国棉花产业也呈现新特点和新问题，深入分析河北省棉花产业发展形势，科学研判产业发展趋势对正确认识产业发展特点、制定产业发展政策具有重要意义和作用。

---

* 陈建伟，河北省社会科学院农村经济研究所研究员，主要研究方向为农业科技、农村经济；马立刚，河北省农业厅经济作物技术指导站科长，主要研究方向为特色产业、农业经济。

一 棉花生产形势分析与研判

（一）我国棉花生产形势分析

1. 种植规模呈缩减趋势

1978 年以来，我国棉花生产波动增长，1992 年达到历史最大面积 6835 千公顷，此后面积波动减少。2007 年以后，由于比较效益降低、人工成本高涨及水资源紧张等影响，生产规模总体呈现下滑趋势，到 2017 年降低至 322.96 万公顷，为历史最低水平。

2. 棉花单产整体上呈增加趋势

1978 年，我国棉花单产仅 29.69 公斤/亩，此后随着棉花品种、种植技术、化肥农药等进步，单产不断提升，2017 年，棉花单产达到 113.2 公斤/亩，是 1978 年的 3.8 倍。我国棉花播种面积及产量如表 1 所示。

表 1 我国棉花播种面积及产量

年份	播种面积（万公顷）	产量（万吨）	单产（公斤/亩）
2017	322.96	548.69	113.2
2016	334.5	529.9	105.61
2015	376.687	560.34	99.17
2014	422.233	617.83	97.55
2013	434.563	629.9	96.63
2012	468.813	683.6	97.21
2011	503.781	659.8	87.31
2010	484.872	596.11	81.96
2009	494.872	637.68	85.9
2008	575.414	749.19	86.8
2007	592.612	762.36	85.76
2006	581.567	753.28	86.35
2005	506.18	571.42	75.26
2004	569.287	632.35	74.05

续表

年份	播种面积（万公顷）	产量（万吨）	单产（公斤/亩）
2003	511.053	485.97	63.39
2002	418.42	491.62	78.33
2001	480.98	532.35	73.79
2000	404.12	441.73	72.87
1995	542.16	476.75	58.62
1990	558.813	450.77	53.78
1985	514.033	414.67	53.78
1980	492.027	270.67	36.67
1979	451.18	220.74	32.62
1978	486.64	216.7	29.69

3. 棉花种植效益明显下降

2010～2016年，我国棉花生产成本从每亩1323.8元上涨至2306.6元，增长了0.7倍，其中人工成本增长了0.9倍。目前棉花每亩的用工人数为20～30人，是三种粮食用工量的3～4倍。2010～2016年，棉花净利润从每亩983.97元降为-488.3元。据国家棉花市场监测系统调查，2017年我国棉农租地费用平均443元/亩，增加了3元/亩，新疆棉农租地费用平均410元/亩，增加了17元/亩。我国手摘棉种植成本771元/亩，新疆地区手摘棉种植成本1879元/亩。

4. 棉花种植布局向新疆集中

受比较优势影响，我国棉花种植逐步从黄河流域和长江流域向西北地区尤其是新疆转移。2017年全国棉花播种面积为322.96万公顷，比2016年减少14.66万公顷，下降4.3%。在全国种植面积下降形势下，我国最大的产棉区播种面积比2016年增加15.79万公顷，增长8.7%。其他棉区受种植效益低和种植结构调整等因素影响延续了减少较多的趋势，其中黄河流域棉区减少21.51万公顷，下降24.3%，长江流域棉区减少9.70万公顷，下降14.9%。2017年，新疆棉区种植面积占全国的60%。

（二）河北省棉花生产形势分析

1. 种植面积波动下降

20 世纪 80 年代农村经济制度改革至今，河北省棉花种植面积呈现周期性波动，并逐步下降。2010～2017 年，全省棉花播种面积从 58. 1 万公顷下降到 27. 6 万公顷，减少了 52. 5% （见表 2）。

表 2　河北省 2000～2017 年棉花播种面积及产量

单位：万公顷，万吨

年份	播种面积	产量
2017	27. 6	30. 1
2016	28. 86	30
2015	35. 927	37. 34
2014	41. 09	43. 1
2013	48. 295	45. 68
2012	57. 825	56. 44
2011	63. 254	65. 34
2010	58. 156	56. 95
2009	62. 0	60. 46
2008	69. 0	73. 73
2007	68. 0	72. 47
2006	66. 407	70. 02
2005	57. 347	57. 7
2004	66. 913	66. 54
2003	58. 14	52. 2
2002	40. 74	40. 19
2001	41. 85	41. 93
2000	30. 74	30. 01

2. 棉花种植布局向优势区域集中

随着农业种植结构的不断调整和棉花面积的缩减，河北省棉花生产进一步向优势棉区集中，形成黑龙港流域优势棉花主产区。据统计，位于黑龙港地区的邯郸、邢台、沧州和衡水四市种植面积占河北省的 88. 8% 。

3. 棉花种植效益明显下降

2010～2016 年，河北省棉花生产成本从每亩 1354.6 元上涨至 2508.34 元，增长了 0.85 倍，其中，人工成本增长了 1.31 倍，棉花生产成本和人工成本增速均高于全国平均水平。2010～2016 年，河北省棉花净利润从每亩 1073.85 元降为 -683.67 元（见表 3）。

表 3　河北省棉花种植成本及效益

项目	2016 年	2015 年	2014 年	2013 年	2012 年	2011 年	2010 年
每亩主产品产量(公斤)	93.26	90.21	96.07	77.05	78.68	78.8	74.61
产值(元)	1824.67	1457.34	1670.56	1773.45	1690.25	1626.85	2428.45
总成本(元)	2508.34	2461.01	2329.8	2263.21	1966.8	1599.08	1354.6
生产成本(元)	2173.1	2129.51	2009.73	1963.62	1682.51	1348.12	1138.59
物质与服务费用(元)	397.04	399.85	396.27	399.08	404.69	375.46	371.49
人工成本(元)	1776.06	1729.66	1613.46	1564.54	1277.82	972.66	767.1
土地成本(元)	335.23	331.5	320.07	299.59	284.29	250.96	216.01
净利润(元)	-683.67	-1003.67	-659.24	-489.76	-276.55	27.77	1073.85

（三）2018年河北省棉花生产特点及发展趋向

1. 棉农种植意向和棉花播种面积双下降

2018 年全球棉花产量调减，美棉出口调增，全球库存下降；我国棉花种植面积减少，需求增加，棉花产需有缺口；国家发改委发放 80 万吨棉花进口滑准税配额，中美贸易战升级，人民币汇率继续呈下行态势，河北省棉花产业在艰难中前行。据 2018 年对河北省 10 个棉花种植大县棉农的调查，棉农种植意向呈下降趋势，同比下降 8%。棉农减少种植的主要原因是比较效益低、劳动力缺乏、轮茬需要等。棉农意向增加棉花播种面积的主要原因是轮茬需要。据统计，2018 年河北省棉花播种面积 346.46 万亩，同比下降 4.5%。

2. 棉花品种向优质、高效、高抗发展

随着育种技术不断进步，棉花育种周期缩短，育种效率提高，推出了一批新品种。特别是，随着信息技术发展，棉农对新品种识别率明显提高，优质、高效、高抗棉花品种得到棉农普遍认可，棉花品种呈现集中趋势。2018年，河北省种植棉花品种 70 多个，种植面积在 10 万亩以上的有 10 个，约占 45.5%。

3. 棉花栽培向轻简化、机械化、绿色化发展

棉花生产费工费时、种植比较效益低、防虫防病烦琐等制约了棉花产业发展。棉农对轻简化、机械化、绿色化栽培技术需求强烈，抗虫棉、无膜栽培、采摘机等技术成为农民急需技术。

4. 棉花产业向加工环节对接

棉花的品质和市场的不确定性不仅影响了棉农收入，也影响棉花加工厂的效益，棉花加工厂与种棉大户对接成为提高棉花品质、降低市场风险的有效途径。就河北省棉花加工需求看，高端原棉配套栽培技术成为发展方向。

二　产业经营形势分析

（一）布局向大县集中

河北省棉花生产进一步向优势区和大县集中，形成了黑龙港流域优势棉花主产区。据统计，2018 年全省种植 10 万亩以上的县有 21 个（威县、南宫、邱县、冀州、景县、广宗、东光、成安、枣强、故城、武邑、肥乡、南皮、曲周、丰南、临西、河间、新河、吴桥、巨鹿和献县），种植面积前三位的是威县、南宫和邱县。

（二）生产向新型经营主体发展

河北省棉花生产经营主体大多是小农户，户均种植面积 0.8 亩。近几

年，通过政府引导、市场选择，出现了成安县振堂农场、肥乡区沃田联合社等一批新型经营主体，棉花生产开始向新型经营主体发展。

（三）一二三产业融合的经营发展方向

河北省不仅是棉花种植大省，也是棉花加工大省。近些年，全省棉花需求量在50万吨左右，棉花产量仅有30多万吨，产需缺口较大。为推进棉花产业健康持续发展，在政府引导下，棉花加工企业正在向前面的种植和后面的销售服务延伸，促进一二三产业融合发展。如邱县形成了“轧棉—纺织—棉秸秆深加工—印染—服装制作”一体化的生产模式，年产值高达6亿元，不仅促进了棉花种植业发展，也带动了棉花加工及服务业发展。

三　市场形势分析

（一）国际市场形势分析

据国际棉花咨询委员会（ICAC）预测，2018～2019年，全球棉花库存降至近几年最低水平，全球棉花产量预计下降3%，消费量增长3%，全球库存减少10%，这将使得世界棉花储备降至2011年以来的最低水平。全球棉花库存的减少主要是因为中国棉花库存缩水。2018年3～8月，中国国家粮食和物资储备局售出200多万吨棉花，库存减少至860万吨。如果棉花产量和消费量保持在当前预计水平，2018～2019年中国棉花库存可能进一步减少至660万吨，下降23%。

（二）国内棉花市场形势分析

据国家棉花产业技术体系产业经济研究室预测，2018～2019年中国棉花播种面积约328.7万公顷，比2017年减少6.3万公顷，棉花总产量580.0万吨，比2017年减少9.0万吨。中国棉花消费量845.0万吨，比2017年增加15.0万吨。期末库存695.0万吨，比2017年减少67.0万吨。中国棉花产需缺口明显，预计棉花进口量为200.0万吨。

（三）中美贸易摩擦影响分析

中美贸易摩擦可能改变国际棉花贸易流向。2018年我国增发80万吨滑准税棉花进口配额，导致我国对国外棉花需求大幅增加。但由于中美贸易摩擦升级，我国纺织企业可能降低美棉进口，增加进口其他产地的棉花，而美棉将更多地出口到我国以外的国家。

中美贸易摩擦对棉花市场供应影响较小。据国家棉花市场监测系统对本年度和下年度棉花消费量预测，在2018年国家增发80万吨滑准税棉花进口配额、储备棉轮出、持续坚挺的棉花现货价格等因素影响下，我国棉花进口货源基本可以保障，贸易摩擦对棉花供应的影响较小。

中美贸易摩擦将对国内纺织行业产生影响。目前，我国纺织行业仍存在产能过剩、高能耗和高污染的问题，中美贸易摩擦可能在未来相当长的一个时期不断反复和发酵。据中国海关统计，2015～2017年，中国对美服装出口额分别为175.7亿美元、161.9亿美元和160.2亿美元，占中国服装出口总额的比例分别为20.96%、21.37%和22.21%，中美贸易摩擦势必影响我国对美国服装出口，影响我国纺织行业发展。

（四）市场研判

从全球看，全球经济加快复苏和中国经济平稳增长带来了棉纺织行业整体向好态势，棉花需求有所上升。棉花主产国澳大利亚、美国均不同程度受不利气象条件影响，市场预计2019年澳棉产量可能创下十年新低，全球棉花产量降低，棉花供给低于需求。

从我国看，2018年上半年我国纺织行业形势回暖，棉花需求增加。2018年度我国棉花总产量降低，棉纺行业的商业库存和工业库存同比均有明显增加，较上年同期高出100万吨以上。2018年滑准税配额已发，2019年滑准税配额数量及发放方式也已开始研究，棉花进口补充的渠道基本畅通，尽管贸易政策存在不确定性，供需格局较为宽裕。

从国际国内棉花供需状况、生产状况及价格走势、国际国内棉花库存等方面不难看出，在不出现重大政策变化情况下，我国棉花总体供需平衡。

四　河北省棉花产业竞争力分析

（一）有利条件

生态条件适宜。河北省属温带大陆性季风气候，平原区的温度、光照能满足棉花生长发育，特别是雨、热同季且与棉花生长期重合，适合棉花种植。

土地资源丰富。棉花不仅具有较强的耐盐性，还是抗旱节水作物，在含盐量0.3%以下的土壤中可以正常生长，在盐碱地棉花生育期每亩耗水量320~340立方米，可以在盐碱地种植。河北省拥有大量适宜植棉的盐碱地，仅沧州市约有381万亩的盐碱旱地。

有植棉传统。河北省是传统棉花种植大省，1984年种植面积曾达到1570万亩，占全国15%。长期种植棉花，农户积累了丰富的种植经验及技术，有利于棉花产业发展。

产业链完善。河北省不仅是棉花种植大省，而且是纺织大省，全省纺织业的利润、销售收入、工业总产值、棉纱、布匹、成衣服装等指标多年来位于全国前十位，且具有常山集团等全国知名的大型纺织企业，有“国欣”“白婆婆”“银宫”等知名品牌，产业链条完整，发展潜力较大。

提质增效潜力大。近两年，河北省棉花种植亩产值均高于全国平均水平，亩增效潜力较大。2016年，河北省棉花亩产值1824元，高于全国平均水平1818元；2015年，河北省棉花亩产值1457元，高于全国平均水平1366元。

（二）不利因素

棉田生产基础设施条件差。河北省棉花生产的特点是农户数量多而经营规模小，用工多，人工成本高，劳动生产率低，同时造成对市场反应的趋同性。20 世纪 80 年代中后期，随着全省种植业结构调整和农产品优势区域布局规划，河北省棉区战略东移，棉田从水肥条件好的冀中南地区转移到了水肥条件差但比较优势明显的黑龙港流域，全省棉田水浇地比例下降，旱薄碱地比例增加，棉田质量明显下降，抗灾减灾能力减弱，棉花的综合生产能力受到较大影响。近年来虽有所改观，但仍没有根本解决基础条件差的问题，纯旱地棉田仍占棉田总面积的 1/3 左右。棉田化肥用量增加，有机肥用量减少，地膜棉比例较大，“白色污染”加重，棉田土壤环境质量日益下降。

技术支撑能力不强。具体表现为棉花品种“多、乱、杂”且假冒伪劣种子的影响未得到有效控制。受棉花种植面积下降影响，政府职能部门对棉花科研重视程度降低，支持力度下降，一些生产急需的关键技术缺乏攻关。棉花种植业、棉纺织企业的集中度相对较低，企业创新能力弱，科技支撑不足。

棉花品质不稳定、一致性差。生产环节，小农户种植，品种多乱杂，再加上气候因素的不确定性，造成棉花自然品质一致性差，稳定性差。采摘环节棉农不实行“四分”，收购环节棉贩或部分企业直接到田间收购，不区分等级，甚至掺杂使假，致使河北省棉花品种不稳定，一致性差，制约了产业可持续发展。

产业比较效益低。在棉花种植环节，新疆气候条件优于河北省，对全省棉花种植冲击较大，再加上蔬菜等经济作物种植效益优于棉花，棉花种植成本受服务费用、机械化程度、人工成本和土地费用等因素的影响不断上涨，导致农民种植棉花意愿下降。在产业对接上，棉花生产、加工、销售等隶属于不同行政部门管理，且覆盖全产业链的社会组织发展欠缺，导致棉花种植、加工、销售各自为战，竞争大于合作，影响了棉花产业健康持续发展。

棉花产业化程度低。农户是河北省棉花生产和经营的基本单位，农户、棉花流通企业和纺织企业共同构成棉花市场主体。棉农生产规模极小，在与国内外两个市场对接中没有能力获得充分的市场信息并做出有效决策，生产盲目性很大，产品市场认同感和竞争力较低。河北省棉农合作组织尚处于初级阶段，棉农没有形成代表自身利益的组织或团体，在市场谈判中处于被动地位，棉农利益得不到保障；而棉花流通企业同样缺乏协调行业内部竞争与合作的行业协会，经营机制转变缓慢，面对国外集团化企业的竞争，在竞争中处于劣势。棉花产业化龙头企业实力弱，辐射带动力不强，在一定程度上影响了河北省棉花生产与市场的有效衔接。

五　促进河北省棉花产业发展的对策建议

（一）培育适纺织适机采的棉花品种

近几年澳大利亚棉花几乎全部出口中国，因为澳棉是世界上最好的棉花之一：2016 年颜色品级多为 2 级以上；纤维长度平均为 30 毫米，一般处于 27.5 ~ 32.5 毫米；纤维整齐度较好，一般为 81.9%，以长纤维为主；马克隆值适宜，大多处于 3.8 ~ 4.9，平均在 4.3 左右；断裂比强度较高大多处于 28.5 ~ 32.0cN · tex -1，平均为 29.8cN · tex -1。澳棉纤维品质明显高于河北省棉花。由于澳棉多为规模化农场种植，采用同一品种、统一生产、统一模式、统一管理，纤维质量一致性也明显高于河北省棉花。借鉴澳大利亚经验，按照适纺性指标进行棉花品种培育，配套栽培、管理、化控等农艺技术，不断提高棉花种植组织化、规模化水平，提高全要素、全产业链效率，减少对外依存度，把吃饭和穿衣问题牢牢掌握在自己手里，保证棉花产业安全。

（二）加强高端原棉生产技术研发及示范推广

针对河北省棉纺企业对原棉品质需求，开展高端原棉生产关键技术的研发及集成示范。充分发挥河北农业大学、河北省农林科学院等单位技术人才优势，加强新品种培育力度，加大与品种配套的轻简化栽培、无膜栽培、病虫害防治、机械化收获、棉花分级等关键技术研究力度。充分发挥各类棉花试验站示范作用，与棉花加工企业合作，集成示范高端原棉配套栽培技术，引导区域棉农向高端原棉生产转变。

（三）加大政府补贴力度

落实全省300万亩棉花保护区建设任务，做好棉花价格补贴工作，良种补贴、农机补贴等各类补贴优先向棉花倾斜。探索研究棉花节水补贴可行性，争取财政节水补贴资金。引导保险公司进入棉花产业，探索政府补贴棉花保险方式，建立“保险+期货”模式，稳定棉花生产价格，分散市场风险。制定棉花目标价格、种植面积、产量或销售量相结合的补贴政策，进一步加大对棉花补贴力度。

（四）推进产供销一体化发展

积极培育种植大户、家庭农场、农民专业合作社等棉花新型经营主体，发展多种形式适度规模经营，促进棉农与加工企业联合共建各类种植基地，促进棉花产供销结合。充分发挥政府引导、企业主体、合作社联结作用，鼓励产学研用联合，共建高端适纺棉花生产基地。扶持覆盖棉花生产、加工、销售等环节全产业链社会组织发展壮大，协调产业链上利益分配，增加合作，提高产业链整体效益和竞争力。

六　完善河北省棉花补贴政策的主要思路与方式

（一）基本思路

全面深入贯彻党的十九大精神，以习近平新时代中国特色社会主义思想为指导，以深化棉花产业供给侧结构性改革为主线，按照“降低成本、提质增效、保障能力”的要求，通过棉花保护区和优势区生产补贴，有效调动棉花实际种植者积极性，适度恢复棉花种植面积和产量，加快构建棉花现代产业体系、生产体系、经营体系，推动全省棉花产业高质量发展，提升棉花产业整体竞争力，促进农村经济发展和农民增收，推动乡村振兴战略实施。

（二）基本原则

明确目标，突出重点。以准确、及时、足额将补贴资金兑付到实际种棉者手中为目标，以明确补贴方式、依据和流程为工作重点，确保补贴政策落实到位。

属地负责，务实高效。棉花补贴实行属地负责，各市、县（市、区）人民政府负责组织相关部门按照符合政策、切实可行、操作方便的要求，研究制定切实可行的工作实施方案，提高补贴发放准确性和高效性。

加强配合，协同推进。财政、农业、统计等相关部门加强配合、落实责任、协同实施，充分借鉴其他惠农补贴工作经验，制定实施方案，完善优化发放方式方法，确保补贴工作顺利进行。

（三）补贴对象、标准、方式

补贴对象。重点对河北省棉花保护区和优势生产区的棉花实际种植者，包括基本农户（含村集体机动土地承包户）和地方国有农场、种植大户、农业产业化经营单位等各种形式的棉花种植者（以下简称棉花生产单位）给予补贴。按照“谁种植补给谁”的原则，对于转包（租）、分包耕地的，可按照合同约定的补贴对象发放补贴。

补贴标准。省财政根据中央下达资金总额和各市核实上报的2018年度棉花实际种植面积，确定亩均补贴标准。

资金分配。省财政根据中央下拨资金总额和各市核实上报的2018年度棉花实际种植面积，确定各地补贴资金规模，通过粮食风险基金专户将补贴资金分配下拨到各设区市、省财政直管县。设区市收到省分配下拨的补贴资金后，及时将资金下拨到所辖县（市、区）。

补贴方式。县（市、区）财政局收到补贴资金后，于30日内通过“一卡通”或“一折通”方式兑付给种棉基本农户。对于其他棉花生产单位，可采取集中支付方式将补贴资金拨付到单位账户。

（四）保障措施

加强组织领导。各级人民政府牵头成立棉花补贴工作领导小组，建立健全棉花种植面积核实、补贴发放工作机制，明确分工，落实责任，密切配合，扎实推动补贴工作顺利进行。各级农业部门牵头会同财政部门制定本地工作方案；各级财政部门负责会同农业部门制定本级资金管理办法，并负责补贴资金的拨付和监管；各级农业部门牵头并会同财政、统计部门负责联合审定本地棉花种植者当年实际种植面积；各地乡（镇）人民政府及村委会负责本辖区内棉花种植者当年实际种植面积的统计、公示、上报等具体工作。

严格落实补贴面积。按照户申报，村核实，乡汇总，县、市逐级审核的原则，严格落实补贴面积。农户据实向村委会申报棉花种植面积；村委会认真核实、登记、公示；乡镇人民政府认真做好审核、汇总等工作；各县（市、区、农场）成立以主管县（市、区、农场）长为组长的落实棉花补贴政策领导小组，负责补贴工作的组织、实施、督导、检查；市级农业、财政部门将各县（市、区）上报的补贴面积汇总审核后，制定实施方案上报省农业厅和省财政厅。对因出现虚报、多报、重报补贴面积造成补贴资金多发问题，将责成县（市、区）收回多发资金，并按有关规定追究责任。对因出现压报、漏报补贴面积等造成补贴资金发放不到位问题，原则上由县（市、区）自筹资金解决。

规范兑付流程。补贴资金兑付要实行阳光操作，各地在补贴资金兑付前，要由乡（镇）政府和村委会负责对种棉户补贴面积、补贴标准、补贴金额等进行张榜公示，接受群众监督，公示时间不能少于 7 天。各级财政、农业部门设立补贴监督电话，并在当地媒体公布，对群众反映的补贴面积不实、补贴资金落实不到位等问题，县级财政、农业部门要会同有关部门及时进行核实，对存在问题依据有关政策规定纠正处理，确保补贴发放工作平稳有序开展。对信访案件要及时处理，加强沟通，力争将问题解决在萌芽状态，避免越级上访。

强化资金监管。各地要加大对补贴资金的监督检查力度，确保补贴资金足额发放到实际种棉者手里，严禁以任何理由将补贴资金抵顶任何费用，不得从补贴资金中预留备用金，不得以任何理由截留、挤占和挪用补贴款。对在补贴资金发放过程中弄虚作假、挪用、冒领、套取补贴资金的，将按照有关规定，严肃追究责任，并收回补贴资金；涉嫌犯罪的，移送司法机关依法处理。

加大政策宣传。各地要充分利用各种新闻媒体，采取多种形式，加强对棉花补贴的政策宣传和舆论引导，尤其要做好对农民的宣传解释工作，让农民完整准确地了解政策，有效调动棉花生产积极性。

参考文献

毛树春：《高质量发展背景下中国棉花产业的转型升级》，《农业展望》2018 年第 5 期。

B.13
河北省农业社会化服务体系建设研究

赵然芬*

摘　要：　农业社会化服务体系是推进农业现代化发展的重要动力和有效抓手。近年来，河北省农业生产性服务业发展迅速，已经成为转变农业发展方式、推进农业供给侧结构性改革、建设现代农业的重要力量。但是也存在当前农业社会化服务不能满足农户现代化生产需要、各服务供给主体缺乏相互协调合作、服务经营主体创新不足等问题。本报告在深入调查河北省农户主要社会化服务需求及供给渠道的基础上，结合当前农业社会化服务发展问题，提出健全河北省农业社会化服务体系的若干建议。

关键词：　农业社会化服务　现代农业　体系建设

党的十九大报告提出要大力实施乡村振兴战略，指出要“发展多种形式适度规模经营，培育新型农业经营主体，健全农业社会化服务体系，实现小农户和现代农业发展有机衔接”。国外发达国家农业发展经验和规律也已经证实，农业社会化服务体系是推进农业现代化发展的重要动力和有效抓手。近年来，河北省农业生产性服务业发展迅速，已经成为转变农业发展方式、推进农业供给侧结构性改革、建设现代农业的重要力量。但不可否认的是，河北省农业社会化服务体系发展还存在诸多问题和制约。在乡村振兴战

* 赵然芬，河北省社会科学院农村经济研究所副研究员，主要研究方向为农村经济。

略实施的开局之年，厘清河北省农业社会化服务体系发展的制约因素和发展短板，理顺发展机制，健全完善动力构成和作用机制，优化推进路径和模式，显得尤为重要。

一　农业社会化服务体系内涵的界定

（一）什么是农业生产性服务

《关于加快发展农业生产性服务业的指导意见》（农经发〔2017〕6号）指出“农业生产性服务，为贯穿农业生产作业链条，直接完成或协助完成农业产前、产中、产后各环节作业的社会化服务”。姜长云认为“农业生产性服务主要表现为两种形态，一是内部化、非市场化的非独立形态，如农户或家庭农场自我提供农机服务；二是外部化、市场化的独立形态，如农机服务公司向农户或家庭农场提供的市场化农机服务。农业生产性服务业与后者相对应，是外部化、市场化生产性服务提供者的集合体”。[①] 农业生产性服务业通过为农业生产提供服务，使科技、资金、人才、信息等现代生产要素融入农业生产过程，从而提升农业劳动生产率和土地产出率，增加价值空间，是现代农业产业体系的重要组成部分。

（二）农业社会化服务体系发展历程

2008年中共中央发布《关于推进农村改革发展重大问题的决定》，指出要“加快构建以公共服务机构为依托、合作经济组织为基础、龙头企业为骨干、其他社会力量为补充，公益性服务和经营性服务相结合、专项服务和综合服务相协调的新型农业社会化服务体系”。2017年8月，农业部、国家发展改革委、财政部联合出台《关于加快发展农业生产性服务业的指导意见》（农经发〔2017〕6号），提出要“以服务农业农民为根本，以推进农

---

① 姜长云：《关于发展农业生产性服务业的思考》，《农业经济问题》2016年第5期。

业供给侧结构性改革为主线，以培育农业生产性服务战略性产业为目标，大力发展多元化多层次多类型的农业生产性服务，推动多种形式适度规模经营发展，带动更多农户进入现代农业发展轨道，全面推进现代农业建设”。习近平总书记在党的十九大报告中指出，要“健全农业社会化服务体系，实现小农户和现代农业发展有机衔接”。2018 年中央一号文件进一步指出要“培育各类专业化市场化服务组织，推进农业生产全程社会化服务，帮助小农户节本增效”。

二　河北省农业社会化服务体系建设成效

近年来，河北省大力开展农业社会化服务体系建设，初步实现了党的十一届三中全会通过的《关于推进农村改革发展重大问题的决定》中提出的“以公共服务机构为依托、合作经济组织为基础、龙头企业为骨干、其他社会力量为补充，公益性服务和经营性服务相结合、专项服务和综合服务相协调的新型农业社会化服务体系”建设目标。农林牧渔服务业发展迅速，2016 年实现增加值 338.24 亿元，比上年增长 8%，显著高于农业其他产业增长速度。社会化服务在推进农户与现代农业有机衔接方面取得了显著成效。2017 年，在经营权不发生流转的基础上，以社会化服务推进 18.6 万农户的 63.7 万亩农地实现了规模经营，为其节约生产成本 1.3 亿元，增收超过 1.7 亿元，有力推进了农户经营模式的现代化发展。

（一）公共农业生产性服务能力大大增强

近年来，河北省依托政府部门、涉农站所，持续强化公共性农业生产性服务能力建设，公益性农业生产服务体系、能力、机构和服务网络不断完善。到目前为止，已经构建了比较完善的包括有害生物预警预报和病虫害检测检疫服务、农民培训系列服务、农业科技培训推广服务、测土配方施肥、土地托管服务等在内的农业社会化服务体系。同时加强服务网络建设，在全省多数县市实现了农技综合服务站、农产品质量检测站、农业信息综合服务站等服务站点和设施的全覆盖。

（二）农民合作经济组织迅速发展，成为面向农业现代化提供生产性服务的中坚力量

为适应农业结构调整、发展现代农业的要求，近年来，河北省农民合作经济组织发展迅速，在面向农业现代化提供生产性服务方面，发挥了日益重要的作用。截止到2016年底，全省在工商行政部门登记注册的农民专业合作社达到6.2万家，覆盖全省60%以上的行政村。农民专业合作组织依托市场，发挥规模优势，为社员统一提供科技、信息、培训、防疫、储藏保鲜、生资供应、农产品营销等服务，其作用已覆盖农业产业链的大多数环节，成为高产、优质、高效、生态、安全农产品基地建设的重要组织者，有效缓解了农户生产过程中的技术、管理、信息、销售等一家一户解决不了、解决不好，或者不能经济有效解决的发展难题，促进了农业的节本增效和农民收入水平的提高，是河北省农业生产性服务的重要供给者。

（三）农业龙头型经营组织在服务带动农户产业化发展方面的作用和能力持续扩大

农业产业化龙头企业通过“龙头企业＋农户”“龙头企业＋基地＋农户”“龙头企业＋合作社＋农户”等多种模式，给农户提供农资供应、生产技术、市场销售等多种服务。随着河北省龙头企业的成长及参与农业产业化程度的不断加深，其对农业生产性服务业发展的外部拉动和植入效应迅速显现。2016年，全省龙头经营组织达到2529个，带动农户887.4万户，实现销售额4019.7亿元，帮助农民实现增收42.6%。

三　河北省农户对农业社会化服务需求情况分析

2018年，课题组对河北省农户的社会化服务需求进行了问卷调查，共

发放问卷200份，其中有效问卷196份。根据调研数据，对河北省农户的社会化服务需求进行分析如下。

（一）农户社会化服务需求变迁趋势和特征

总的来说，随着农业社会分工的细化和深化，农户对社会化服务的依赖程度越来越强，73.4%的农户认为他们的生产经营离不开社会化服务的参与，只有26.6%的农户认为不需要依靠外部供给服务，自己也可以完成农业的生产过程。生产过程中离不开社会化服务供给的农户，对农业社会化服务的需求主要集中在生产技术指导、农产品市场价格信息、农产品销售、政策法律法规咨询、病虫害统防统治、金融融资咨询、生产资料购买以及其他服务，这些服务需求的占比分别为58.6%、14.8%、10.0%、7.3%、4.7%、3.5%、0.9%、0.2%（见表1）。

表1　农户主要社会化服务需求

单位：%

农户社会化服务需求	生产技术指导	农产品市场价格信息	农产品销售	政策法律法规咨询	病虫害统防统治	金融融资咨询	生产资料购买	其他服务
占比	58.6	14.8	10.0	7.3	4.7	3.5	0.9	0.2

生产生活方式和环境的变化深刻影响农户对农业社会化服务的需求。课题组对河北省农户的社会化服务需求进行了实地调研。调研发现，农户的社会化服务需求产生了一些新趋势。第一，农户对服务的需求依然主要集中在农业生产中环节的服务方面，96%的农户指出他们需求最迫切的为农业生产资料购买、病虫害统防统治、新品种和新技术应用、农产品销售等方面的服务。第二，农户，尤其是规模经营农户和多元化经营农户对信息服务的需求比较强烈。87%的农业经营者，特别是新型农业经营主体希望获得农业项目、务工培训、种植养殖新品种、农副产品市场等方面的信息服务。第三，新型农业经营主体对拓展农业产业链和价值链、实现三产融合发展方面的服

务需求日渐增强。随着农业生产经济比较收益的持续走低，农业生产者拓展产业链和价值空间的愿望越来越强，尤其是规模经营农户，对农产品加工和产销一体化方面的服务需求逐渐增强，调研发现有68%的农户有这方面的需求，比例远远大于前些年。第四，对农村金融服务的需求逐步上升，参加农业保险的意愿明显增强。调查中，有56%的农户有农业保险或贷款方面的要求，尤其是种养殖大户，几乎达到了100%。第五，农户对土地流转服务方面的需求虽然相对较小，但发展很快，尤其是在土地流转的权益保护、规范流转、扶持政策等方面，比例达到25%。

（二）农户各类社会化服务需求获得渠道分析

1. 农户农业生产技术需求的获取渠道

近些年，河北省加大农业科技研发推广力度，大力推进农业技术推广体系建设，形成了以农业部门、科研教育单位、农民专业合作社、农业龙头企业以及经营性农业科技服务公司为主体的农业技术服务体系。从调研数据来看，以政府机构和部门为主的农业技术服务是农户获得服务的主要渠道，农业部门、农业大中专院校和科研机构作为获取渠道合计占比55.05%。与农户联系最紧密的合作社和农业龙头组织在农业科技推广中的作用还有待进一步发展和完善，二者合计占比13.64%。值得注意的是，有27.85%的农户在遇到生产技术问题时往往是凭经验解决，这从侧面反映了河北省农户，尤其是非组织化的小农户在获得农业技术服务方面还存在一定局限性（见表2）。

表2　农户农业生产技术服务获取渠道

单位：%

农户农业生产技术获取渠道	农业部门	传统经验	农业大中专院校和科研机构	农业合作组织与协会	农业龙头企业	其他
占比	31.15	27.85	23.90	7.76	5.88	3.46

2. 农业融资等生产经营中的社会化服务获取渠道

村民互助仍然是农户解决生产经营问题的最主要方式。一旦遭遇生产经营问题，46.5%的农户选择向邻居或亲戚朋友求助，33.7%的农户选择向政府部门求助，找村集体解决问题的占17.9%，还有1.9%的农户另寻其他帮助。资金短缺，是规模经营农户生产经营中经常遇到的难题。由于受农户、金融机构、融资机制以及其他多种因素的影响，农户向正规金融机构融资解决资金难题的占比并不高，只有26.9%，而选择向亲戚朋友和邻里乡亲借钱的农户占比达到66.1%，另外，有4.6%的农户选择向合作社借钱，2.1%的农户选择高利贷，0.3%的农户则选择其他借款方式。

3. 农户农资购买及农产品销售类服务获取渠道

关于农资购买方面，61.70%的农户自己购买所需农资，16.21%的通过合作社购买，和邻居、亲戚朋友一起购买的占13.42%，通过村集体购买的占比最低，仅为7.67%（见表3）。

表3　农户农资购买渠道

单位：%

农户农资购买渠道	自己购买	通过合作社购买	和邻居、亲戚朋友一起购买	通过村集体购买
占比	61.70	16.21	13.42	7.67

农产品销售方面，有65.23%的农户主要通过收购商上门收购来实现，通过经纪人或协会等中介实现销售的农户占16.81%，农民自己到市场上销售的占10.52%，由村集体统一组织销售的占4.28%，由龙头企业统一收购的占3.18%（见表4）。

表4　农户农产品销售服务渠道

单位：%

农户农产品销售渠道	收购商上门收购	通过经纪人或协会销售	自己去市场上销售	由龙头企业统一收购	由村集体统一销售
占比	65.23	16.81	10.52	3.18	4.28

4. 农户农业信息类服务获取渠道

随着农业生产社会化程度的深入，信息在农户生产经营中发挥越来越重要的作用，农户对信息的渴求向纵深扩展。调查发现，93.9%的农户认为自己在生产经营中缺乏各种信息，只有6.1%的农户认为自身的生产经营不需要信息服务。希望参加信息技术培训的农户占93.4%，认为参加培训没必要的农户仅占1.7%。表5和表6列举了河北省农户获取农产品生产与销售信息、相关政策信息的渠道。

表5　农户农产品生产与销售信息获取渠道

单位：%

农户农产品生产与销售信息获取渠道	电视	互联网	村里信息员	村公告	邻居与亲戚朋友	政府派出机构	报纸杂志	广播	村领导
占比	23.5	20.1	12.4	9.8	9.1	7.9	6.8	6.2	4.2

表6　农户政策信息获取渠道

单位：%

农户政策信息获取渠道	电视	村公告	政府派出机构	村里信息员	互联网	村领导	报纸杂志	广播	邻居或亲戚朋友
占比	21.8	19.8	14.7	12.8	11.9	8.2	6.5	3.2	1.1

四　河北省农业社会化服务体系存在的主要问题

（一）当前农业社会化服务不能满足农户现代化生产需要

服务内容上。当前农业社会化服务以农资购买、产品销售、病虫害防治和耕种收等传统生产服务为主，对小农户开展现代化生产所需的科技、金融、信息、气象、储运等服务供给严重不足。资源配置上。容易赚钱的服务项目都抢着干，而那些农业生产的关键和薄弱环节，农户需求迫切但不容易赚钱，如深耕深松、仓储烘干、病虫害统防统治等服务领域，政府作用发挥不够，服务主体积极性不高。

（二）各服务供给主体缺乏相互协调合作，单打独斗，在促进小农户和现代农业有机衔接方面不能有效发挥应有作用

当前，河北省能够为农户提供社会化服务的主体主要有政府涉农机构、农业生产及服务类合作社、农业龙头企业、农业服务公司等，这些服务供给主体在自己的服务职责和领域内提供服务。如政府涉农机构，因为体制机制以及人财物力限制，它的服务供给以一般性的基础性公共服务为主，与其他服务主体的对接并不多，并不能发挥应有作用促进其他服务主体服务供给质量、水平和覆盖面的大幅提升。生产类农业合作社和龙头企业受自身利益制约，在无政府激励的前提下，并不愿意使其服务外溢，为其组织外的农户提供服务，导致其服务资源在某种程度上闲置，不能充分有效地发挥效用。专业性的农业服务公司、基层农资销售机构、经纪人等农村基层的服务机构，因为自身经济实力的限制，专业化服务能力和水平都比较低。各服务供给主体之间“各自为政”，不能有效协调合作，导致农业社会化服务供给与需求的不适配以及小农户衔接现代农业发展方面缺乏社会化服务的强力支撑。

（三）社会化服务经营主体创新不足，政策扶持体系和风险保障机制不健全，自我发展动能不足

首先是创新动能不足。农业生产工具、方式、技术、市场需求等的不断更迭和进化，使小农户对社会化服务不断产生新的需求。而河北省农业社会化服务仍以传统项目供给为主，缺乏对小农户需求的精细化分析以及针对其趋势性需求的指向性供给，创新严重不足，在一定程度上限制了小农户的现代化发展。其次是新技术、新产品应用不足。河北省农业服务经营主体大多规模小、实力弱，采用新技术新产品的能力、技术和条件普遍不足。以植保

服务为例，用无人机打农药可以有效提高效率，降低成本，同时也可以有效避免工作人员农药中毒，但由于无人机价格较高，使用技术复杂，其在河北省植保领域的应用还比较少。最后，河北省农业社会化服务组织普遍面临资金短缺、技术不足、风险高企等发展难题，但由于缺乏有效的政策扶植体制和风险分担机制，社会化服务组织的发展步伐缓慢，发展动力明显不足。

五　健全河北省农业社会化服务体系的对策建议

（一）建立健全农业各项社会化服务协调发展的体制机制

日本、美国等发达国家的农业发展经验表明，功能健全、体系完备的农业社会化服务体系是推进农户衔接现代农业的重要抓手和强效动力。鉴于农业社会化服务的基础性、重要性及多样性，建议河北省成立由省长挂帅、农业、财政、科技、国土、供销、工商等部门负责人组成的农业社会化服务体系建设领导小组，统一指挥调度协调全省农业社会化服务体系建设，着力改变当前社会化服务部门“各人自扫门前雪”的松散现状，劲往一处使，力往一块凑，合“九龙”之力，响鼓重锤，齐力建设社会化服务体系。同时，尽快着手研究编制全省农业社会化服务体系发展规划，结合各相关部门服务体系建设规划，统筹谋划布局河北省农业社会化服务体系建设。农业社会化服务组织、能力和设施等的建设，要注重依托既有服务设施做“加减法”，切忌另铺摊子，以免造成农村服务资源和财政资金的浪费。

（二）强化农业社会化服务“短板短腿”能力建设

首先，根据农户服务诉求，着力提升“紧缺型”服务能力。课题组对河北省农户服务需求的调查数据显示，当前，农户需求最迫切的社会化服务，按迫切程度从高到低依次为：技术和农资服务、信息服务、农产品加工运销服务、金融服务、土地流转服务。建议河北省加大对农技、农资、信息、加工运销、金融、土地流转等服务体系的建设力度和改革深度，争取到

2020年有效缓解短缺状态。农业、科技、信息、金融等相关服务部门要建立时间表和任务分解书，并作为年度单位考核和部门评优的重要内容，以及相关部门负责人的考核、评优、升迁的重要评价指标。

其次，结合农业供给侧结构性改革和农业质量提升年行动，着力提升“导向型”服务能力。河北省农村工作会议和一号文件均提出要“走质量兴农之路，坚持质量兴农，绿色兴农”。贯彻会议和文件精神，河北省要着力强化促进农业“绿色”“高质”“高效”发展的社会化服务能力的建设力度，从财政投入、政策扶持、奖补措施、推广模式、动态调整等方面构建相关社会化服务发展的长效机制。

（三）以政府购买服务为抓手，破除阻滞因素，构建关键领域和薄弱环节服务的自发展机制

一是加大宣传力度，让政府惠农政策公开、公正、透明。建议以县为单元，采取多种形式加大对县内农村基层干部、农业服务经营主体、农户的宣传力度，如对基层干部开展集中培训，小农户以村广播形式宣传，服务经营主体以建立微信群等方式，宣传推介政府扶持关键领域和薄弱环节服务发展的相关政策、政府相关工作、项目申报条件和流程等，让各主体都“清清楚楚”“明明白白”地参与到工作中来。

二是着力破除阻滞因素，提高服务绩效。首先，加大经费保障力度，允许县级农业部门按照补助资金的一定比例提取或配套专项工作经费，以保证工作的顺利开展。其次，适度给基层工作“松绑”。一方面在严格规范的前提下，适当减少不必要的操作程序和手续，以提高服务效率。如对长期实施的扶持项目，延长招投标有效时间，中标单位在完成任务要求且无违规操作的前提下可以免投标享受补贴3～5年。又如，探索建立县级农业社会化服务主体《政府购买农业社会化服务候选名录》，合理设计指标，让农户、服务质检员、农业部门负责人员、专家等对服务经营主体打分，按得分高低择优确定服务组织，减少招投标工作。另一方面，在保证绩效目标和不存在“贪腐”等违法行为的前提下，适当放宽对相关责任主体的审核，允许合理

范围内的工作误差，给基层松绑，让基层想干事、敢干事、能干事。最后，严格落实退出机制、违约追责机制和惩戒机制。完善监督检查制度，对政府购买服务过程中的弄虚作假、套取财政资金的经营主体及其法人，除全额退还补助资金外，列入全省失信黑名单，10 年内不得享受政府所有类型补贴，不得参与所有政府主体的招投标工程。

（四）精准施策，强化新型农业经营主体对农户的服务带动作用

1. 强化新型农业经营主体对农户的服务带动作用

相对来说，在其自营领域内，农业合作社、家庭农场、龙头企业等新型农业经营主体具有更高水平的技术、设施等资源要素，对生产经营中存在的问题、发展诉求等具有更直接的体会和观感，也更能及时有效地为农户提供更细致周到的生产服务。然而在实践中，新型农业经营主体对无关联农户的服务极少，既造成了其自身服务资源的浪费，又无益于农户的发展。故此，建议强化新型农业经营主体对农户的服务带动作用，在申报示范性家庭农场或合作社、财政补贴资金、政府资助项目时适度加大服务带动农户相关指标的权重，引导新型农业经营主体加强对农户的服务作用。同时鼓励新型农业经营主体开展服务业务，对服务覆盖当地同类经营农户范围达到村 95% 以上、乡镇 30% 以上的新型农业经营主体，优先享受各级政府扶持政策。最后，每年对新型农业经营主体服务带动农户绩效进行评比，对优秀组织和个人进行表彰，给予物质奖励，并总结宣传推广其先进经验。

2. 打造一批本土化的农业社会化服务龙头企业，引导河北省农业社会化服务体系规范化、标准化、集团化、功能化发展

首先，以地级市为统筹范围，择优选择“种子”组织。在全省 11 个地级市，结合主导产业、特色优势产业发展，在所辖县范围内择优选取 3 ~ 5 家服务能力强、服务范围广、服务质量过硬、发展势头好、资金规模大等实力雄厚的专业服务组织，或者带动农户多、服务范围广的新型农业经营主体，重点培育打造成具有强效服务带动作用的“龙头型”服务组织。

其次，多措并举，加快培育区域性“龙头型”服务组织。一是加大政

策扶持力度。抓紧研究制定出台扶持“种子”组织发展的财政、农业、税收、金融保险、用地用水用电、培训等扶持政策，贯彻农业农村优先发展战略思想，对比省内相关扶持措施，按照“最优惠”原则制定扶持措施并尽快落地实施。二是鼓励其向综合性农业社会化服务组织转变。支持鼓励“种子”组织通过开拓创新服务新领域和项目、兼并或持股既有农业服务组织等方式，以财政奖补、贷款贴息、设立专项扶持经费等手段，推进其由专项服务向综合性服务转变，由线下实体服务模式向线上线下相结合服务模式转变，由“满天撒网”式服务向“合作式”“订单式”“托管式”“全程式”服务方式转变，由小规模分散服务向大规模整建制服务转变。三是完善服务标准体系。建议由农业厅、省标准化研究院、省质监局、省工商局、省物价局加紧联合研究制定修订各类农业服务标准、规范化合同示范文本，明确服务质量要求和收费标准，制订服务效果认定标准和损失赔偿办法，推进农业社会化服务标准化发展。

参考文献

姜长云：《关于发展农业生产性服务业的思考》，《农业经济问题》2016 年第 5 期。

《农业部　国家发展改革委　财政部关于加快发展农业生产性服务业的指导意见》，《中华人民共和国国务院公报》，http：//www. gov. cn/gongbao/content/2018/content_5271797. htm。

李俏、张波：《农业社会化服务需求的影响因素分析——基于陕西省 74 个村 214 户农户的抽样调查》，《农村经济》2011 年第 6 期。

B.14

河北省加快县城建设攻坚促进乡村振兴的思路与举措

张　波*

摘　要： 推进县城建设是促进城乡融合发展、拉动乡村振兴的重要引擎。2016年，自河北省提出实施县城建设攻坚行动以来，县城建设水平稳步提升，但县城建设仍面临产业支撑不强、规模偏小、市政设施短板明显、发展环境不优等问题。推动河北省县城建设提档升级，要科学合理有序引导人口、产业、用地向县城集中，统筹布局县城生产、生活、生态空间，构建规划、建设、管理“三位一体”联动机制，发挥县城连接城市与乡村的纽带作用，努力建设乡村振兴综合服务中心、城乡融合发展先行区、县域经济社会发展核心引领区。

关键词： 河北省　县城建设　乡村振兴

县城是城乡人口、产业、基础设施、公共服务交汇融合的“前沿阵地”，是带动县域经济发展的“核心增长极”，是辐射广大乡村的“综合性服务中心”。河北省是农业大省、辖县大省，全省有121个县（市），实施乡村振兴战略的重点在县域，县域发展的引领是县城建设。推动县城建设攻坚是促进全省城乡融合发展的重要载体、拉动乡村全面振兴的重要引擎，是

* 张波，河北省社会科学院农村经济研究所副研究员，主要研究方向为农业农村经济、区域经济。

夯实京津冀世界及城市群“塔基”的关键举措，是满足农民日益增长的物质文化需求的重要保障。

一　河北省县城建设总体进展

近年来，国家加快实施新型城镇化战略，河北省在做好大城市建设的同时，重点推进以县城为主的中小城市建设。特别是2016年，全省出台了《河北省县城建设三年攻坚行动实施方案》，明确提出“打造有历史记忆、地域特征、山清水秀、宜居宜业的美丽县城”的阶段目标，全省县城建设步入快车道，取得显著成效。

县城人口规模逐步扩大。城市规划体系抓紧完善，各县（市）全部完成城乡总体规划编制工作，同步启动了控制性详细规划、城市设计及各类专项规划编制工作，控详规划编制覆盖率达到100%。县城成为河北省农民进城就业、就近就地城镇化的首要选择，2015～2017年，县域常住人口城镇化率分别为42.5%、44.8%和46.8%，年均增长超过2个百分点。2012～2016年，全省县（市）中心城区人口年均增速为2.04%，其中县级市中心城区人口规模年均增速3.08%，县城中心区人口规模年均增速1.62%。

县城承载能力稳步提升。县城路网结构进一步完善，2017年涿鹿、高碑店等县（市）的21个绕城改线项目施工建设；70个县城完成高速口、高铁站等交通节点到县城引线综合整治；辛集、晋州、定州等县（市）以次干路、支路为重点，打通断头路、卡脖路，城区道路通达性进一步增强。城市供水能力显著提升，南水北调受水区的93座地表水厂全部实现水源切换，出厂水水质全部纳入省级督查范围，89个县（市）建成应急备用水源。城区内涝积水问题得到有效遏制，所有县（市）全部启动了城区内涝防治，整治易涝点300余处，2017年汛期，全省没有发生严重的城区内涝灾害。迁安市国家级海绵城市试点建设稳步推进，探索了一条符合县级城市的“亲、清”水城之路。县城公共服务设施体系不断完善，县级公共图书馆、文化馆、体育场馆和全民健身中心建设稳步推进，公共服务功能显著增强。

截至2017年底，全省84个县（市）建成全民健身中心，72个县（市）建成公共体育场馆。

县城综合实力显著提升。县域产业集群、产业园区、开发区进一步向县城集中，各县（市）积极发展高效、低碳的绿色产业，永清、涿州等85个县（市）完成县城产业园区升级。全省120个县（市）有省级开发区，115个县（市）至少有一个特色产业集群，全省55家上市企业中注册地在县域的有13家。城市新区建设稳步开展，邯郸市以推进县城新区建设为抓手，整体提升城区承载能力和产城教融合，所辖12个县（市）高起点、高站位开展了新区规划和项目建设。

县城人居环境有明显改善。生态修复工程持续推进，涉县、滦平等县（市）完成了城区及周边山体排查，96个县（市）制定了修复治理方案。园林绿化水平大幅提升，112个县（市）获得省级以上园林城称号，29个县（市）获得国家级称号，园林城创建工作位居全国前列，县城人均公园绿地面积达11.9平方米，绿化率达到33.72%。市容市貌有明显改观，乐亭、定兴等23个县（市）达到“洁净城市”建设标准，城乡垃圾一体化处理工作加快推进，南和、怀来、文安等县（市）推行城乡一体化环卫服务外包，提高了垃圾清扫效率。城市管理水平稳步提升，112个县（市）建成了数字化城市管理平台，50个县（市）完成城市管理体制改革。

县城特色风貌日益凸显。县城建设品位有所提升，正定、临漳、滦县等县（市）深挖历史文化内涵，把历史元素、文化符号运用到城市建设中，打造了正定历史文化街、邺城建安文化广场、滦州古城等一批人文景观，传承了历史文化。旧城改造、城镇棚户区改造积极推进，“一区三边”违法建设集中整治，制约城市发展的一些“老大难”问题得到初步解决。

二 河北省县城建设面临问题

河北省县城建设取得了显著进展，但从高质量发展要求看，县城建设依然是全省经济社会发展的短板，县城建设水平与乡村振兴综合服务中心以及京津冀世界级城市群“塔基”的要求仍存在较大差距。横向比较来看，全省县城建设主要指标与东部发达地区的山东、浙江、江苏存在较大差距，与中部地区代表省份河南也存在一定距离，县城建设攻坚任务十分艰巨。

（一）县城建设产业支撑不强

县城建设必须有高质量的县域经济、现代化的产业体系为基础，凭空“造城”是不可能的，河北省县城建设水平低的根源在于县域经济发展滞后，县城产业园区、开发区聚合度与整体实力不强。一是县域经济总量不高。根据河北省经济年鉴统计数据，2016 年全省 GDP 超过 200 亿元的县（市）32 个，约占全省县域总数的 1/4，GDP 不足 100 亿元的县仍有 46 个，占全省县域总数的 1/3，一般公共预算收入超过 10 亿元的县（市）26 个，约占全省县域总数的 1/5，一般公共预算收入不足 5 亿元的县 67 个，约占全省县域总数的一半。二是县域城镇化率不高。2016 年县域常住人口城镇化率 44.8%，不足 50%，低于全省 8.52 个百分点，县域城镇化仍有较大提升空间。三是县域产业园区发展水平依然较低。全省县城周边现有的省级开发区多由原来分散的开发区、园区组合而成，省级开发区产业附加值和产业聚集度较低，资源型产业占据很大比重，大部分省级开发区税收收入还不足 5 亿元，无法成为拉动县城建设的强力引擎。四是贫困县仍占较大比重。全省现有 64 个贫困县，占县域总数的一半以上，主要分布在西部燕山太行山地区、西北部张承坝上地区、中部的环首都地区和冀中南黑龙港领域，贫困县数量多、分布广、贫困程度深，更有 10 个深度贫困县，当前的首要任务为脱贫攻坚，不可能重点支持县城建设。

（二）县城建设规模不大

如表 1 所示，从人口规模看，2016 年河北省县城平均常住人口刚刚突破 10 万人，低于全国平均水平，分别是江苏的 36.70%、浙江的 78.48%、山东的 55.29%、河南的 58.48%；县城人口占全县人口比重的 23.66%，低于浙江、山东近 1 个百分点，县城人口总量偏低，县城人口聚集还有较大提升空间。从面积看，2016 年河北省县城平均面积 41.35 平方公里，低于全国平均水平 5.88 平方公里，相当于江苏的 30.13%、浙江的 28.60%、山东的 30.38%、河南的 61.02%；县城平均面积占全县总面积的比重仅为 3.00%，低于江苏 5.03 个百分点、浙江 6.79 个百分点、山东 8.20 个百分点、河南 1.75 个百分点，全省县城面积总体规模低，框架没有完全拉开。从人口密度看，2016 年河北省县城人口密度 2426 人/平方公里，高于全国平均水平，也显著高于江苏、浙江、山东等发达地区，仅略低于河南，在河北省县城人口总规模偏小的前提下，县城人口密度大的根本原因在于县城规模小，县城发展框架还没有完全拉开。2016 年，河北省县城平均建成区面积仅为 14.39 平方公里，相当于江苏的 42.98%、浙江的 85.25%、山东的 54.22%、河南的 71.38%；建成区面积占县城面积比重为 34.79%，明显高于其他省份，全省需要在扩充县城面积同时增大建成区面积，提高建成区外的生态用地、基础设施用地和公共服务用地比重。

表 1　2016 年河北省县城建设规模与典型省份比较

地区	县城人口数量(万人)	县城人口密度(人/平方公里)	县城人口占全县人口比重(%)	县城面积(平方公里)	县城面积占全县比重(%)	建成区面积(平方公里)	建成区面积占县城面积比重(%)
全国	10.05	2127	21.96	47.23	0.97	12.67	26.82
河北	10.03	2426	23.66	41.35	3.00	14.39	34.79
江苏	27.33	1991	25.46	137.22	8.03	33.48	24.40
浙江	12.78	884	24.71	144.58	9.79	16.88	11.67
山东	18.14	1333	24.37	136.13	11.20	26.54	19.50
河南	17.15	2531	19.79	67.77	4.75	20.16	29.74

资料来源：《中国县城建设统计年鉴（2016）》。

（三）县城市政设施短板明显

如表 2 所示，2016 年河北省县城市政设施建设水平高于全国平均水平，但低于东部发达地区的江苏、浙江、山东等省。全省县城供水普及率

97.05%，低于江苏2.45个百分点、浙江2.91个百分点、山东1.49个百分点；燃气普及率90.29%，低于江苏9.05个百分点、浙江8.51个百分点、山东5.14个百分点；人均道路面积22.38平方米，略低于山东；污水处理率95.03%，略低于山东；人均公园绿地面积11.90平方米，低于江苏0.32平方米、浙江1.86平方米、山东3.11平方米；生活垃圾处理率96.89%，江苏、浙江已达到100%，山东为99.59%。河北省县城主要市政设施建设水准全面落后于东部发达地区，城市基础设施短板较突出。

表2　2016年河北省县城市政设施指标与典型省份比较

地区名称	供水普及率（%）	燃气普及率（%）	人均道路面积（平方米）	污水处理率（%）	人均公园绿地面积（平方米）	生活垃圾处理率（%）
全国	90.50	78.19	16.41	87.38	11.05	93.01
河北	97.05	90.29	22.38	95.03	11.90	96.89
江苏	99.50	99.34	20.11	84.63	12.22	100.00
浙江	99.96	98.80	21.00	90.27	13.76	100.00
山东	98.54	95.43	22.56	95.36	15.01	99.59
河南	74.32	53.66	14.63	88.48	7.27	86.98

如表3所示，河北省县城建成区市政设施主要指标高于全国平均水平，但低于江苏、浙江、山东等东部发达省份。2016年，河北省县城建成区路网密度7.30公里/平方公里，低于江苏0.61公里/平方公里、浙江2.48公里/平方公里、山东0.05公里/平方公里；县城建成区供水管道密度9.69公里/平方公里，低于全国平均水平，低于江苏7.15公里/平方公里、浙江15.16公里/平方公里，差距较为明显；建成区道路面积率15.61%，低于江苏0.8个百分点、浙江0.29个百分点；建成区排水管道密度8.00公里/平方公里，低于全国平均水平，低于江苏4.10公里/平方公里、浙江7.81公里/平方公里、山东1.72公里/平方公里、河南0.06公里/平方公里，城市内涝治理任务十分艰巨；建成区绿化覆盖率37.86%，低于江苏3.37个百分点、浙江1.91个百分点、山东0.6个百分点；建成区绿地率33.72%，低

于江苏5个百分点、浙江2.27个百分点、山东0.09个百分点。河北省县城建成区在供排水管网铺设、建成区绿化两方面的短板比较突出。

表3　2016年河北省县城建成区市政设施指标与典型省份比较

地区名称	建成区路网密度（公里/平方公里）	建成区供水管道密度（公里/平方公里）	建成区道路面积率（%）	建成区排水管道密度（公里/平方公里）	建成区绿化覆盖率	建成区绿地率（%）
全国	6.76	10.86	13.02	8.83	32.53	28.74
河北	7.30	9.69	15.61	8.00	37.86	33.72
江苏	7.91	16.84	16.41	12.10	41.23	38.72
浙江	9.78	24.85	15.90	15.81	39.77	35.99
山东	7.35	7.65	15.42	9.72	38.46	33.81
河南	5.65	6.58	12.45	8.06	23.03	19.64

（四）县城建设政策环境仍需优化

从发展层级看，受经济发展阶段和城镇化发展阶段制约，河北省县城建设总体上还处于“自给自足”状态，县城建设主要依靠县级力量，省级、市级给予的政策支持不多，县城建设次序滞后于地级市。从要素保障上看，农民进城意愿降低，县城吸引农业转移人口集中的动力下降，多数县城规划提出的城区人口目标难以实现；县城城区、产业园区规模扩张愈发困难，建设用地指标十分短缺；民间投资增速放缓，县城建设存在较大资金缺口。从工作推进看，全省县城建设推进力度不一，县城建设质量参差不齐，县城建设总体上还处于“九龙治水”状态，工作推进合力尚未真正形成。从横向比较看，许多省份相继出台了支持县城建设的实质性举措，河南省出台了《关于推进百城提质工程的意见》和《河南省县城规划建设导则》，细化实化了县城建设支持举措；浙江省2014年就出台了《加快推进现代化美丽县城建设的意见》，提出了高标准推进县城建设的具体要求；山东省出台的《山东省新型城镇化规划（2014～2020年）》则明确提出，把县城建设发展作为推进本地城镇化的主攻方向，优化县城布局，加强基础设施和公共服务设施建设，打造一批50万人左右的县域中心城市。政策支持力度的差异直接体现在县城建设投资上，如表4所示，2016年河北省县城市政公用设施建设固定资产投资1.94亿元，低于全国平均水平，相当于江苏的61.00%、浙江的47.67%、山东的76.08%、河南的94.17%；县城市政公用设施建设维护管理财政性资金支出2.06亿元，相当于江苏的36.08%、浙江的67.32%、山东的72.54%，河北省县城市政设施投资处于较低水平，资金缺口依然较大。

表4 2016年河北省县城市政公用设施建设投资与典型省份比较

单位：亿元

地区	县城市政公用设施建设固定资产投资	县城市政公用设施建设维护管理财政性资金支出
全国	2.21	1.87
河北	1.94	2.06
江苏	3.18	5.71
浙江	4.07	3.06
山东	2.55	2.84
河南	2.06	2.24

三 河北省加快推进县城建设攻坚的思路与重点举措

针对河北省面临的县多县小、人口密度较大、发展质量不高等现实情况，全省县城建设攻坚的基本思路是：坚定不移走“小县大城”路子，做大做强县城，科学合理有序引导人口、产业园区、建设用地向县城集中，统筹布局县城生产、生活、生态空间，统筹协调规划、建设、管理“三位一体”动力机制，发挥县城上连城市下接乡村的纽带作用，力争将县城建设成为全省乡村振兴综合服务中心、城乡融合发展先行区、县域经济社会发展核心引领区。

（一）加强规划引领

完善规划体系。加快形成“总体规划—控制性详细规划—城市设计—

建设细则”由上至下、由大到小系统完备的规划体系。以主体功能区规划为基础，统筹衔接国土、环保、发改、住建等部门规划，实现“多规合一”，高质量编制国土空间规划，建立县（市）空间规划信息平台。在总体规划基础上，科学编制县城公共服务设施、基础设施、海绵城市、综合防灾等各类专项规划，实现控制性详细规划全覆盖。同步编制总体城市设计，深化重点区域城市设计，建立横向到边、纵向到底的城乡规划体系。

推动县城组团发展。破除“县城建设就是造城市”的传统思维，要让县城“望得见山，看得见水，记得住乡愁”，拉大县城生态空间和开敞空间。县城建设空间内要科学划定生态保护红线、永久基本农田和城镇开发边界。引导工业向县城、重点镇和园区集中，提高单位工业用地产出率和单位面积投资强度，鼓励工业厂房立体化发展。适度提高人均生活用地标准，合理控制建筑高度和容积率，原则上居住用地容积率不超过2.0。鼓励县城规划范围内的城镇组团发展，城镇组团间及县城内部生态涵养区要建设生态过渡带、绿色隔离带及湿地防护带，最大限度地保留县城中原有的林地和农田，切忌将县城建设搞成单一的“水泥森林”“铜墙铁壁”。

坚持分类推进。基于河北省县多且差异较大的基本现实，从区位上划分，全省县城建设总体上可按照环首都卫星城、中心城市组团、新型中等城市和新型小城市四种类型谋划施策。一是三河、大厂、香河、固安、永清、涿州、高碑店、涞水、涿鹿、赤城、怀来、兴隆、滦平、丰宁、承德县等邻近北京的县（市），要全方位改善发展环境，合理控制开发强度，承接非首都功能疏解，建设首都周边特色卫星城。二是纳入设区市统筹管理的若干县（市），要实现与中心城市的同城化发展，实现与中心城区功能互补、产业衔接，统一城乡建设用地管理，统一基础设施建设和运营，统一社会管理和公共服务，建设中心城市的新城区和都市卫星城。三是迁安、三河、任丘、武安、涿州、霸州等发展条件较好的县（市），要进一步完善配套设施，推动城市功能向高端化方向发展，实现提档升级，努力建设现代化的新型中等城市。四是河北省其他大部分县（市），要以产城融合为抓手，吸引资金、技术、人才等优质要素资源汇聚，加快产业向园区集聚、园区向县城集中，增强基础设施和公共服务功能，推动县城扩容提质，努力建设高品质的新型小城市。

（二）强化产业支撑

明确产业分工。统筹考虑自身产业优势、京津产业疏解及中心城市产业外溢三方面因素，合理确定不同县城产业发展定位，形成合理有序的大中小城市产业分工与协作，增强不同城市间有机联系。经济实力较强、产业发展基础较好的县（市），具备率先发展成为中等城市的潜力，要积极推进优势产业集聚和循环发展，加快培育高新技术产业和先进制造业，增强服务业发展水平，强化城市经济支撑作用。全省大部分县城，未来发展定位是小城市，应侧重承接大中城市产业转移，重点发展与其资源环境承载力相适应的劳动密集型产业、现代特色加工业和面向城乡一体化发展的服务业。

促进产城融合。加快县域产业园区、开发区转型升级，按照绿色生态环保总要求，着力推动高端优质产业集聚发展，坚决淘汰落后产能、污染产业。支持县城周边产业园区、开发区完善生活配套服务体系，合理布局建设居民住房，提升教育、医疗、文化、商贸等公共服务及个人生活服务的便捷度和适宜度，加大人文环境和人居环境两方面建设，形成良好城市文化和优良生态环境，推动产业园区由单一的生产功能向多功能混合转变，逐步发展为承担城市基本服务功能的城市新区，实质性拓展县城发展空间，促进城市有机增长。

培育发展商务服务中心区。推进品牌消费集聚区建设，培育发展集商贸、餐饮、休闲、文化、旅游于一体的复合业态。完善基层商业网点，依托商务中心区、特色商业街区，积极建设城市综合体。积极培育新业态，推动“互联网电商+物流配送”进社区。大力发展第三产业和生产性服务业，促进金融、保险、咨询、物流等生产性服务业，商业、教育、医疗、文化、体育等生活性服务业适度集中布局，繁荣城市经济。

（三）提高综合承载能力

优化城市路网结构。提高城区道路网密度，将道路面积率、路网密度标准作为强制性指标严格实施。以完善路网结构、增强路网连通性为重点，加快建设快速路、主次干路和支路级配合理的道路网系统，实施断头路、卡脖路打通和国省干道绕城工程，切实提高道路通达性。有条件的县城结合老城旧区更新、新区建设开发，统筹安排地下综合管廊建设，逐步提高道路配建地下管廊比例。新建建筑和市政道路同步实施无障碍设施建设。

加强市政公用基础设施建设。适应县城人口增长趋势，高质量建设供水、燃气、电力、供暖、污水等市政公用基础设施，加大城镇老旧供水管网的改造，提高城镇供水保障能力。推进城镇污水管网改造，扩大雨污分离改造范围。加快污水处理厂提标改造，保障污水达标排放。加大城镇垃圾处理设施建设改造，推进焚烧发电厂、厨余垃圾处理厂、压缩式生活垃圾转运站建设与提升。加快供热基础设施改造，推动县城集中供热分户计量系统改造。

推动城镇公共服务均衡发展。落实河北省城乡公共服务设施配置和建设标准，统筹布局公共图书馆、文化馆、体育场馆、综合医院、养老院等大型设施，建设县城优质共享的公共服务设施。以社区为单位，合理配置小型文化、体育健身设施和场地，优化学校布局和建设规模，合理配置中小学和幼儿园资源，构建多层次、全覆盖、人性化的基本公共服务网络，形成多功能、集成化、布局合理、特色鲜明的“一刻钟”便民生活圈，提升县城生活的舒适度、便捷性。

（四）提升城市管理水平

理顺管理体制。加快县（市）城市管理体制改革进程，构建权责清晰、服务为先、管理优化、执法规范的城市管理新体制。明确政府主体责任，合理划分城市管理事权，界定管理职责边界，理顺部门职责分工。推进城市管理领域综合执法，实现综合设置管理执法机构，规范执法制度，改进执法方式，完善外部内部监督机制。推进城市管理领域大部制改革，逐步建立以城市良性运行为核心，地上地下设施建设运行统筹协调的城市管理体制机制。

建设智慧城市。健全市政公用设施运行管理标准体系，完善地下管线、道路桥梁、公共供水、燃气供热、排水防涝、垃圾填埋场、渣土受纳场等市政设施的运行管理标准。以大数据、物联网、云计算等现代信息技术为依托，加快城市管理和服务体系智能化改造升级，推动智慧交通、智慧水务、智慧管网、智能建筑等重点领域应用，加强行业间、部门间数据资源整合，提高城市综合管理数据分析、研判、决策、指挥能力，推动数字化城市管理向智慧城市管理升级。

建设海绵城市。以解决城市内涝、雨水收集利用为目标，编制海绵城市建设专项规划和技术导则，配套制定规划、建筑、园林、水务等相关行业技术标准，最大限度地减小城市开发建设对生态环境的影响。以迁安海绵城市建设试点为引领，以新区开发和旧城改造为重点，加快实施一批海绵城市建设改造项目，推广普及一批透水地面铺装建材和雨水循环收集利用技术，建设一批雨水花园和下沉式绿地，逐步提高城市雨水消纳能力，恢复城市自然生态循环。

建设人文城市。大力推进文明城市创建，提升城镇文明程度和市民文化素养。积极开展社会主义核心价值观学习教育实践，将良好校风、优良家风和社会新风有机融合，促进市民形成良好的道德素养和社会风尚。弘扬传统文化和地域文化特色，加强历史文化的传承和展示，提升城镇内涵，彰显地域文化魅力。完成名城保护规划和历史文化街区保护规划，保护好古城和历史街区的风貌特色、空间格局、历史街巷、环境要素和文物古迹，严格控制建筑高度，保护重要的视线通廊和古城轮廓线。

（五）优化县城发展环境

促进更多农业转移人口落户县城。全面放开县城落户限制，清理限制户口迁移的“门槛”和障碍，促进有能力在城镇稳定就业和生活的农业转移人口落户县城。全面推行落实居住证制度，符合条件的未落户城镇常住人口全部登记发放居住证，为居住证持有人提供与市民均等的基本公共服务，并鼓励其及时落户转为城市居民。维护进城落户农民土地承包经营权、宅基地使用权、集体收益分配权，引导进城落户农民依法自愿有偿转让上述权益。强化“三挂钩”激励机制，落实财政转移支付资金、城镇建设用地增加规模、财政性建设资金对城市基础设施补贴数额与吸纳农业转移人口落户数量相挂钩政策，建立政府、企业、个人共同参与的市民化成本分担机制。省、市两级牵头，对吸引农业转移人口落户县城数量较多的县（市）给予财政资金倾斜。

拓宽资金来源渠道。支持县城建设在各地当年新增政府债务限额内，使用政府债券。鼓励县（市）政府设立引导基金并向县城建设投资倾斜。鼓励和支持采用政府和社会资本合作（PPP）模式，将非经营项目与经营性项目打包融资，由经营性项目或经营性资源的收入平衡非经营项目的资金投入，增加项目盈利空间。营造公平竞争市场环境，吸引更多民间资本积极参与县城建设，放宽市场准入，降低融资成本，规范退出机制，保障退出通道畅通。

节约集约利用土地。以规划和监督“双管”促节约，科学制定功能片区规划，有差别地控制土地供应，腾退不符合产业规划的企业，引导生产要素集聚，建立项目用地“后评估”制度，实现对企业入园前后无缝对接、动态监管。探索建立亩产效益综合评价体系，提高要素配置效能和节约集约用地水平。积极向中央争取，在河北省部分县市开展征地制度改革试点，在确保农民土地权益同时缓解县市用地紧张问题。加强用地效益考核，将建设用地地均 GDP 及增长率、新增建设用地供地率、项目开工率、出让金到账率等指标列入政绩考核体系，根据考核结果，土地供重点向节约集约用地水平较高的地区倾斜。

参考文献

中华人民共和国住房和城乡建设部编《中国县城建设统计年鉴（2016）》，中国统计出版社，2016。

河北省委办公厅、省政府办公厅印发《河北省县城建设三年攻坚行动实施方案》，2016年6月1日。

汪耀武：《湖北咸宁市海绵城市建设研究》，《九江学院学报》（自然科学版）2018年第1期。

袁政：《非经营性、准经营性项目如何吸引社会资本参与PPP》，《中国工程咨询》2015年第8期。

B.15
乡村振兴中改善河北省农村人居环境问题研究

闫永路*

摘　要：　本报告立足河北省农村现状，从美丽乡村建设、农村生活垃圾治理、农村污水治理、农村清洁厕所建设、农村生态绿化建设五个方面，分析总结了河北省农村人居环境的总体情况。认为村庄规划进度缓慢、治理资金投入较少、城乡治理任务叠加、制度建设落后滞后，是当前河北省农村人居环境存在的主要问题，建议采取加快建立城乡统筹的治理机制、多元化资金投入机制、培育环境治理市场主体、建设环境治理长效机制等针对性对策措施，加快改善河北省农村人居环境。

关键词：　乡村振兴　人居环境　城乡统筹　治理机制

党的十九大提出乡村振兴战略，2018 年中央一号文件对实施乡村振兴战略进行了全面部署。2018 年 2 月，中央办公厅、国务院办公厅印发《农村人居环境整治三年行动方案》，同月，河北省委办公厅、省政府办公厅印发《河北省农村人居环境整治三年行动实施方案（2018～2020 年）》，标志着河北省农村人居环境整治在全省铺开。改善农村人居环境，建设美丽宜居

* 闫永路，河北省社会科学院农村经济研究所副研究员，主要从事三农问题研究。

乡村，是实施乡村振兴战略第一场硬仗。河北省是农业农村大省，也是京津冀协同发展重要省份，更是京津生态环境支撑重点省份。改善河北省农村人居环境质量，既关乎全省乡村振兴全局，也关乎京津冀地区环境建设大局。因此，深入研究河北省农村人居环境状况和问题，推进河北省农村人居环境整治，对全省乃至地区发展具有重要意义。

一　河北省农村基本情况

截至2016年，河北省共辖11个地级市，168个县级行政区划单位，其中，市辖区47个，县级市19个，县102个（含6个民族自治县）。全省共有乡镇行政区划单位（含乡镇级特殊区域）1738个，行政村41789个，乡镇及村庄户籍人口5151.24万人，乡镇数量、村庄数量和乡村人口数量分别居全国第2位、第4位和第7位。所以，从总量上来看，河北省农村数量和农村人口比较多，农村人居环境整治的任务也必然较重。

二　河北省农村人居环境建设情况

党的十八大以来，河北省坚决贯彻落实中央决策部署，牢牢抓住美丽乡村、农村生活垃圾、农村生活污水、农村清洁厕所和村庄绿化等农村人居环境领域的关键问题，大力推进农村人居环境整治，取得了显著成效。

（一）大力实施美丽宜居乡村建设

近年来，河北省立足农村实际，以建设美丽宜居村庄为导向，以“环境美、产业美、精神美、生态美”为目标，突出县域带动效应，统筹规划、绿色引领、示范带动，加快农村新型社区、产业园区和生态园区“三区同建”，加快补齐农村“短板”，大力推进美丽乡村建设，为如期实现全面建成小康社会奠定了坚实基础。根据省美丽乡村办公室初步统计，截至2017年末，全省以37个省级片区和京石高铁沿线区域为重点，对1.7万个村庄给予重点支持，约占全省行政村总数的40.67%。美丽乡村建设在全省全面铺开，建成一批美丽乡村精品村。

（二）积极开展农村生活垃圾治理

近年来，河北省持续在农村组织开展“三清一拆”垃圾治理专项行动，广泛开展清杂物、清残垣断壁和路障、清庭院、拆除违章建筑活动。据省美丽乡村办公室统计，2017年全省清理各类垃圾杂物1136万立方米，清理残垣断壁和路障12万处，125个县（市、区）启动实施了PPP垃圾处理模式，其中54个县（市、区）实现了农村生活垃圾全域治理。2018年按照河北省农村人居环境整治三年行动方案，全省继续开展农村垃圾集中清理工作，对村庄及周边区域，道路、河道、旅游景区、风景名胜区、自然保护区、饮用水水源地等重点区域进行了全面排查清理。据省住房和城乡建设厅初步统计，截至2018年9月，全省共出动垃圾清运车459万辆（次），对农村生活垃圾进行了集中清理，46127个村庄配备了保洁员，38848个村庄建立了“村收集、乡镇转运、县集中处理”的城乡一体化垃圾处理机制，88个县（市、区）实现专业公司全域保洁，45个县（市、区）部分乡镇实现专业公司日常保洁。根据河北省第三次全国农业普查主要数据公报，截至2016年末，全省84.38%的乡镇生活垃圾得到集中处理或部分得到集中处理，68.84%的村庄生活垃圾得到集中处理或部分得到集中处理。

（三）积极探索农村生活污水治理方式

河北省是农业大省，全省农业人口超过5000万人，农村地区每年会产生大量生活污水，受农村居住状况和自然条件限制，农村大部分生活污水没有经过处理即被排放，给农村水土环境造成巨大压力。2010年河北省被列为全国农村环境综合整治示范省份，2012~2014年全省开展了以农村生活污水处理为重点的连片整治，建设了一批集中式、分散式的污水处理工程。但是，由于农村居民住宅分散，各村条件千差万别，大部分农村生活污水难以集中处理，所以，长期以来，农村生活污水连片整治只是在部分村庄进行了示范，尚未在一般意义的乡村进行推广。2015 年 2 月河北省颁布实施《农村生活污水排放标准》（以下简称《标准》），《标准》要求农村地区要采取必要的治理技术和设施，使生活污水必须达到规定的排放标准，特别是对分布在城镇周边、可将生活污水纳入城镇污水管网的农村，要求将农村生活污水纳入城镇污水处理厂进行集中处理。根据河北省第三次全国农业普查主要数据公报，截至 2016 年末，全省仅有 10% 的村庄生活污水得到集中处理或部分集中处理。对于一般意义的村庄而言，如何以经济且适用的方式，将分散农户的农村生活污水收集起来并集中处理，是农村生活污水治理的最大难点。

（四）全力开展农村清洁厕所建设

2012 年河北省开始实施农村面貌改造提升工程和美丽乡村建设，改造农村传统旱厕成为一项重点任务。2014 年全省农村面貌改造提升行动现场观摩会强调，要把厕所改建作为农村面貌改造提升行动的重中之重，全力改造“连茅圈”、路边厕、旱厕等农村传统厕所。为此，全省积极筹措各方资金，建立了以财政资金为主、社会投入为辅多渠道、多元化资金筹措机制，为改厕工程提供经济支撑。根据省卫生部门统计，2009 ~ 2013 年，全省合计利用国家重大公共卫生项目农村改厕中央补助资金 2.3 亿元，改建无害化卫生厕所 52.4 万座，覆盖全省 11 个设区市、110 个县（市、区）。根据省住房和建设厅统计，截至 2018 年 9 月，全省共完成农村厕所改造 51.46 万座，超额完成省级农村改厕任务。但是，从地市农村厕所改造进度看，部分平原区地市农村厕所改造进度比较缓慢，秦皇岛、衡水、保定等市农村厕所改造数量未及全年任务的 50%，比如，保定市仅完成年度任务的 24.09%，衡水仅完成年度任务的 28.72%。总的来看，农村清洁厕所改造任务依然较重。

（五）加快推动农村生态绿化建设

近年来，河北省以京津冀协同发展为契机，大力开展生态绿化建设。

2018 年全省计划完成造林任务 917 万亩，截至上半年已完成 635 万亩，占全年造林任务的 69.25%，在首都北部建成宽约 30 公里、长约 360 公里的绿色生态屏障，高质量完成雄安新区 8.7 万亩绿色建设任务，增加张家口冬奥区域造林 228 万亩。在突出区域生态绿化基础上，按照“立体绿化、彩色绿化、多树种绿化”的原则，大力开展美丽乡村建设，2018 年上半年高标准完成村庄绿化 28 万亩，新创建省级美丽乡村 100 个，全省村庄绿化覆盖率达到 32%，实现了村庄增绿、添彩与致富并举。按照住房和城乡建设部要求，河北省积极组织开展绿色村庄创建工作，截至 2017 年 6 月，经住房和城乡建设部复核，并经全国农村人居环境信息系统录入确认，河北省已有 837 个村庄被认定为绿色村庄。

三　改善人居环境关键问题

综合来看，河北省农村人居环境治理已经从面上全面铺开，由个别村庄的突破和典型示范阶段转向一般村庄治理的阶段，由农村人居环境的单一问题治理转向人居环境的综合治理，由政府投入为主导转向政府引导、社会治理的协同治理。为此，应进一步明确和把握当前工作存在的关键问题，保障农村人居环境治理顺利推进。

（一）村庄规划进度缓慢

据住房和城乡建设部统计，截至 2016 年末，河北省多数乡镇级行政区已按照城乡规划建设要求，编制了城乡发展建设规划，乡镇行政区规划编制率达到 82.05%。但是，村庄发展规划编制进度明显缓慢，数据显示，编制了村庄发展规划的行政村比例仅占全省行政村总数的 48.55%，比全国平均水平低 12.91 个百分点。已开展行政村村庄整治的占全省的比例仅为 42.54%，比全国平均水平低 11.49 个百分点。据调查，江苏、浙江等省 90% 以上的行政村都编制了村庄建设规划并开展了村庄整治行动。可见，与东部沿海发达省份相比，河北省村庄规划和治理进度明显缓慢。村庄规划是农村人居环境治理的重要依据，农村生活垃圾、生活污水、清洁厕所、村庄绿化乃至村容村貌整治和治理，无一不依据村庄规划而进行。没有村庄规划，农村人居环境整治就缺少了依据和方向，各项整治任务也会无的放矢、难以协调，其后果是反复投资建设和“胡子眉毛一把抓”。

（二）治理资金投入较少

资金投入是农村人居环境整治的物质基础。河北省有 4 万多个行政村、5000 余万农村户籍人口，保持必要的资金投入是顺利开展农村人居环境治理的重要保障。从农村生活垃圾治理投入看，2016 年河北省乡镇和村庄垃圾治理共投入资金 70069 万元，其中行政村和自然村共投入资金 46876 万元，行政村平均投入水平为 1. 12 万元，农村人均投入仅 13. 6 元。而同期全国行政村平均投入水平为 2. 1 万元，河北省行政村平均投入水平仅为全国的 53. 3%，人均投入水平仅为全国的 65. 26%。与沿海发达省份相比，浙江、山东、江苏、广东等省农村生活垃圾人均投入分别是河北省的 5. 84 倍、3. 16 倍、2. 75 倍和 2. 11 倍。总的来看，河北省农村垃圾人均投入水平明显低于全国平均水平和发达省份。这是河北省农村人居环境整治仍较落后的重要原因之一。

（三）城乡治理任务叠加

假定在一定时间内，投入城乡的环境治理资金是相对稳定的，那么影响农村人居环境治理的另一因素即是城镇环境的治理。根据统计数据，截至 2017 年全省城镇常住人口 4136. 49 万人，常住人口城镇化率已达 55. 01%，但仍低于全国平均城镇化水平 3. 51 个百分点。县域较多、城镇水平较低，意味着有限的环境治理资金需要兼顾城乡两个领域，既增加了人居环境治理的成本，也加大了城乡人居环境治理的难度。由此来看，河北省农村人居环境治理在村庄规划滞后、治理资金严重不足的情形下，还面临城乡人居环境治理相互叠加的困难。河北省城乡的基本格局给全省农村人居环境治理带来巨大挑战。

（四）制度建设落后于现实需求

改革开放四十年来，我国城乡面貌发生了巨大变化，城乡居民收入也显著提高，城乡居民对生态环境也提出了更高要求。但是，与此需求相比，人居环境整治的制度建设仍显落后。一是尚未建立一套比较完善的环境消费定价制度。城乡居民将生态环境作为“免费公共物品”的思想仍然根深蒂固。二是尚未建立一套比较完善的保持环境治理成效的长效机制，环境治理通常被作为一项短期性考核工作，考核的“风”一刮过，环境问题依然照旧。所以，如果不从根本上扭转城乡居民传统的环境消费观念，并建立一套切实可行的、保持环境治理成效的长效机制，农村人居环境治理势必事倍功半、效率不高。

四　对策建议

农村人居环境整治是一项系统工程，既需要加大投入力度，也需要加快完善各项制度措施，更需要加快扭转农村居民的环境观念，通过政府、居民和社会等各方主体积极努力，才能保障农村人居环境治理取得良好成效。

（一）加快建立城乡统筹治理机制

长期以来，城乡二元结构造成了城乡割裂的人居环境治理关系。重城市、轻乡村的治理举措使得乡村人居环境破败不堪。为此，要建立城乡统筹的人居环境治理机制，打破城乡二元桎梏，对城乡人居环境进行通盘治理。一是加快完善城乡环境治理规划。应以城乡发展规划为主要依据，按照人口集聚和产业集中的主要地域，制定相应的环境治理举措和方案。二是加强城乡环境治理队伍建设。城乡融合发展是新时代城乡发展的新方向，环境治理队伍面临着既要管理城镇也要管理乡村的任务转变，因此，必须充实提高城乡环境治理队伍，大幅提高环境治理能力，应对新时代城乡环境治理新挑战。三是建立部门统筹治理机制。农村人居环境治理任务庞杂、部门交叉，要建立城乡统筹环境治理机制，首先要建立城镇（市）部门之间的统筹治理机制，建立环保、住建、林业、农业等联席会议制度，统一部门力量，凝聚相互合力，构建统一高效的人均环境治理架构。

（二）建立多元化资金投入机制

农村人居环境整治需要切实投入大量资金。人居环境具有公共物品或准公共物品属性，因此，人居环境治理既不可能完全依靠政府，也不可能完全推向市场，应在加强政府宏观引导的前提下，在竞争性领域发挥市场作为资源配置的决定性作用。一是要发挥政府在人居环境改善中的主导作用，加大政府财政支持力度和政策扶持力度，逐步建立以地方政府投入为主、中央政府补助为辅的政府投入机制。严格落实国家有关支持农村人居环境改善和整治的各项金融政策，各级政府应积极对接国开行、农发行、邮政储蓄等涉农性金融机构，积极争取长期、大额、低成本资金支持。二是要充分调动社会力量，积极引导社会资金，利用特许经营等优惠政策吸引社会资本参与农村人居环境治理。三是完善人居环境相关法规，加快树立“受益者付费，损害者赔偿，保护者受补偿”的环境消费观念，探索实施农村人居环境整治农户付费制度。从政府、社会和农户多渠道筹措治理资金，逐步建立多元化人居环境治理资金筹措机制。

（三）培育人居环境治理市场主体

加大改革创新力度，加快培育环卫服务、污水治理等市场经营主体。一是引导昌邑康洁、启迪桑德、北控城服、北京环境、慧丰清轩等一批年营收超亿元的环卫企业集团，通过市场兼并、参股入股等多种形式，培育壮大本地市场经营主体。二是鼓励企业广泛开展市场竞争，引导中小企业联营兼并，提高规模效益、降低运营成本。三是采取免税、退税等优惠措施，鼓励环卫企业拓展链条，由环境治理企业向垃圾“收集—分拣—资源再利用”等业务拓展，以资源再利用收益补充垃圾公益性投入之不足。四是完善市场经营主体服务边界、绩效目标，尝试建立以第三方评估为依据的环境治理考核机制，不断提高市场主体服务质量。

（四）建立人居环境治理长效机制

从治理过程看，人居环境治理包括三个环节：组织治理、实施治理和保持治理成效。所以，要建立人居环境治理长效机制，需要对此三个环节常抓不懈。一是各级地方政府要高度重视农村人居环境治理工作，切实组织好治理规划、治理方案的编制工作，做到有的放矢。二是坚持发挥好政府的主导作用，根据不同县域基础条件，适宜市场化推进的治理领域，尽快引入市场竞争主体，暂时不适宜市场化推进的治理领域，应加强政府治理工作的绩效考核，从严保障治理成效。三是保持治理成效不放松。根据以往经验，重治理、轻维护是农村人居环境治理的主要缺失，造成各项治理工作反复进行，但收效甚微。所以，保持治理成效是农村人居环境治理的重要一环。要保持好人居环境治理成效，首先要加强生态文明理念宣传，努力营造爱护环境、爱护家园的浓厚氛围，提高农户生态文明意识，自觉保持良好的生产生活习惯；其次要发挥好村级组织的作用，创新基层组织工作方式方法，增强村集体组织动员能力，构建农户联片评比、村庄联村评比竞争机制，发挥农村“社区舆论”的自我监督机制，从根本上提高农户对人居环境的保护意识。

参考文献

耿卫新、常芳楠：《河北省农村污染分布状况及治理对策》，《河北农业》2015 年第 5 期。

李春燕：《农村垃圾污染自主治理机制研究》，《经济研究导刊》2018 年第 31 期。

B.16
河北省乡村人才振兴的关键点及实施路径

魏宣利*

摘　要：　要有效推进乡村振兴战略就要汇聚全社会力量，强化乡村振兴的人才支撑。立足实际河北省乡村人才振兴的具体实践路径从三个方面加以推进：其一，优化农村教育培训体系，构建乡村人才振兴的源头活水；其二，挖掘乡村现有人力资源潜力，各尽其才；其三，筑巢引凤，引智纳贤。

关键词：　乡村人才振兴　教育培训　新型职业农民

党的十九大报告提出“要实施乡村振兴战略，坚持农业农村优先发展，按照产业兴旺、生态宜居、乡风文明、治理有效、生活富裕的总要求建立健全城乡融合发展体制机制和政策体系，加快推进农业农村现代化”。人才是第一生产力，实施乡村振兴战略关键是人才振兴，要培养造就一支懂农业、爱农村、爱农民的“三农”工作队伍。河北省是农业大省，实施乡村振兴战略，要把人力资源开发放在首要位置，重塑乡村人才的引进与培育机制，为乡村振兴战略提供充裕的人才支撑。

* 魏宣利，河北省社会科学院农村经济研究所副研究员，主要从事农村经济及农村公共政策研究。

一　乡村人才振兴的意义

（一）产业兴旺的有效支撑

多功能性是农业的客观属性，农业的多功能性主要表现为农产品供给功能、就业和社会保障功能、文化功能、生态保护功能等。随着经济社会的发展，农业与各项社会活动之间的关联逐步增强，农业在未来社会中所具备的功能越来越丰富。乡村振兴需要从农业多功能性入手，从经济层面利用农业的多功能性实现农业生产效益、生态效益的提高。基于农业多功能性建立的集食物保障、原料供给、资源开发、生态保护、经济发展、文化传承、市场服务等产业于一体的多层次、复合型的现代农业产业体系，奠定了乡村振兴产业兴旺的基础。这一复合产业体系的完备及整体效益不仅与自然生产要素相关，更主要的是取决于人才、科技和信息等高级要素的投入。多元的复合性的人力资源供给及保障水平成为产业兴旺的决定性因素。

（二）治理有效的组织储备

农村基层组织是党在农村工作的基础，是党加强农村领导建设和执政的根基。农村基层组织领导班子及后备队伍建设，直接关系到党的路线、政策、方针和法律法规在农村基层的贯彻执行，关系到社会大局的稳定。乡村振兴战略提出为广大农村的发展描绘出未来发展蓝图，要把党的路线、方针和政策在广大农村贯彻好、落实好，要熟悉国情民情，合理定位乡村发展方向，要具备开放的视野、创新的精神和担当的勇气引领农业增效、农民增收，都需要培育壮大乡村基层组织干部队伍，从源头优化党政干部队伍的素质和结构，有效推进乡村的自治、德治与法治建设。

（三）乡风文明的精神引领

“望得见山，看得见水，记得住乡愁”，乡风文明建设既要传承发源于乡土、潜藏于乡土的优秀传统文化、富有特色的民间习俗、优秀的民风家风等，还要实现乡村文化与城市文化的交流融合，让乡村居民享受到经济社会发展成果，提升生产生活质量，体会到获得感和幸福感。乡贤文化作为中华传统文化在乡村的一种表现形式，具有见贤思齐、崇德向善、诚信友善等特点，往往是一方地域风气和文化最鲜明的标识。大力实施乡村振兴战略，需要壮大新乡贤队伍，塑造新乡贤文化，涵养见贤思齐的向善氛围，为乡村振兴提供精神引领。

二 乡村人才振兴的关键点

（一）人才的本源

乡村人才振兴的关键点之一是解决人从哪里来的问题。长期以来转移农村富余劳动力是解决三农问题的重要抓手，其结果一方面农民转产转业一定程度上解决了三农问题，当前农民务工性收入占总收入的比重已近60%，农民持续增收，城市化率（51%）高于户籍城市化率（46%）5个百分点。另一方面农村青壮劳动力的单向净流出，导致当下农业农村发展缺乏有效的人力资源支撑。因此乡村人才振兴的提出，要重点突破的是乡村人才体系主体弱化的困境。以人才吸引政策引导城市人才向乡村流动能够在短期内解决乡村人才短缺困境，尤其是发达地区的农村。但对于河北省来说，从长远来看，当下农民尤其是新生代农民才是乡村人才振兴的源头活水。

（二）人才培养的立足点

为实施人才强农战略，加快培养现代农业和社会主义新农村建设急需的农业农村人才，2011年国家出台了《现代农业人才支撑计划实施方案》，一大批农业科研杰出人才、农业技术推广人才、农业产业化龙头企业负责人、专业合作组织负责人、生产能手和农村经纪人等成为现代农业发展的重要生力军。但要实现乡村振兴这一远景目标，不仅需要上述人才，还需要与之相匹配的强有力的人才培育体系，源源不断地提供大量生产、管理等高技能复合人才——新型职业农民。因此，现有农村教育培训体系的价值导向就要立足新生代农民的全面发展，在满足开辟农村青年向上的流动渠道，为城市输送劳动力的同时，重点应围绕乡村振兴发展培养一批“懂农业、爱农村”的新农民。

三　乡村人才队伍建设存在的问题

（一）教育培训体系设计的偏“城市”化，导致农人离农

改革开放以来，农村教育取得了长足发展，有效推动了农业农村的发展。随着中国特色社会主义进入新时代，农村教育的发展已难以适应农业农村发展的新要求。一是农村基础教育与农村实际联系不够，“小农民”不懂“大农业”。早在20世纪20年代，教育家陶行知先生就提出“教育必须和社会结合，教育要围绕当下的生活展开，并且为生活提供能动的促进作用”。从农村发展的视角来看，以升学作为培养目标的农村基础教育课程设置缺乏与农村学生生活环境的适当联系，造成农村孩子对农业生产缺乏应有的了解，也导致对农村感情的疏离，这也是新一代农民工故土难回的原因。二是农村职业教育单纯围绕城市求发展，自我服务能力不足。当前农村职业教育课程设置围绕转移农村富余劳动力设计，涉农的学校和专业寥寥无几，与县域主导产业相关的专业也不多，难以有效支撑县域经济发展，缺乏人力资源有效支撑的县域经济成为河北省经济社会发展的短板，也必将影响乡村振兴战略的实施。

（二）农业人才缺乏社会准确定位

为切实做好新型职业农民培育工作，2012年启动新型职业农民培育试点，2015年全国全面推开新型职业农民和农村实用人才认定工作，通过建

立教育培训、认定管理、政策扶持“三位一体”培育制度，着力培养有文化、懂技术、会经营的新型职业农民，取得了积极成效。但现有认定工作一是认定主体偏低，《河北省新型职业农民认定管理指导意见》指出由县级人民政府颁布认定管理办法，这就决定了认定的标准、认定的程序及后续的服务与保障措施均限定在县域范围内，认定层级偏低必然导致农村实用人才认定缺乏应有的社会地位，其影响力有限，对农民的吸引力也有限。二是由于各县千差万别，农业发展基础不同，认定的标准必然不同，以县为单位开展认定工作必然导致同一级别的农村实用人才含金量不同，也制约农村实用人才的流动，难以体现其社会价值。三是乡村的发展对人才的需求不仅限于农业及其相关的人才，而是全方位的多元的多学科的人才体系，当前开展的农业人才的认定指标与现有各项技术评聘政策不衔接，难以形成普遍的社会价值认同。

（三）城乡二元结构，人才双向流动缺乏制度支撑

在加快培育新生代职业农民的同时，大力引进乡村振兴急需人才势在必行，尤其是农业新产业新业态的发展更需要大量的人才外援。现行的户籍制度是20世纪50年代在国家工业化进程曲折发展的情况下逐步建立和形成的，在一定时期内支持了中国工业化的起步和发展。改革开放以来，为适应社会经济的发展户籍制度改革加快推进，人事和用工制度城乡一体化改革，有效促进了劳动力在城乡之间、地区之间有序流动。但未来一定时期内，与个人发展和事业发展相关的社保、医保、教育、职称制度等体制机制仍会保持不衔接状态，以户籍制度为核心的城乡二元结构仍旧是制约人才双向流动的关键原因。

四　河北省乡村人才振兴的实践路径

要汇聚全社会力量，强化河北省乡村振兴的人才支撑，需要从优化农村教育培训体系、挖掘乡村现有人力资源和外源人才输入等方面着力推进。

（一）深耕厚植，构建乡村人才振兴的源头活水

教育的功能是多元化的，首要功能是个人成长，通过教育实现个人发展空间的拓展，自我价值的实现；其次是社会功能，为国家的发展培养人才，服务国家的政治、经济发展；最后，教育最深远的功能不仅是传递文化，还要满足文化本身延续和更新的要求。培养一批爱农村、懂农业的新农民是乡村人才振兴的源头活水。

1. “爱农村”从基础教育开始，优化农村基础教育模式

教育部在《基础教育课程改革纲要（试行）》中明确规定“从小学到高中设置综合实践活动并作为必修课程，其内容包括信息技术教育、研究性学习、社区和社会实践以及劳动与技术教育”。“爱农村”基础教育目标的扩展，需要课程内容的跟进，在中小学课程中增加与农村生产生活相关的技能教育课时。

（1）挖掘课程资源，优化农村中小学课程结构。以县为单位，发挥综合实践活动课整体性、实践性、开放性和自主性的优势，立足本土，挖掘地域特色，将与农村生产、生活相关联的民间戏曲、民间手工艺等非物质文化遗产、农耕技艺等内容充实到综合实践活动校本教材中，增强学生对自然的感知和对家乡的热爱，这也是乡村文脉得以延续的根本。

（2）探索新形势下农村初中普教与职教相结合的办学模式。结合当地生产与经济建设的实际，在初中普通教育中逐步渗透职业教育因素这一做法，早在20世纪90年代就已试点，河北省先后探索出丰宁县超前发展农村教育促进经济发展、安国郑章建设乡镇综合教育小区和唐山新区实行小学学区一体化管理等农村素质教育的成功经验，培养出一大批可用人才，有力地支撑了县域经济的发展。要充分借鉴已有经验，推进在新形势下中学普通教育与职业教育分流实践，在保证学科教学大纲和教学基本要求的前提下，把职业教育渗透到学科教学中，初步确立“农业是有奔头的产业，农民是有吸引力的职业，农村是安居乐业的美丽家园”的职业观、价值观，引导农村劳动力资源的开发和合理配置。

（3）整合资源，开发农村素质教育实践基地。借助农庄、农业园区、农业特色小镇、田园综合体、农村一二三产业融合示范区、农村非物质文化遗产传承基地、历史文化名村名镇等建立农村素质教育实践基地，通过联结学校与社会、学习与生活，培养学生的文化素养、实践能力、创新能力及其职业意识、科技意识和市场意识，为农村一二三产业融合衍生的新产业、新业态提供人才储备库。

2. "懂农业"从职业教育切入，围绕农村经济社会发展优化职业教育培训

强化农村职业教育是培育乡村振兴生力军的根本保障，需要根据农村产业结构的调整、生产技术的变化、经济增长需要、社会发展需求等不断调整。

（1）以"互联网+"完善县、乡、村三级农村职业教育网络。互联网时代农村职业教育被赋予新的使命，面对不断被颠覆的传统农业和层出不穷的农村新产业、新业态，县、乡、村三级农村职业教育网络要基于互联网技术在职业教育形式、教学内容、教学流程等方面进行重组再造。要立足现有县乡中小学、中等农业学校和农业技术推广中心等教学培训场所、设备和师资，发挥互联网优势，整合优质教育资源，丰富教学内容，提升教学质量，教学相长提升教育培训的实效性。

（2）以市场为导向，优化职业教育培训专业设置。农村职业技术教育的专业设置服务县域经济发展。要围绕农村新产业、新业态发展实施专业的动态调整，设立由行业专家、农业龙头企业、人才中介组织参加的专业指导委员会，确保专业的培养目标、教学内容与市场需求一致，实现人力资源的有效输出。深入推进校企合作办学，为农业龙头企业提供全产业链人才支撑。借鉴邢台市南和县金沙河面业有限责任公司以企业为主导的职业农民培养模式，探索推进以企业为主导的定制性教育培训计划，精准对接企业需求。

（3）加强骨干示范性职业学校建设。要加大财政投入，以县为单位，整合教学资源，培养建立一所规模比较大、培养能力比较强，能起骨干示范作用的职业中专，在人才培养模式、实验实训基地建设、师资队伍

建设、课程体系与教学内容改革等方面取得实质性提升，服务于乡村振兴战略的实施。

（二）挖潜增效，做大做强乡村人才振兴的主体力量

经过近几年持续不断的引导，以专业合作组织负责人、生产能手和农村经纪人为主体的乡村人才群体不断壮大，一大批新乡贤、乡土专家、返乡创业农民工成为乡村振兴的主体力量。

1. 在乡言乡，挖掘现有人力资源的潜力

以老人、妇女为主体的农村留守群体是当下一般农业型农村的人力资源主体，瞄准“产业兴旺、生态宜居、乡风文明、治理有效、生活富裕”的总要求，挖掘现有人力资源的发展潜力是当下之需。

（1）发挥乡贤力量，老有所为。留守乡土、德才兼备的老支书、老党员等老龄化群体是乡土文化传承的活的载体，是连接传统文化与现代文化的桥梁，是传统社会弥合社会分歧的重要力量，要在乡村治理中充分发挥老龄群体的能动性，使其在建立健全自治、德治和法治相结合的乡村治理体系中发挥作用，实现老有所为。

（2）重视妇女在乡村振兴中的地位和作用。在“男耕女织”向“男工女耕”转变的现实境况下，留守妇女撑起的不仅是“半边天”，还承担着农业生产、发展农业特色产业、子女教育、赡养老人以及乡村治理等诸多责任。联合国在 2016 年公布的《关于农村妇女权利的第 34（2016）号一般性建议》中指出要“解决男女之间不平等的权利关系，包括在社区一级的决策和政治进程中，并通过建立有效的和促进性别平等的农村决策结构，扫清农村妇女参与社会生活的障碍”。当下的农村要加快开发妇女人力资源，深入实施乡村振兴“巾帼行动”，赋予妇女同等的权利，让留守妇女切实参与到乡村发展的具体事务中。

（3）培育壮大新型职业农民等中坚力量。新型职业农民是乡村振兴的主力军，是习近平总书记强调要重点培育的人才。要注重新型职业农民的培养，引导一批思想好、作风正、致富带富能力强的新型职业农民加入村两委

班子，参与乡村治理，引领乡村发展。

2. 创新培训方式，精准对标助力人才成长

乡村振兴战略的实施将推进农村全面发展，其所需的技能性人才涉及方方面面。在扎实有效推进常规的农民职业培训的基础上，需要创新培训方式和培训内容，精准对标需求群体。

①优化培训方式，打通技能培训“最后一公里”。曲周创立的“科技小院”为解决“双高”技术因研究地点与应用地点条件差异导致示范推广效果差的问题，探索出“从生产中发现问题、在农民田间试验研究对策，提出相应解决办法，到相关区域示范推广”的技术服务新模式解决了科技推广“最后一公里”难题。乡村振兴坚持农业农村优先发展的战略安排，是坚持问题导向，补好发展短板的必然选择。这意味着未来在社会资源要素配置上尤其是公共服务资源的投入将向农村进一步倾斜。以公共服务资源倾斜推动农村经济社会全面发展需要与之相配套的技能培训方式的创新，要借鉴曲周农业科技服务模式解决“最后一公里”难题，提高服务成效。

②搭建“一对一”教育培训平台，解决个性化成长需求。在大众化教育培训的基础上，要针对个性化需求发挥现代农业园、农业科技园区等技术集成示范、双创服务等平台作用，及时准确解决个性化成长需求。发挥“互联网＋职业技术培训”优势搭建定制化培训平台。搭建志愿者服务平台解决老龄人口、妇女等特定群体一对一零距离的特定培训。

（三）发挥农村比较优势，引智聚力引导能人下乡

伴随城市化进程的加速，交通拥挤、污染严重等城市病日渐突出，城市生活压力增大，部分城市人群离开城市，流向更小的城市或者返回农村地区，这种“逆城市化”的现象一定程度上带动了各级各类人才的下乡潮，在城乡差距较小的东部发达地区更明显。要充分发挥农村的比较优势，填平农村与城市之间人才流动的鸿沟，逐步实现乡村振兴的目标。

1. 扎实推进农村综合改革，以地引智

2015 年，中办、国办印发《关于农村土地征收、集体经营性建设用地

入市、宅基地制度改革试点工作的意见》，对三项改革进行了统筹部署。农地“三权分置”改革在不改变农村土地集体所有和家庭承包经营的前提下，通过制度创新促进土地资源优化配置，更大限度地释放农地价值。盘活用好闲置农房宅基地，有序引导“能人回乡”“资本下乡”是解决乡村振兴的资金、人才问题的重要途径。河北省《关于加快推进农村改革的意见》明确提出支持农村集体经济组织以出租、合作等方式盘活宅基地，采取入股、联营等方式发展农村新产业、新业态。

2. 加快美丽乡村建设，以乡情乡愁为纽带，吸引“能人下乡”

“望得见山，看得见水，记得住乡愁”这是乡村的最美写意。要以美丽乡村建设为抓手，加快提升乡村生产生活环境，以乡情乡愁为纽带，吸引支持企业家、党政干部、专家学者、医生教师、规划师、建筑师、律师、技能人才等服务乡村振兴事业。研究制定管理办法，允许符合要求的公职人员回乡任职。

3. 打造城乡融合新引擎，加快人才集聚

2017 年中央农村工作会议指出以城带乡、以工促农，形成城乡发展一体化新格局，必须在广阔的农村地区找到新支点、新平台和新引擎。乡村人才的引进也需要在广阔的农村地区找到新支点、新平台和新引擎。田园综合体是农庄、农场、农业园区、农业特色小镇等新型农业经营主体的升级版，既保持田园特色，又具有现代居住功能。借助聚居功能，田园综合体将成为实现城乡基础设施和公共服务均等化的最佳空间，成为吸纳人才的集聚高地。要加快推进现有农庄、农场、农业特色小镇的转型升级，推进农业发展方式、农民增收方式、农村生活方式、乡村治理方式的变革，筑巢引凤，确保人才引得来，留得住。

参考文献

中央农村工作领导小组：《乡村振兴战略规划（2018～2022 年）》，http://

www. gov. cn/zhengce/2018 – 09/26/content_ 5325534. htm。

《关于农村土地征收、集体经营性建设用地入市、宅基地制度改革试点工作的意见》，https：//baike. so. com/doc/24555415 – 25421566. html。

《决胜全面建成小康社会　夺取新时代中国特色社会主义伟大胜利——在中国共产党第十九次全国代表大会上的报告》，https：//baike. so. com/doc/26977428 – 28349341. html? from = 2946523&redirect = merge。

《现代农业人才支撑计划实施方案》，https：//baike. so. com/doc/1982477 – 2098063. html。

《农业部关于统筹开展新型职业农民和农村实用人才认定工作的通知》，《中华人民共和国农业部公报》，http：//jiuban. moa. gov. cn/zwllm/rsxx/201506/t20150617 _ 4709164. htm。

《基础教育课程改革纲要（试行）》，https：//baike. so. com/doc/6728196 – 6942477. html。

B.17 河北省“互联网+”特色产业扶贫的思路与对策

李　军*

摘　要： 切实解决区域性整体贫困既是贯彻落实习近平总书记“三农”思想的主要体现，也是十九大报告提出的庄严承诺，更是实现乡村振兴的重要保障。本研究报告在对河北省“互联网+”特色产业扶贫的工作情况调研的基础上，针对当前特色产业发展面临的问题，提出了相应的对策建议。

关键词： 特色产业　“互联网+”　扶贫

近年来，河北省贫困地区的特色产业不断发展壮大，电商扶贫在贫困地区加快发展，多地探索出了很多可推广、可复制的经验、做法和模式。河北省社会科学院课题组赴阜平县、武邑县、赞皇县、滦平县等多个贫困县开展了集中专题调研，重点就特色产业发展现状、存在的困难和问题、“互联网+”特色产业扶贫实践情况等进行了实地考察，形成调研报告如下。

一　河北省“互联网+”特色产业发展的总体情况

（一）河北省贫困县特色产业发展基本情况

河北省贫困县数量多、分布广、地域差异明显、产业特色突出，各地结

* 李军，河北省社会科学院农村经济研究所研究员，主要研究方向为农村经济理论与实践研究。

合自身产业基础分别发展了不同的特色产业。张家口市建立起了以奶业、马铃薯、蔬菜、草原肉制品、禽蛋产业、草业、种业、特色种养业等为主的农牧产业扶贫体系。承德市围绕做强食用菌、果品、肉类、中药材、蔬菜、马铃薯、奶牛等主导产业为脱贫“筑基”，打造了以富硒马铃薯、胡萝卜、黄瓜、中药材、苹果等10个单品示范基地9.33万亩，同时，积极做大光伏、电商、旅游等新兴产业为脱贫增效添彩。保定市打造了设施蔬菜、林果、食用菌、中药材、小杂粮、特色养殖六大扶贫产业片区和产业带，辐射带动19.9万贫困人口增收致富，同时，旅游、手工业、光伏、电子商务等扶贫产业辐射带动效果也进一步显现。石家庄市确定了蔬菜、食用菌、中药材、特色小杂粮和马铃薯等特色种植业和太行鸡、奶牛、肉牛、肉羊等特色养殖业为主导的扶贫产业，同时，积极推动林业、光伏、旅游、金融等产业扶贫，取得了明显成效。秦皇岛市青龙满族自治县在林果、食用菌、中药材、生态畜牧业、农村电商和光伏产业、乡村旅游业等产业发展上形成了一定特色，带动了农民增收。沧州市围绕蔬菜、食用菌、中药材等农业特色产业，以蔬菜标准化示范园、食用菌种植合作社、中药材示范基地为载体，大力发展特色种植业，探索实施了“全产业链式”扶贫新路子，带动了贫困户脱贫。邢台市以园区带动、种养结合、产销对接等方式全力优化打造了设施蔬菜、食用菌、中药材、特色养殖等产业片区和产业带。邯郸市以特色种养业、乡村旅游业、家庭手工业、光伏与电商业为抓手，加快发展多种形式的特色产业，形成了“县有主导产业、村有生产基地、户有增收项目”三级递进的扶贫产业发展局面。衡水市重点打造了绿色果蔬菜、高端奶业、肉鸡肉鸭三个扶贫产业。

2012~2017年，河北省特色产业带动脱贫人口数量逐年递增（见表1）。

表1　河北省特色产业带动脱贫人口数量

单位：人

年份	2012	2013	2014	2015	2016	2017
特色产业带动脱贫人口数	79917	120152	180448	181255	266633	158860

（二）河北省“互联网+”特色产业扶贫的总体判断和主要特点

随着“互联网+”行动计划的实施，“互联网+”特色产业成为打赢脱贫攻坚战的一个重要武器，开启了精准扶贫开发新模式。总体来看，河北省“互联网+”特色产业扶贫呈现两个主要特点。

一是以电商扶贫模式为主。目前，河北省农村电子商务基本覆盖所有贫困县，建立了县级电商运营服务中心和县级物流配送中心，每村建立1个电子商务服务站；许多贫困县建立了农特产品网销体系，培养了一批电商扶贫带头人，拓宽了特色农产品的销售市场；有的县还建立了集商贸、加工、物流、培训于一体的电子商务示范园区，线上线下互相推进，有效带动了当地农产品的销售，助推了贫困户增收脱贫。

2012~2017年，河北省应用电子商务的行政村数量逐年递增（见表2）。

表2　河北省应用电子商务的行政村数量

单位：个

年份	2012	2013	2014	2015	2016	2017
应用电子商务的行政村数	1308	1526	1883	3251	8671	9625

2012~2017年，河北省通宽带的贫困户数量逐年递增（见表3）。

表3　河北省通宽带贫困户数量

单位：户

年份	2012	2013	2014	2015	2016	2017
通宽带贫困户数	21828	27205	43076	54319	74152	94445

二是大大促进了农民就业和增收。由于“互联网+”的信息共享特征，本地剩余劳动力在本地就业机会逐步增多，返乡创业人员也逐步增多。一些特色产业突出的县还吸引了一定的民间资本实施农产品加工、农业休闲观光旅游等项目，通过“龙头企业或农村合作社+农户”的经营方式，引导农

民以土地出租、资金入股、订单帮扶和劳务就业等模式实现脱贫致富。

2012～2017年，河北省基于“互联网+”现代农业的创业创新人数逐年递增（见表4）。

表4 河北省现代农业创业创新人数

单位：人

年份	2012	2013	2014	2015	2016	2017
基于“互联网+”现代农业的创业创新人数	1129	2446	4785	10706	17685	23259

2012～2017年，河北省“互联网+”特色产业带动脱贫人口数量逐年递增（见表5）。

表5 河北省特色产业带动脱贫人口数量

单位：人

年份	2012	2013	2014	2015	2016	2017
“互联网+”特色产业带动脱贫人口数	4900	6600	12699	41154	62084	61736

二 河北省“互联网+”特色产业扶贫的做法、成效与经验

（一）主要做法

1. 强化产业发展指导

河北省制定了《关于在贫困地区发展特色产业促进精准脱贫的实施意见》。按照“一县一业一园一牌”的发展思路，指导每个县因地制宜谋划确定特色主导产业，编制产业扶贫规划。特别是2017年以来，河北省把坝上及深山区的10个深度贫困县作为产业扶贫指导和支持的重点，深入206个

深度贫困村，逐村确定主导产业，细化实化推进措施。印发了《河北省网络扶贫行动计划实施方案》，提出了实施农村电子商务工程、推动贫困地区农村特色产业发展的具体措施。

2. 强化要素支撑

在资金支持上，统筹使用涉农资金，最大限度地发挥财政资金效能。2016年度河北省统筹整合财政涉农资金90.3亿元，实施项目9933个，集中用于支持贫困地区农村基础设施建设和农业生产。在科技服务上，整合高等院校、科研院所农业科研力量，为每个特色产业安排一个工作团队和一支专家队伍，全程指导服务，实现科技专家全覆盖。在人才培育上，支持贫困地区建设100个新型职业农民培育基地，培育新型职业农民1.2万人，有效提高增收致富技能。

3. 强化协同推进

落实农业农村部与京津冀三地政府农业特色产业扶贫共同行动，制定了《环京津地区特色产业精准扶贫推进方案》《环京津贫困县挂职干部工作要点》，选派28名干部到环京津28个贫困县挂职农业局副局长，共同落实“六项任务”“八大行动”的总体部署和“四个一批”“十项重点”的工作要求。举办环京津产业扶贫项目对接和特色农产品展示会，促成环京津28个贫困县与帮扶企业、批发市场签署168个合作协议，一批项目开工建设。举办京津冀蔬菜产销对接大会、中药材产业发展大会、食用菌产业发展大会，签约金额近50亿元。围绕毛皮、肉驴、食用菌、杏扁等十大产业，多次召开帮扶单位对接协调会，帮助引进北味集团等3家农产品加工龙头企业。

4. 强化示范引领

总结“三零”（投入零成本、经营零风险、就业零距离）、“政银企户保”、“股份分红”、“订单农业”、“农业园区”、“六统一分”等10种产业精准扶贫模式，推广平泉食用菌、滦平中药材等20个叫得响、推得开的产业扶贫范例，通过制作宣传片、宣传画册等宣传推介各地的好经验、好典型。集中编印农业农村部推介的洛川苹果、赣南脐橙、定西马铃薯等十大产业扶贫范例并发放到贫困县，推进各地学习外省先进经验。

（二）取得的主要成效

1. 壮大了市场主体

2017 年，河北省贫困地区共创建省级现代农业园区 49 个，市、县级园区 757 个，培育省级龙头企业 420 家、农民合作社 4.5 万家，特色产业带动脱贫人口达到 16 万人，其中“互联网 +”特色产业带动脱贫人口达到 6.2 万人。把发展股份合作制经济作为强化利益联结、带动贫困农民增收的重要抓手，大力发展土地、资金、资产、农宅等多种形式的股份合作，贫困地区股份合作制经济组织发展到 9700 家，带动贫困农户 97 万余户，辐射贫困村 4884 个。

2. 培养了农村电商人才

作为发展“互联网 +”特色产业的重要组成内容，河北省大部分贫困县均建立了农村电商服务中心或益农信息社县级中心，定期组织职业技能培训，通过集中培训和专题培训，使驻村干部、乡镇主要领导、村两委会及农村青年人初步了解和掌握了电商技能，2017 年基于“互联网 +”现代农业的创业创新人数达到 23259 人。预计到 2020 年能熟练掌握互联网、电子商务技能的将超过 5 万人，兼有互联网、电商理论和实操能力的复合型人才也将会大幅增长。

3. 便利了农村生活

目前河北省所有贫困县、贫困村均实现了电子商务全覆盖，即实现了县有农村电子商务服务中心、乡有电子商务服务站、村有电子商务服务点，农村居民能通过电商销售自有产品、购买生产生活资料。预计到 2020 年，一批有条件的企业和个人会开设独立电商平台或在第三方平台开设自己的网店，搭建多元化的农村电子商务网络平台。

（三）主要经验

1. 产业发展是根本

发展产业是实现脱贫的根本之策，因地制宜培育特色产业是扶贫攻坚的根本出路。既要立足第一产业，联结二三产业，实现县级区域内规模化、集约化连片开发，又要立足当地自然禀赋，挖掘地方特色资源，发挥比较优势，宜农则农、宜牧则牧、宜林则林、宜游则游，差异化发展。只有在做大做强特色产业基础上，发挥“互联网＋”的信息共享优势，才能有效拓展特色产业功能，提升产业效益，帮助农民快速实现脱贫致富。

2. “互联网＋”需要政府引导

对大多数贫困群众而言，依托现有产业，搭乘互联网快车，增加既有产业附加值实现增收是普遍途径。但在这一过程中需要政府适当适度引导，要支持农产品溯源体系建设和“三品一标”认证等供应链监管服务，有效解决互联网销售的营销信用问题。要用互联网思维提前谋划产业主攻方向与产品销售渠道，并在此过程中培训引导贫困人群，实现“输血”与“造血”同步。推动线下生产消费与远程线上服务相结合，使贫困群众可以按照线上订单要求进行来料加工或来样加工，为线上消费者需求提供个性化服务。要注意挖掘被低估的贫困地区农产品的潜在价值，积极推动一二三产业融合发展。

（四）典型案例

1. 阜平县：以电商扶贫和产销衔接为抓手，推动农业特色产业快速发展

阜平县地处保定市西部，是燕山—太行山片区典型的深山区贫困县。在省、市农业部门支持下，阜平县以发展农业电商为抓手，积极探索“互联网＋农业＋精准扶贫”模式，推动香菇、马铃薯、小杂粮、大枣、核桃、桃、杏、柴鸡蛋等生态有机特色农产品生产，通过网店、微店等形式，进行网上宣传销售。阜平县建立了县域农村电子商务服务中心，全面开展电子商务培训，搭建电商服务平台，创建了阜平老乡菇网，注册了“老乡菇”品牌；与阿里巴巴合作，建成河北省首家“O2O”农村电子商务体验店——淘宝“特色中国・阜平馆”，对全县农副产品进行了详细整理分类，建立了企业、合作社产品明细录，梳理包装了阜平 13 大品类 180 多种特色农副产品进行网上销售。引进京东商城，建立了京东服务中心和京东帮服务店，实现

了京东网购当日达或次日达。自京东·阜平馆正式开馆上线运营以来，目前销售额已达40多万元。积极开展鲜枣、仙桃、核桃、柴鸡蛋、杂粮、红枣醋等特色农产品专题网上销售活动。目前，全县已累计实现农产品销售收入1000余万元。通过丰富多样的活动形式，全面展示和宣传了阜平县特色产业发展成果，使特色农产品走出了阜平，走向全国，拓宽了销路，提升了价值，推动了特色产业发展，带动了贫困农户增收。

2. 平泉市：以食用菌产业“三零”精准扶贫模式助力脱贫攻坚

近年来，平泉市把食用菌产业作为精准扶贫、精准脱贫的“主战场”，大胆探索和推广“零成本投入、零风险经营、零距离就业”的食用菌产业“三零”精准扶贫模式，全力保障贫困农户多元增收。一是搭建“政银企户保”扶贫融资平台，实现贫困户“零成本投入”。平泉市政府整合1亿元资金作为贷款担保金，银行按照1∶10比例放大额度10亿元为农业企业、贫困户提供贷款，让贫困户不用出一分钱就能投资产业。2016年，全市依托“政银企户保”金融帮扶平台实现担保贷款5.42亿元，惠及农户10953户，其中，贫困户7005户。二是增强企社承载能力，实现贫困户“零风险经营”。充分发挥龙头企业、合作社等新型经营主体带动作用，广泛吸纳贫困农户参与食用菌生产经营，大力推广行之有效的“领养领种”“入股分红”“务工取酬”等利益联结机制，确保贫困农户享受稳定的长期投资收益、经营收益和劳动收入。三是强力推进两区同建，实现贫困户“零距离就业”。通过政策倾斜、项目支持、资金帮扶等手段，引导龙头企业、合作社在贫困村就地发展产业、建设园区，方便贫困农户就近参与产业发展。特别是易地扶贫安置小区和现代农业园区“两区同建”，真正实现了在“家门口”就能就业挣钱、脱贫致富。截至目前，全市累计建成百亩以上食用菌产业“三零”精准扶贫园区100多个、1万余亩，直接吸纳贫困户8000多户，带动贫困户脱贫比重60%以上，户均年增收4万元以上，一举让贫困户实现稳定脱贫、增收致富。

3. 武邑县：京东“跑步鸡”“一引双联”开创扶贫新路

为推动脱贫产业与电商企业的深度合作，武邑县委托京东集团谋划建设扶贫“跑步鸡”高端生鲜农产品项目，打造面向高端消费人群的线上销售、线下生产直销模式。成立了邑人农产品专业合作社，与京东进行产销分工，负责产品的线下生产，吸收贫困户为成员，实行合作经营、委托管理，有效解决了电商平台与一家一户分散经营主体有效合作问题，开创了“政府引平台、平台联组织、组织联农户”的“一引双联”电商扶贫模式。目前，武邑县京东“跑步鸡”养殖规模达到了5万只，带动421户贫困户实现了稳定脱贫，成为京东生鲜销售主打的高端产品。产品在网销平台每只售价168元，让好产品卖出了好价格，经济、社会、生态、扶贫效益明显。同时“跑步鸡”作为“电商精准扶贫2016年度论坛”十佳创新项目，得到了央视称赞，2017年4月20日在《新闻联播》栏目播出。

4. 赞皇县：“互联网+消费+销售”模式打造赞皇扶贫升级版

近年来，赞皇县建立了较为完善的县乡村三级服务中心和物流配送体系，开发了“大美赞皇”网络平台，引进阿里巴巴、苏宁、百度、中烟、中石油等20多家知名企业，大力开展电商扶贫。以大枣、核桃、蜂蜜等30多种特色产品为基础，指导企业成功研发了“枣夹核桃”“励志桃”“树洞蜜”“酸枣仁枕头”“核芯”等网货产品21类230种，通过举办“互联网+”行动推介大会、太行山县域“互联网+”扶贫峰会、“大美赞煌”区域公共品牌发布会等活动，不断开拓市场，促进了农产品上行和工业品下行，形成了“互联网+消费+销售”扶贫开发模式，提升了扶贫成效。目前，赞皇县已成功入选第三批全国电子商务进农村综合示范县和河北省唯一“互联网+扶贫”试点县，建成村级电商服务站点、农村淘宝站、“智惠农村”等网店424个，发展电商企业1200多家，其中年销售额百万以上的电商企业达到36家。2017年1~6月全县实现网络交易额4.2亿元，其中网络销售额1.38亿元，带动辐射贫困人口13700人次。

5. 滦平县：“互联网+龙头企业”创新精准扶贫模式

滦平县以燕山中药材经济核心示范区、兴春和农业示范区等为依托，通过土地流转、入股分红、劳务挣薪等方式积极带动农村贫困人口脱贫致富。在充分发挥龙头企业产业化扶贫带动效应的同时，积极探索“互联网+”

特色产业扶贫模式，逐步扩大园区产业规模，完善电商平台，以做好中药材产业、品牌蔬菜产业、特色水果产业、小平菇产业、林下经济产业以及贡米和小杂粮产业为重点，促进农产品深加工，推出了中药材饮片、中药材功能茶、皇庄贡米、冰鲜蘑菇片、果蔬干脆食品等网销产品，形成了统一技术管理标准、统一产品质量、统一收购、统一加工、统一销售的辐射带动模式，现已带动农户种植中药材10万余亩、富硒小米3000余亩、果蔬种植1500余亩。

三　河北省“互联网+”特色产业扶贫机遇与挑战

（一）基础条件及政策环境

1. 产业基础不断夯实

随着扶贫攻坚的逐步深入，河北省所有贫困县的主导产业已基本明确，产业特色逐步显现，发展模式呈多元化趋势，产业链条逐步延长，一批一二三产业深度融合的全产业链项目开工建设，推动了传统农业向精细化和高品质转变，对网络信息共享、网络销售、互联网创业等各种互联网需求日益增多，为“互联网+”特色产业扶贫奠定了良好基础。

2. 政策环境日益优化

为打赢扶贫攻坚战，国家和省、市、县各级政府和有关部门纷纷制定鼓励产业扶贫和“互联网+”的相关政策措施，明确了目标任务，在资金、土地、人才、技术等各方面给予相应支持，鼓励贫困县壮大特色产业，完善基础设施，推进网络全覆盖，加快实用移动终端研发和应用，大力发展农村电商，逐步消除“互联网+”特色产业扶贫的体制障碍。

（二）调研中发现的困难和问题

1. “互联网+”特色产业扶贫基础薄弱

河北省贫困地区虽然自然资源丰富，特色产业优势明显，但是由于没有大的“互联网+”运营群体支撑，“互联网+”特色产业链还很不健全，网络接入、快递物流、第三方仓储、电子商务金融、人才等基础设施薄弱，与南方发达地区存在很大差距。

2.“互联网+”特色产业扶贫水平不高

作为“互联网+”特色产业扶贫的关键环节，农村电商扶贫水平作用发挥得还比较小。电商扶贫很多还只停留在信息发布的层面上，对贫困户和特色产业的整体带动不够，经济效益不明显。产业企业对电子商务缺少系统理解和认识，没有找准电商工作与富民产业培育相结合的契合点，在电商扶贫的人流、物流、信息流、资金流等方面还没有形成一整套规范的、成熟的、完善的运营体系。

3.“互联网+”特色产业扶贫体制机制不健全

虽然各级政府高度重视扶贫攻坚工作，但许多地方对“互联网+”特色产业扶贫还不够重视，没有作为战略性新兴产业重点培育，政府在营造环境、扶持政策、整合资源等方面发挥的主导作用不够，贫困地区的干部职工学习互联网知识，应用电子商务技能等热情不高，地方媒体宣传力度不大，“互联网+”特色产业扶贫发展所需的社会环境如消费者的购物心态、信用机制、法律法规等还不成熟，没有建立起良性运转的“互联网+”特色产业扶贫体制机制。

四　深入推进“互联网+”特色产业扶贫的对策建议

（一）依托“大数据”，推动融合发展

推动农业生产、农产品加工和销售、餐饮、休闲及其他服务业有机整合，加快一二三产业融合发展，形成产业投融资“大数据”。通过对“大数据”分析研判，有针对性地加大对特色产业扶持力度，将项目资金向贫困县特色产业发展倾斜，为种养大户、家庭农场、专业合作社、龙头加工销售企业提供贷款扶持；拓宽投融资渠道，探索“互联网+”特色产业投融资

多重路径，支持土地有序流转与适度规模经营，促进产业由分散型向规模化、专业化发展，提高产业效益，增加农民收入。

（二）搭建“云平台”，完善配套服务

依托当地特色产业，鼓励行业骨干企业、第三方互联网企业建设特色行业“云平台”，建立基于移动互联网络较为完整的生产、加工、储藏等产业链条和适销对路的特色产品，并在适合这些条件的贫困地区进行试点。依托“云平台”积极拓展物流配送体系，鼓励发展农村互联网业务，对贫困家庭开设网店给予网络资费补助、小额信贷等支持。另外，在远程医疗、远程教育、信息服务中充分利用互联网工具和新一代信息技术，为贫困地区拓展后发优势的“网络经济空间”。

（三）突出政府引导，强化政策扶持

将“互联网+”特色产业扶贫纳入贫困县经济社会发展重要议事日程，作为各级党委、政府工作的重点内容。针对“互联网+”特色产业扶贫制定出台具体指导政策、奖励扶持办法，从财政、金融、税收、土地以及人才培养等方面入手，加大扶持力度。建设“互联网+”扶贫产业孵化园，创建集信息交流、商品交易、推广服务为一体的综合性服务平台，提升服务质量，真正形成“遍地开花”的“互联网+”产业扶贫新格局。

（四）加强宣传培训，营造良好氛围

充分利用传统媒体和网络媒体等渠道，特别是微博、微信等新兴媒体宣传“互联网+”特色产业扶贫知识和政策，提高“互联网+”特色产业扶贫意识。支持贫困地区干部职工积极参与“互联网+”特色产业扶贫工作，学习相关知识，了解相关业务，能为农民开展网络销售提供基本的技术和政策服务。开展电商帮扶活动，邀请知名电商专家、电商实战人士讲课，选择种养大户、科技示范户、返乡创业农民、专合社负责人等作为培训重点，对

其进行针对性强、有组织、有计划的系统培训，使其逐步成为有文化、懂科技、善经营、会管理的“新型农民”，带动农民脱贫致富。

五 加强贫困县“互联网+”特色产业扶贫的主要举措

（一）加大资金支持力度

建议国家和省、市在项目资金上给予重点扶持。一是在特色产业发展、项目建设推进等方面加大资金扶持。二是对“互联网+”特色产业扶贫宣传和技能培训方面加大资金支持。三是对引进电商企业、电商网店建设、配备仓储设施等方面加大资金支持。

（二）加大技术支持力度

建议帮助引进“互联网+”特色产业扶贫的专业技术人才，组成技术专家团队，定期提供技术培训，全面提高贫困人口综合素质，解决在生产生活中遇到的疑难杂症，主要包括特色产业种养技术、互联网应用技术、电子商务经营管理等技术指导。

（三）加大政策支持力度

建议各级各部门更多地深入贫困县实地调研，指导工作，根据实际情况针对当地“互联网+”特色产业扶贫情况献计献策，并制定相关支持政策，推动形成“互联网+”特色产业扶贫工作的新局面。

参考文献

黄磊、樊超等：《“互联网+扶贫”模式在贫困农村实施路径的探讨——以涞源县扶贫工作为例》，《南方农机》2018年第23期。

B.18 河北省深度贫困地区稳定脱贫的隐性障碍及破解对策研究*

严文杰**

摘　要： 深度贫困地区是河北省脱贫攻坚工作的“硬骨头”。实地调研发现，河北省深度贫困地区稳定脱贫不仅面临许多面上的显性问题，而且面临诸多隐性障碍。找出这些隐性障碍并对其进行一一剖析、突破，对于河北省深度贫困地区到2020年如期实现稳定脱贫具有重要的现实意义。本课题组于2018年1～9月对河北省一些深度贫困村共进行了三次驻村调研，发现了深度贫困地区稳定脱贫的一些隐性障碍。在此基础上，提出了突破河北省深度贫困地区稳定脱贫的隐性障碍的几条建议。

关键词： 深度贫困地区　脱贫　隐性障碍

一　研究背景

党的十八大以来，河北省脱贫攻坚工作取得了显著成效，但在被称为

---

* 本报告系河北省社会科学院重点课题“深度贫困地区稳定脱贫的隐性障碍及其破解对策研究”（编号：2018A20）成果。

** 严文杰，河北省社会科学院经济研究所博士、助理研究员，主要研究领域为扶贫、全域城镇化、京津冀协同发展。

“硬骨头”的深度贫困地区脱贫进展缓慢，一些深度贫困地区仍然面临许多亟待解决的难题，现有政策对脱贫的作用有限。实地调研发现，河北省深度贫困地区稳定脱贫不仅面临许多面上的显性问题，如在河北省坝上水源涵养区，村民不能从河沟抽水种地，只能“靠天吃饭”，产业脱贫受到很大限制。还存在“精准填表”挤压扶贫干部大量工作时间、涉农资金整合不到位和扶贫信贷供需失调等一般性的显性问题。而且面临诸多隐性障碍，如行政体制改革滞后，各级政府在扶贫领域的权力和责任界限模糊；不顾村情大上扶贫项目，造成资源浪费；贫困户存在对扶贫抱有过高期望以及消极、悲观两种思想障碍；等等。找出这些隐性障碍并对其进行一一剖析、突破，对于河北省深度贫困地区到2020年实现稳定脱贫具有重要的现实意义。

梳理贫困地区及深度贫困地区稳定脱贫文献，发现现有文献对“贫困地区及深度贫困地区稳定脱贫的一些问题、障碍及其对策”进行了诸多研究，不过在两个方面比较欠缺。一是对“贫困地区”研究得多，但对“深度贫困地区”研究得少。相比贫困地区，深度贫困地区致贫的因素更为复杂，脱贫的障碍更为隐蔽。所以，全国包括河北省贫困地区稳定脱贫的问题、障碍还不能完全代表深度贫困地区，需要对深度贫困地区进行系统、深入地研究。二是对显性问题研究得多，但对其背后的隐性障碍研究得少。比如精神贫困障碍、体制机制障碍、教条主义障碍等，尤其对深度贫困地区个性隐性障碍研究得更少。鉴于上述两个方面的不足，本报告以“河北省深度贫困地区稳定脱贫的隐性障碍及其破解对策”为选题，希望找出影响河北省深度贫困地区稳定脱贫背后那些“隐蔽得久”“潜伏得深”的隐性障碍，并一一突破。

二　河北省深度贫困地区的界定及主要概况

2017年9月，中央办公厅和国务院办公厅出台了《关于支持深度贫困地区脱贫攻坚的实施意见》的文件。在此文件中，对深度贫困地区做了明确界定。主要有两大类：第一类是“三区三州”，即西藏、四省藏区（青海、四川、甘肃、云南）、南疆四地州（和田地区、阿克苏地区、喀什地区、克孜勒苏柯尔克孜自治州）以及四川凉山州、云南怒江州、甘肃临夏州；第二类是贫困发生率超过18%的贫困县和贫困发生率超过20%的贫困村，自然条件差、经济基础弱、贫困程度深。从深度贫困地区的两类界定看，第一类指出了具体地区，也就是“三区三州”，第二类则需要各省份根据“18%”和“20%”自行确定，只要是贫困发生率超过18%的贫困县，或者贫困发生率超过20%的贫困村，都可以确定为深度贫困地区。按照文件精神，河北省2017年确定了10个深度贫困县、206个深度贫困村作为河北省的深度贫困地区。其中10个深度贫困县主要指隆化、丰宁、围场、张北、康保、沽源、尚义、阳原、阜平、涞源。从这10个深度贫困县所在地区看，张家口5个，承德3个，保定2个，都分布在燕山—太行山集中连片特困地区。

从10个深度贫困县经济社会发展看，人均GDP、全社会固定资产投资、地方一般公共预算收入、城镇居民人均可支配收入、农村居民人均可支配收入、城镇化率等指标大幅落后于全省168个县（市、区）平均水平。分析10个深度贫困县致贫因素，有三点共性。一是贫困县所属的深度贫困村处于坝上和深山地区，距所在城市中心较远。据测算，10个贫困县距所在城市中心平均距离约127公里，最远的达170多公里。特别是所属的深度贫困村地理位置偏僻，距所在城市中心距离更远，出行十分不便。二是产业基础薄弱。深度贫困村农户的传统生计主要以种植为主，几乎没有二三产业收入。由于所在地区干旱少雨，属于典型的“靠天吃饭”的地区。三是基层党建工作十分薄弱。不少深度贫困村基层组织不健全，有的村两委班子矛盾重重相互掣肘。深度贫困村基层党建工作薄弱，极大地影响了脱贫攻坚的战斗力。

三　河北省深度贫困地区稳定脱贫主要隐性障碍

近年来，河北省对一些深度贫困地区采取了光伏扶贫、交通扶贫、产业扶贫、生态扶贫、异地搬迁扶贫等多种扶贫方式，并加强了对深度贫困地区的基层党组织建设。客观地说，河北省深度贫困地区的扶贫工作取得了一些成效，但还达不到稳定脱贫的地步。调研组于2018年1~9月对河北省一些深度贫困村共进行了三次驻村调研，发现了深度贫困地区稳定脱贫的一些隐性障碍。

（一）农产品产销对接不畅，存在“谷贱伤农”现象

案例1　河北省围场县A村是典型的深度贫困村，2017年土豆喜获丰收。本该是一件值得高兴的事情，但村民们却愁眉不展。2018年4月课题组调研发现，2017年该贫困村还剩下几十万斤土豆没有销售出去，一直堆在各农户家的地窖里。对于土豆的销售问题，该村村支书反映，这些年村里的土豆有些年份卖得好，有些则不行。2017年以来，土豆市场行情就一直不太好，去年村里的土豆仅卖出去一半，价格还特别低，每斤才0.42~0.45元。村支书强调，土豆收购商把土豆的价格压得特别低，就这么低的价格村里的土豆还有很多卖不出去。如果按照土豆产量每亩3000斤，每斤以0.45元的价格卖出去，再加上种子每亩600元、地膜50元、化肥170元、农药100元，不算人工成本和其他费用的话，每亩地只能挣430元。不少农户反映，就现在的收购价格，很多农户一年下来挣不了多少钱。

河北省围场是我国著名的土豆之乡，很多村民都以种植土豆为生计，土豆产量很大。一些深度贫困村，也以土豆种植为思路帮助贫困户脱贫，但销售上存在“靠市吃饭”的问题，遇到好的市场行情还好，遇到不好的市场行情，贫困户可能就白忙活。调研中发现，包括A村在内的很多深度贫困村以前经常遇到土豆丰收却卖不出去，或者以很低的价格卖掉，存在“谷贱伤农”现象。分析发现，A村的土豆滞销主要有几大原因。一是土豆销售方式比较单一，主要靠中间商上门收购，缺乏直接销售到京津冀市场或者超市的渠道。二是到A村收购土豆的中间商主要来自河南、山西、辽宁等地。由于这些地方距离相对较远，运输费比运往京津冀市场要高很多，而这部分运输费是农户承担的，这也导致中间商把土豆收购价格压得很低。倘若A

村的土豆能够在本省或者京津市场销售，便可节省一部分运输费，这样农户的土豆价格可以高一些。为帮助深度贫困村脱贫，河北省应建立一套优先帮助深度贫困村土豆等农产品销往本省或者京津的机制，比如政府优先采购或者优先帮助深度贫困村把土豆销往京津冀农贸市场。三是土豆深加工企业太少。土豆的用途很多，可以加工成土豆片、土豆丝、淀粉、药用辅料等产品，但围场县甚至整个河北省具备土豆深加工能力的企业并不多。以我国一些著名薯片品牌为例，大部分品牌企业位于福建、浙江、上海等地，比如浙江的小王子，福建达利食品可比克、长汀盼盼艾比利等，即便是国外著名薯片品牌企业，也没有在河北建立生产基地。如何解决深度贫困村农产品的销售难问题，建立一套稳定持久的产销机制，是深度贫困村农产品稳定脱贫亟待解决的问题。

（二）生态扶贫资金缺口大，农户对生态扶贫有担忧

案例2　在河北省深度贫困县B村，有一个生态扶贫项目：防火护林。贫困户如果愿意参与，可担任周边山上树木防火护林员，每天早晚上山巡视，每季度可领取1900元。除在上山防火护林外，有的贫困户务农，经营几亩地，种植蔬菜、土豆、玉米，有的贫困户则干脆把土地流转给种植大户，每年每亩能获取200元的租金，然后靠力气活帮本村或周边村庄农户种植、收割庄稼（调研发现，庄稼收割时节农村地区非常缺乏劳动力，每个劳动力帮别人干活一天，男的得到300元，女的得到200元）。无论是种地、土地流转、干力气活都能获得一些收入，再加上参与防火护林项目获得的7600元/年，贫困户每年至少能获得1万元的收入。按照这样的收入标准，脱贫是没有问题的，但不少贫困户却表达了一些担忧：生态扶贫政策能否一直延续，上山防护项目能持续多久，以后如果没有生态补偿收入怎么办？

B村贫困户担忧的，实际上是河北省生态补偿收入能否持久、稳定的问题。从现实看，这些贫困户的担忧不无道理，因为目前河北省的生态补偿收入较少，其资金主要来源于中央财政，即纵向转移支付，资金缺口大。以张

家口生态补偿为例，2001～2015年张家口市风沙源防治、退耕还林还草等重点工程投资额达30.47亿元，其中，中央财政资金达27.56亿元，占总投资的90.4%，地方（河北省和张家口市）财政资金达2.91亿元，占总投资的9.6%。北京、天津的财政支持几乎没有。也就是说，光靠中央、河北省的财政支持生态环境保护和建设，解决不了河北省生态补偿收入的缺口，必须要得到北京、天津的支持。毕竟河北省一些深度贫困村地处燕山—太行山深度贫困片区，是京津地区重要的生态安全屏障和水源保护区，承担着京津风沙源治理、三北防护林、太行山绿化和退耕还林等重点生态建设任务，很多地区属于禁止开发区、限制开发区，生态建设任务重，环境保护要求高。这些深度贫困地区经济社会发展落后，贫困发生率高，很大程度上是为了支持京津生态环境保护和建设而限制了工业的发展。因此，河北省燕山—太行山深度贫困片区生态环境保护和建设、生态扶贫项目的实施，需要建立京津冀区域横向生态补偿机制。

（三）不顾村情大上扶贫项目，造成资源浪费

在调研过程中发现，很多深度贫困村都规划了大量的扶贫项目，这些项目主要有三类：第一类是基础设施项目，比如村级电站、道路、防洪挡墙、排水渠、垃圾池；第二类是产业扶贫项目，比如养殖项目、中药材项目、红薯粉条加工项目；第三类是文化娱乐项目，如文化广场、戏台、健身器材。据了解，目前深度贫困村规划扶贫项目忽视村里的实际情况及未来的发展前景，一窝蜂地大上项目、快上项目，有些村庄人口稀少，而且多是老年人，却实施了很多基础设施项目、产业项目、文化娱乐项目，实际上新修建的基础设施配置远远大于目前和未来的需求量，实施的产业项目也没有多少人来工作，大部分年轻人都偏好进城务工，老年人又干不动。特别是修建的文化广场、戏台等文化娱乐设施大部分时间处于闲置状态。总体看，很多深度贫困村实施的扶贫项目没有依据村里的人口数量、实际需求以及未来人口变化，而是求多、贪大，造成资源严重浪费。实际上，并不是每一个深度贫困村都需要把道路修得宽宽的，都要上产业项目，都要修建文化广场、戏台。有些深度贫困地区地处山

区，不仅人口数量少，而且多以老年人为主，这样的村庄发展前景不大甚至都可能消失，在上项目时没有必要一应俱全，重点则要完善养老、医疗保险，实行兜底扶贫。

（四）贫困户存在对扶贫抱有过高期望以及消极、悲观两种思想障碍

驻村调研期间，课题组发现在深度贫困地区扶贫过程中一些贫困户存在两种思想障碍。第一种障碍是对扶贫抱有过高期望。贫困户的这种过高期望表现在：一些贫困户认为自己不劳动，靠驻村工作队的帮助也能增加收入，也能脱贫；对驻村工作队及帮扶责任人给予其他贫困户的物质帮助，少部分贫困户认为其他贫困户有的自己也应该有，攀比心理十分严重；认为驻村工作队可以解决自己家里的一切困难，家里缺什么就找驻村工作队要，家里什么东西坏了就找驻村工作队修理；认为驻村工作队的扶贫项目都能成功，不可能失败；认为自己“躺着睡大觉”也能在2020年脱贫。第二种障碍则是相反的极端思想，一部分贫困户对稳定脱贫存在消极、悲观的思想障碍。这部分贫困户脱贫动力严重不足，认为自己贫困是社会造成的，他们从来不从自身寻找原因，而是怨天尤人、悲观厌世。他们不愿与驻村工作队交流，不愿配合驻村工作队的工作，他们认为驻村工作队下村扶贫只是折腾一阵子就回去。贫困户存在的这两种思想障碍严重阻碍了深度贫困地区的扶贫工作，影响了脱贫进程。

四　突破河北省深度贫困地区稳定脱贫的隐性障碍主要建议

（一）建立深度贫困地区农产品产销对接的长效机制

各级政府要充分认识到深度贫困地区农产品产销对接工作的重要意义，不能仅仅帮助贫困户把农产品产得好，还要卖得好，也不能一年卖得好一年卖

不掉，要实现年年畅销。一是建立一套优先帮助深度贫困村土豆等农产品销往本省或者京津的机制。深度贫困村的脱贫攻坚难度最大，要保证河北省所有贫困地区稳定脱贫，深度贫困村是最大的“硬骨头”。因此，建议制定一套机制优先帮助深度贫困村农产品销售，比如河北省各级政府部门以及国有企业食堂优先采购深度贫困村的农产品，直接以市场价格从深度贫困地区采购。又如，各级政府相关部门要建立1~2名市场销售联络员，负责优先帮助深度贫困村把农产品销往京津冀农贸市场。可建立深度贫困地区农产品出村的直通车，在农产品批发市场、电商平台设立深度贫困地区农产品销售专柜。二是培育一批农产品深加工企业，打造一批农产品企业品牌，延伸农产品产业链。

（二）以规划建设雄安新区为契机加快建立京津冀区域横向生态补偿机制

京津冀区域横向生态补偿机制的难题既不是生态补偿计算标准，也不是财政转移支付制度，而是京津参与生态补偿的动力问题。解决动力问题的关键要从规划建设雄安新区入手。因为雄安新区一个重要定位是打造绿色生态宜居新城，也就是说雄安新区在规划建设中，生态环境保护和建设将放在极其重要的地位，雄安新区将成为我国生态环境保护和建设的标杆。从这个角度而言，支持雄安新区和周边地区生态环境保护和建设不仅是一项生态任务，而且是一项政治任务。2017年以来，雄安新区周边的一些污染企业关停转迁，白洋淀修复治理、千年修林、唐河污水库治理等一批生态工程正式启动，有些项目已完工。这些工程都表明雄安新区打造绿色生态宜居新城的决心。但是雄安新区的生态环境保护和建设，仅靠雄安新区自身是远远不够的，还必须抓好雄安新区上游地区和周边地区，主要是河北省燕山—太行山片区。因此，要以雄安新区生态环境保护和建设为契机，取得中央政府的支持，促使北京、天津参与进来，建立京津冀区域横向生态补偿机制。

（三）因地制宜规划扶贫项目，集中力量脱贫攻坚

扶贫干部要走出扶贫项目越多越好的思维误区，要依据深度贫困地区

的资源禀赋、人口数量、发展前景，科学、合理地确定扶贫项目的数量和种类，把有限的扶贫资源集中在贫困户的需求上。深度贫困村扶贫项目确定的具体思路是：对于人口不多且以老年人口为主的村庄，可少规划甚至不规划文化广场、戏台、健身器材等文化娱乐项目。交通、能源等基础设施，能满足基本生活即可。产业扶贫类项目不用规划。对于人口较多且青壮年人口占比大的村庄，这类村庄发展前景大，应以基础设施项目和产业项目为主，适当规划1～2个文化娱乐项目。其中，产业项目也不能求多，应规划2～3个，最好从产业链的角度规划，培育相关产业，这样更容易把产业维持下去。

（四）因人而异、分类化解贫困户存在的思想障碍

化解贫困户存在的思想障碍要因人而异、分类治理，要发挥基层党支部堡垒的作用，经常深入贫困户家中，与贫困户亲切交谈，进行思想交流。针对贫困户对扶贫抱有过高期望的思想障碍，驻村工作队要降低他们的期望值。要深入宣传扶贫先进事迹，让贫困户明白，扶贫不是捐赠，更不是施舍，虽然党和政府会帮助他们解决脱贫中的种种问题，帮助他们增加收入，帮助他们如期脱贫，但未来脱贫主要靠他们的辛勤劳动，能否致富还得靠他们脱贫动力的强弱。针对贫困户脱贫过程中出现的消极、悲观思想障碍，要帮助他们树立积极、乐观的思想。要通过广泛宣传，让贫困户充分认识到，党的十八大以来，我国扶贫开发事业取得了巨大的成就，数千万贫困户稳定脱贫。要让贫困户形成只要踏实肯干，配合好驻村工作队的工作，就能脱贫的思想观念。

参考文献

国家统计局住户调查办公室编《中国农村贫困监测报告（2017）》，中国统计出版社，2017。

李培林、魏后凯、吴宝国：《中国扶贫开发报告（2017）》，社会科学文献出版社，2017。

游俊、冷志明、丁建军：《中国连片特困地区发展报告（2014～2015）》，社会科学文献出版社，2015。

何芬、赵燕霞：《美、日促进集中连片特困地区减贫的经验借鉴》，《世界地理研究》2015年第4期。

童忠贤：《我国连片特困地区发展战略进路研究——基于武陵山地区城市增长极构建的视角》，《城市发展研究》2012年第12期。

黄莉、王定祥：《深度贫困地区扶贫信贷供需对接困境及其破解》，《贵州社会科学》2018年第5期。

祝尔娟、潘鹏：《对完善京津冀生态补偿机制的理论思考与政策建议》，《改革与战略》2018年第2期。

李慧茹、丁艳如：《京津冀生态补偿核算机制构建及推进对策》，《宏观经济研究》2017年第4期。

邓靖、康庄：《深度贫困地区扶贫开发的机制优化与政策匹配》，《广西社会科学》2018年第2期。

牛雄：《集中连片特困地区发展的思路》，《城乡规划》2016年第10期。

李俊杰、骆上：《用马克思贫困观指导集中连片特困地区扶贫开发》，《烟台大学学报》（哲学社会科学版）2016年第5期。

刘司可：《扶贫动态管理和贫困退出中的矛盾及其解决——基于湖北省徐家村贫困户和普通农户的调研分析》，《西部论坛》2017年第7期。

河北省发展改革委宏观经济研究所课题组编《解决环京津地带贫困与生态问题研究》，《宏观经济研究》2004年第7期。

王静丽、吴开：《环首都贫困带建设存在的问题及相应对策》，《中国发展》2016年第4期。

段铸、程颖慧：《基于生态足迹理论的京津冀横向生态补偿机制研究》，《工业技术经济》2016年第5期。

李亮、高利红：《论我国重点生态功能区生态补偿与精准扶贫的法律对接》，《河南师范大学学报》（哲学社会科学版）2017年第5期。

王立平、陈飞龙、杨然：《京津冀地区雾霾污染生态补偿标准研究》，《环境科学学报》2018年第1期。

郭爱君：《金融支持甘肃深度贫困地区脱贫攻坚的思考》，《甘肃金融》2018年2期。

张明皓、豆书龙：《深度贫困的再生产逻辑及综合性治理》，《中国行政管理》2018年第4期。

World Bank, *World Developent Report* 2000/2001: *Attacking Poverty*, Oxford University Press, 2000.

B.19
易地扶贫搬迁建设面临的问题与对策

王春蕊*

摘　要： 易地扶贫搬迁是一项涉及搬迁群众安居、就业、生活等方面的系统工程，如果处理不好，会造成诸多社会矛盾。针对这一情况，本报告对河北省涞源县和广西壮族自治区龙州县的易地扶贫搬迁模式进行了分析，针对当前安置区的产业发展、移民就业、社会融入方面存在的问题，从基础设施建设、产业发展、社区文化、搬迁群众后续扶持等方面提出了相关建议。

关键词： 易地扶贫搬迁　产业发展　安居就业

党的十八大以来，我国将精准脱贫精准扶贫作为基本方针，围绕“扶持谁”“谁来扶”“怎么扶”“如何退”核心关键环节，出台了一系列政策措施，取得了显著成效。易地扶贫搬迁作为扶贫攻坚的重大举措，涉及搬迁群众就业、安居及后续发展等多个方面，其搬迁的方式、进度、效果与搬迁群众的生计发展密切相关。本研究在国内易地扶贫搬迁工作调研基础上，分析总结两地易地扶贫搬迁经验，针对易地扶贫搬迁工作中出现的现实问题，提出了对策建议。

---

* 王春蕊，河北省社会科学院农村经济研究所副研究员，主要从事城乡关系、精准扶贫、产业经济等领域研究。

一 文献综述

从国际社会来看，发展中国家在解决因各种自然灾害或生态环境退化造成的人口压力、贫穷等经济社会问题过程中，采取了生态移民措施。一些学者对泰国、苏丹、南非、印度等地的农村移民扶贫方式进行分析，这些国家移民安置的主要内容包括为移民提供住房、就业、各种补贴等，保障移民在迁入地的基本生产和生活。这种生态移民在搬迁目的、组织方式和建设内容方面与我国易地扶贫搬迁有很多相似之处。从国内来看，在国家精准扶贫基本方略指导下，各地采取多种方式，将扶贫搬迁工作与本地特色产业、旅游项目、小城镇和园区、中心村、新型社区建设等相结合，引导搬迁群众向园区、景区、城镇和中心村集中，形成了“景村共建”“企业联建”“园区带动”等多样化的安置方式。

从搬迁移民的融入状况看，学术界从文化认同、适应过程、易地扶贫搬迁移民融入状况和效果等方面进行了分析。从搬迁移民社会融入看，通过对移民迁入地的人际关系、干群关系及邻里关系的分析发现，近距离、同质性、整体性的搬迁能够有效减少扶贫移民与当地居民社会关系的适应障碍，并引起了文化变迁。搬迁后移民总体生计水平有所提高，但环境和社会融入呈现恶化趋势。研究表明，社区移民的异质性和多样化生活方式使移民社区协调有序发展面临挑战，有可能导致扶贫移民安置所引起的“依赖综合征”，因此要从多角度促进传统文化的认同与整合，增强文化的适应性。①

从扶贫移民融入效果研究看，诸多研究分别从定性和定量两个层面对易地扶贫搬迁效果进行了分析。整体来看，通过易地扶贫搬迁总体上有利于提升农户生计资本。但也有学者认为，非自愿移民搬迁会扰乱现存社会结构，

① 罗承松：《文化认同与移民社区建设——以镇沅县恩乐镇易地安置的苦聪人社区为研究对象》，《西南民族大学学报》（人文社科版）2009 年 11 月。

分解社区组织结构，破坏人际关系，可能会导致移民的社会处境更加脆弱。① 从后续发展看，贫困群众比较关注搬迁安置住房面积、就业以及相应的公共服务配套设施等。比如曾小溪、汪三贵通过对中西部 8 省份 16 县 2019 户建档立卡搬迁人口问卷调查分析，认为虽然现有扶贫政策能够满足搬迁人群基本住房需求，但其对后续生活水平发展的支持政策需求强烈。因此，需要从政府层面、主体层面、社区层面和社会层面采取措施，实现顺利融入。现有关于扶贫移民社会融入的研究为本课题提供了富有启示性的思路，也为本报告确立了良好的理论基础。

二 河北省易地扶贫搬迁基本情况分析

（一）全国易地扶贫搬迁情况

从全国来看，到 2020 年我国将通过“挪穷窝”“换穷业”“拔穷根”，实现约 1000 万建档立卡贫困人口的搬迁安置。② 近年来，各级政府部门精准发力，不断加大投入，不断完善扶贫工作机制和易地扶贫搬迁政策，我国易地扶贫搬迁各项工作顺利推进。据国家发改委公布的《全国易地扶贫搬迁年度报告（2018）》数据，2017 年以来，全国已顺利搬迁了 589 万人口，搬迁工作有序推进。

（二）河北省易地扶贫搬迁情况

从河北情况看，截至 2017 年底，河北共建成集中安置项目 288 个。其中，这些安置项目中实现“两区同建”和发展配套产业的 179 个，占集中安置建设项目总数的 62%；配套建设光伏扶贫项目的 107 个，占集中安置建设项目总数的 37%。

---

① 李聪、柳玮、冯伟林、李树茁：《移民搬迁对农户生计策略的影响——基于陕南安康地区的调查》，《中国农村观察》2013 年 6 月。

② 《全国“十三五”易地扶贫搬迁规划》（发改地区〔2016〕2022 号）。

1. 持续加大资金投入

在资金投入方面，河北省已拨付各县级平台资金 84.16 亿元。其中，省财政下拨中央补助资金共计 6.3 亿元，河北易地搬迁公司拨付其他资金 77.86 亿元。各地支出资金 28.56 亿元，资金支出率为 33.94%。其中，中央预算内资金支出 2.11 亿元，支出率为 33.95%，这些资金为安置区建设提供了有力保障。

2. 优先解决安置建设用地

在安置区建设用地方面，河北省自然资源厅专门出台了《关于开辟易地扶贫搬迁项目用地审批绿色通道的通知》，对易地扶贫搬迁用地随报随批、优先办理。深度贫困县的建设用地可以边建设边报批，为易地扶贫搬迁安置区建设开辟用地绿色通道。

3. 主要解决深度贫困县扶贫搬迁问题

经过近几年的脱贫攻坚工作，河北省精准识别出 71 个符合搬迁条件的自然村，约 2.44 万搬迁人口，这些深度贫困地区的搬迁人口需新建安置住房 9208 套。针对深度贫困地区，河北省将采取更加有力的措施，不断加大资金投入力度，解决深度贫困地区的易地扶贫搬迁问题。

4. 积极出台后续帮扶措施

在易地扶贫搬迁工作中，河北省一方面稳妥推进搬迁工作，另一方面制定并出台后续帮扶措施，按照帮扶举措落实到产业、分解到户、具体到人的要求，对已搬迁的贫困人口出台后续帮扶措施，已享受帮扶措施的贫困人口达到 1.84 万人。

三　易地扶贫搬迁省内外典型案例分析

（一）涞源县的“两区同建”模式

涞源县是河北省易地扶贫搬迁任务最重的国家级贫困县，通过精准识别，全县需要搬迁的建档立卡贫困人口 2.75 万人，占全县贫困人口的

47.4%，另外，还有约1.61万贫困人口需要同步搬迁，其搬迁人口占整个贫困人口的75%。在实际工作中，涞源县坚持问题导向，采取了一系列措施。

1. 两区同建，实现“产区”联动

为保障搬迁群众有事做，涞源县按照安置片区和产业园区“两区同建”的思路，移民小区建在哪里，产业园区就跟进到哪里，努力实现搬迁群众劳动力就业全覆盖。一是县城周边和景区周边搬迁。依托周边地区的产业布局，在县城和白石山片景区周边，分别建设占地180亩和150亩的扶贫产业园区，为搬迁群众提供就业岗位。二是在各乡镇中心镇、中心村安置区规划产业园区。各乡镇积极谋划产业园区，重点发展特色种植和养殖业；在每一个乡镇集中安置区，至少建设一个手工业加工点和一个村级光伏电站，为搬迁贫困人口积极创造工作岗位。

2. 成熟一批搬迁一批，分步引导贫困人口异地安置

按照有序推进、分步实施的思路，涞源县易地扶贫搬迁分两批推进。第一批采取整村搬迁、集中安置的方式，已经启动了县城、白石山等5个安置区建设，整体搬迁28个贫困村4443户1.26万人（同步搬迁5870人）。第二批搬迁采取集中和分散安置相结合的方式，向中心镇、中心村聚集，需要建设43个集中安置区，涉及123个村1.08万户（含同步搬迁3455户）3.09万人（含同步搬迁1.02万人）。

3. 因人施策，重点解决特殊群众住房安置问题

从政策规定看，国家发改委对易地扶贫搬迁住宅人均面积有严格的标准，即人均居住面积不能超过25平方米，家庭成员核算以户籍为准。农村中很多1人户家庭，现行25平方米的住宅面积标准很难满足他们的居住需求。针对这一情况，涞源县采取特殊政策，保障一人户家庭住房都能达到50平方米，满足基本的居住需求。

4. 盘活各种资源，提高贫困人口就业增收能力

一是盘活人力资源。涞源县采取技能培训、就业扶持、退耕还林转为护林员等措施，使搬迁群众掌握一定技能，拥有稳定的收入来源。二是用足用

好增减挂钩政策，以搬迁腾退土地复垦收益解决安置区基础设施建设资金问题。对搬迁村庄复垦土地和村民原有土地进行整体流转，引进中草药种植、加工企业，建设有特色的农业产业园区。贫困群众以土地、扶贫资金入股企业并每年分红，解决群众搬迁后的种地难问题。

（二）广西龙州“易地搬迁＋X”扶贫模式分析

龙州县是广西西南边陲的国定贫困县，也是2017年广西计划脱贫摘帽6县（区）之一。全县总人口26.8万，其中农业人口24.1万。通过建档立卡，全县共5.08万名贫困人口，其中需扶贫搬迁人口约1.12万人（建档立卡贫困户占90.7%）。在实践中，龙州县探索出“易地搬迁＋X”的扶贫模式。

1. “易地搬迁＋X”扶贫模式

“易地搬迁＋X”模式将移民搬迁、固边收边、脱贫致富三者有机结合起来，探索边境贫困地区脱贫致富、边疆团结稳定、边民安居富裕的新路径。易地搬迁使边境地区成为我国居民集中居住生活区域，有助于戍边守疆，为开展边境贸易提供劳动力与市场；驻边守疆保障了边境地区的团结稳定，有利于巩固和推进移民搬迁；边贸致富则激发边民脱贫的内生动力，吸引内地居民向边境集聚。龙州县已成立边民互助组231个，引导1.87万边民参与边贸运输、装卸、进出货物代理，其中贫困人口4045人，通过边贸扶贫可实现年人均增收3000元左右。

2. 主要做法

龙州县结合与越南接壤的实际，大胆探索脱贫新模式、新举措，采取“易地搬迁＋边境贸易”模式，以建设边贸新城、建立边民互助机制、建设边贸产业园为抓手，形成一条扶贫经济链。

（1）紧邻边境建设边贸新城引导贫困人口搬迁。依靠易地搬迁政策，鼓励支持沿边乡镇贫困群众、扶贫搬迁至可开展互市贸易范围内的移民开展边贸活动，增加收入。龙州县在贴近边境口岸和互市区（点）统一规划建设扶贫移民安置点，重点建设水口、那花、布局、科甲和横罗5个边贸新城，引导建档立卡贫困户搬到边贸新城居住。截至调研时，在水口镇率先试点的共宜新村一期 100 套安置房已建成入住，该镇上灶村 45 户全部住进小洋楼，整村实现脱贫致富。易地搬迁既改善了贫困居民的生活条件，又发展壮大了边民互市贸易规模，发挥了固边兴边的作用。

（2）建立边民互市互助机制实现抱团致富。按照“边民参股、集体经营、贸工结合、规范管理”模式，成立边民互市专业互助组。充分利用边民免税政策，加强对贫困户进行技能培训，鼓励贫困边民加入边贸互助合作组织，依托互市互助组增加收入。2016 年，边民参与互市贸易累计 69.42 万次，边民参与水口互市贸易的总收入 2624.94 万元，其中建档立卡贫困户参与边贸扶贫覆盖率约占 39.4%，边贸扶贫的脱贫率约占 20.2%。[①] 通过边贸互助组有序参与，既鼓了边民“钱袋子”，又增强了他们驻边、守边的决心和信心。

（3）建设边贸产业园实现“造血式”扶贫。通过与口岸综合开发相结合，完善基础配套设施，培育特色产业，增强发展动力。龙州县在水口口岸易地搬迁点附近规划水口边贸扶贫产业园，以坚果加工业为主，由政府投资统一建设 10 万平方米标准厂房，将厂房出租给加工企业，采取“免三减二”政策（对入园企业，前三年租金全免，后两年租金减半收取），吸引了民之天、馋鱼儿等 10 多家加工企业入驻。在产业园配套区内规划建设贫困户异地生态移民搬迁村，吸引更多贫困村民向边境地区回迁，享受政策红利。鼓励产业园发展交通物流、商贸旅游等第三产业，带动边民脱贫致富。

（4）鼓励边民转移就业实现富民固疆。通过引进农产品、食品加工企业落地产业园，整合扶贫、民政的政策资源，为搬迁群众提供就业机会；以互市贸易合作社、边民互助组为纽带，把贫困户纳入产业化链条，带动贫困户从事边境贸易、制造加工、运输装卸等工作；同时，根据企业用工需求，组织扶贫一批搬迁户和边境村庄群众参与各种技能培训，实现就近转移就

① 数据来源于全国政协扶贫监督性调研汇编材料《扶贫移民搬迁驻边守疆边贸惠民富民长治久安——龙州县探索扶贫经济链 2 万多贫困边民走上致富路》。

业，获得相对稳定的工资收入，从而使边民能够安居乐业、扎根边疆、驻守边疆，切实维护边境地区和谐稳定，达到“支农、富民、固疆”的经济社会效益。

3. “易地搬迁 + X”扶贫模式的作用

（1）集聚兴边富民核心力量。过去由于边境冲突和一些边境地区环境恶劣，我国主要采取边境生态移民的政策，将边境地区居民向内地迁移，边民逐渐减少。而固边守边需要依靠边境居民参与，“易地扶贫搬迁 + X”模式可以吸引内地居民向边境迁移。边民集聚既扩大了边境贸易的主体规模，又有助于驻边守疆的实现。

（2）稳固边疆经济社会发展大局。“一个边民即是一个哨兵”，驻边守疆需要军民合力，边境稳定为发展边境贸易、边民安居生活提供前提和保障。易地搬迁与边境贸易逐步繁荣边境地区生产与生活，为边疆稳定提供了坚实的基础，同时驻边守疆也为发展边境贸易，实现边境贫困地区脱贫致富起推动作用。

（3）激发贫困户生产积极性。发展边境贸易，可以为边境地区创造新的产业机遇，带动边民就业，实现脱贫致富。边民每人每日 8000 元的生活用品免税进口额度让其享有互市贸易的免税政策；边境贸易的繁荣将推动交通物流、餐饮住宿、商贸旅游、金融结算等第三产业发展，带动边民脱贫致富。“边小贸易 + 落地加工”发展模式，鼓励边小进口产品在边境开展加工增值，吸纳边民就业，实现边民安居乐业。

四　存在的问题

从课题组的调研情况看，两地在安置点规划建设、解决一人户住房、搬迁群众就业创业等方面，探索出了一些成功经验，但仍面临一些共同难题。

（一）易地安置地区基础设施落后

易地搬迁人口主要集中在山地、高原、荒漠化土地、生态脆弱区域。由于受特殊的社会环境和自然环境等多方面因素影响，同其他地区相比，贫困地区经济社会发展仍然相对滞后。此外交通、运输及信息化建设落后，贫困地区难以吸引外地企业和项目落地，现代农业发展受自然地理条件限制，制造业等工业项目需要依托先进装备、技术和人才，服务业需要工农业带动，贫困地区基础设施落后制约产业迈向现代化，产业转移过程中也难以有效承接。

（二）安置区产业链低端

从调研来看，尽管涞源县、龙州县在安置点建设方面，都有相应的产业园区或景区作为支撑，但由于很多安置点的产业仅处于起步阶段，一些产业发展的市场前景难以预判，产业发展对安置点群众收入带动效应并不十分明显，仍需要加大支持力度。边贸产业以贸易加工产业为主，虽然一定程度上提高了边境地区的工业化水平，但局限在劳动密集型的初级产品加工上，短期内能够带动形成就业，长期内可能会形成后发劣势，产业链低端循环发展，难以提高经济效益。

（三）搬迁群众社会融入问题

扶贫搬迁安置多数为独立的小区，这种建设模式往往会造成搬迁贫困户社会交往“隔阂”。扶贫搬迁安置点多数设在县城或中心镇的边缘地带，与市区有一定的距离，且安置点基本是从不同地方搬迁来的贫困户和农户，这种安置方式导致该群体在搬迁后的社会交往范围仅限于简单的“同质群体”，与周边市民的交往非常有限，一定程度上会造成搬迁居民与本地市民之间的居住分化和阶层分化。贫困群众搬进新社区面临思想观念、生活生产方式和交往方式的革新，由于贫困户具有保守性、弱势性特点，主动融入城镇（新社区）生活，成为新市民仍面临很多障碍。

（四）不同搬迁方式的权益保障问题

从调研情况看，扶贫搬迁方式不同，对搬迁后农户的土地权益处置方式有所差别。一是整村搬迁的“人离地离”方式。整村搬迁后，农户的宅基地基本能进行集中复垦，耕地实现统一流转，尤其是搬到县城和景区周边的农户，土地经合作社或农业公司流转经营，农户获得租金收入，这种福利增进式的搬迁方式更容易推进。二是插花式搬迁的“人离地不离”方式。插花式搬迁是针对不需要整村搬迁但有居住需求的贫困户，将其迁往其他社区安置。贫困户迁出后，仍面临回原村务农的困境，外加农户宅基地分散布局，腾出宅基地难以实现规模化复垦，造成宅基地复垦难和土地耕种不便利问题。

五　对策建议

综上所述，易地扶贫搬迁安置社区需要构建长效发展机制，才能保障扶贫搬迁群众安居乐业。

（一）筑牢产业基础

一是借助区域旅游资源优势，引导搬迁群众向景区周边集中，采取“景区 + 贫困户”“景区 + 安置点”联动发展方式，让搬迁群众分享旅游发展红利。二是有序引导搬迁群众向园区周边集中。以贫困县产业园区为载体，适度引导搬迁群众向园区周边集中，采取在搬迁安置点建加工基地的方式，将一些工业品、农产品等初级加工环节交由搬迁农户完成，让搬迁群众参与产品加工环节，通过就业带动增收。三是将易地搬迁与房产去存量相结合。鼓励符合条件又有意愿的贫困地区群众搬迁至县城或城镇进行安置，就地实现城镇化。

（二）建设社区文化

一是加强安置小区文化设施和公共服务体系建设，提高搬迁群众文化素养。建立以财政为支撑，政府、社区和搬迁群众共同参与的社区文化建设机制，尽快使搬迁农户融入当地生产生活，为搬迁群众融入新社区提供良好设施环境。二是采取多种喜闻乐见的方式，加大安置小区文化宣传力度，让搬迁群众主动融入社区生活。通过定期举办各种形式的社区文化宣传活动，吸引搬迁群众参与，使搬迁农户不断转变传统观念，增强归属感，营造和谐社区文化。三是建立安置小区社会矛盾预警和调处机制。政府应在搬迁安置点设置矛盾纠纷调解处，制定社会矛盾预警方案，由专业人员负责监测和解决安置小区民众的突发性问题，尤其是搬迁后农村权益保障产生的各种矛盾，营造和谐的生活环境。

（三）出台配套政策

一是加大政府对搬迁农户后续权益落地的督导力度。搬迁农户宅基地、耕地流转过程中涉及多方面利益，尤其是土地流转环节，需要政府有关部门加强指导，保障搬迁农户农村各项合法权益。二是创新政策支持方式。充分尊重搬迁群众意愿，政府应对自购商品房、自建房、购买安置房等不同方式采取不同的补贴政策，提高群众的搬迁能力。依据贫困程度，由财政给予贫困户购房或建房人均2.6万~3.4万元的差异化补助。三是出台配套性政策。针对搬迁贫困户配套出台金融、土地、用电等优惠政策，以及后续管理、社会保障、公共服务等制度机制，构建包含医疗、养老、教育、金融等方面的多重保障体系，降低搬迁群众生活成本。

参考文献

王春蕊：《易地扶贫搬迁困境及破解对策》，《河北学刊》2018年第5期。

杨云彦、黄瑞芹等：《社会变迁、介入型贫困与能力再造》，中国社会科学出版社，2008。

李聪、柳玮、冯伟林、李树茁：《移民搬迁对农户生计策略的影响——基于陕南安康地区的调查》，《中国农村观察》2013年6月。

Michael M. Cernea：《风险、保障和重建：一种移民安置模式》，《河海大学学报》（哲学社会科学版）2002年2月。

罗承松：《文化认同与移民社区建设——以镇沅县恩乐镇易地安置的苦聪人社区为研究对象》，《西南民族大学学报》（人文社科版）2009年11月。

B.20

河北省农垦集团化改革路径研究

耿卫新　裴世彬*

摘　要： 本报告通过调研河北省农垦发展现状，总结出河北省农垦集团化改革所面临的困难和挑战，在详细分析余杭农林集团和湖北农垦集团化改革的做法并总结其经验的基础上，设计出适合河北省农垦集团化改革的路径，进而指导新时期河北省农垦改革发展的方向。

关键词： 国有农场　集团化　改革路径

2015 年 12 月，中共中央、国务院印发《关于进一步推进农垦改革发展的意见》，进一步明确了集团化是垦区改革的主导方向。作为全国农垦骨干力量的河北省农垦工作，围绕集团化改革已经进行了一些有益的探索，取得了一些成绩，但也存在诸多障碍。本报告通过总结其他垦区集团化改革的有效经验，结合意见精神，探索出一条适合河北省农垦集团化发展的路径，提出下一步深化农垦集团化改革的建议和措施。

一　河北省农垦现状

河北省大部分农场是在 20 世纪 50 年代为尽快恢复发展当地经济，由转

* 耿卫新，河北省社会科学院农村经济所副研究员，主要从事三农问题研究；裴世彬，秦皇岛北戴河区牛头崖镇政府财政所，农业经济师，主要从事农业产业经济研究。

业官兵、下乡知青以及地方抽调的干部群众，在当时人烟稀少的沿海滩涂、坝上高原、内陆洼淀开垦开发而逐步建立起来的。经过 60 多年几代人的艰苦努力，河北省农垦已发展成为农林牧渔全面发展、农工商综合经营的经济实体，成为集公检法司、文教卫生、城管交通以及场管乡镇政府于一体的具有政企合一性质的区域，在全国属较大型垦区。目前，全国农垦大体分为集团化垦区和属地化管理垦区，河北省农垦属于第二类。

2003 年，河北省农垦为了适应当时的经济社会发展，已经进行过一次改革。当时，在对原省属大型骨干农场充分调研并借鉴外省经验的基础上，提出在省属骨干农场建立县一级政府，即设立管理区、开发区等县一级"准政府"，从而设立县一级财政的构思，并从上到下达成了共识。2003 年的农垦改革取得了明显成效，推动了农垦经济社会快速发展。

目前，河北省农垦依托自身的自然与地理优势，形成了以粮食种植、马铃薯、棉花、水稻为主导产业的发展模式，2014 年形成了以坝上草原与沿海湿地旅游为主的2200 平方公里的生态农业基地。全省农垦系统共有 32 个国有农场，其中农场 24 个，牧场 8 个。除邯郸、衡水和秦皇岛外，其余 8 个设区市均有农场分布。全省垦区土地总面积 590 万亩，其中耕地 147 万亩，草场 141.6 万亩，林地 119.3 万亩，水面 40.1 万亩。总人口 45.9 万人，社会从业人员 28.1 万人，其中，农场职工 7 万人。

全省 32 个农场分为大型骨干农场和中小农场两大类。其中大型骨干农场 9 个，主要有两种管理模式。一种是地方政府模式，仅有一个农场采用这种模式，即柏各庄农场。另一种是农场与管理区并存模式，在农场设立管理区，负责部分县级经济和社会管理职能，执行全省统一的财政体制。全省农垦共有中小农场 23 个，主要有两种管理模式。一种是参照原省属农场改制模式，距离较近、规模较小、产业结构相似的农场联合建立开发区，设立乡镇级财政，所在农场是正科级，开发区为副县级，隶属县政府。采取这种模式的有廊坊市文安县的新桥农场、小务农场和李庄农场。另一种是保持农场体制，归当地市、县政府管理或政府部门管理。其他 20 个中小农场属这种模式。

二 河北省农垦实现垦区集团化所面临的困难和挑战

自2003年河北省农垦改革以来，农垦经济社会取得了长足发展，但是任何改革都不可能是一劳永逸的，随着时间推移，一些问题也逐渐暴露，对目前正在进行的农垦集团化改革带来了困难和挑战。

（一）改革思想存在偏差

很多农场领导对农场改革的认识和路径的选择上存在偏差，甚至采取顺其自然或者盲目乐观的态度，影响了改革的完善和深入推进。一些集团化改革进展顺利的垦区，认为改革任务简单，已经基本完成，对进一步深化和完善缺乏长远的谋划，盲目乐观，不思进取；长期单一的国有体制，使某些垦区人民形成了一种固有的思维定式和行为方式，习惯于“坐大船，划懒桨”，即使收入不高，但感觉安全可靠，改革的积极性和主动性不高；有些领导对改革中要求的政企分开、资产重组、机构撤并、人员调动等问题，存在畏难和恐慌情绪，患得患失，对推进改革不积极，能拖就拖，导致改革进程缓慢。

（二）去农场化现象严重

以大型骨干农场为依托建立的管理区，其本质是农场办政权、办社会职能的平台和载体，虽然在特定的历史时期使得区域经济得到了一定程度的发展，但随着时间的推移和经济的发展，农垦特色的市场经济主体在逐渐弱化，去农场化现象日益严重。在设置管理区的某些农场，很多人错误地认为“管理区就是农场”，甚至认为农场已经没有存在的必要；有些农场仅剩下土地承包租赁行为，没有开展任何经营活动，甚至连国有企业都消失了，这与中央新一轮改革要求坚持农垦国有属性的原则严重背离。

（三）遗留问题多包袱重

有些农场在多年的发展历程中，遗留许多问题至今不能得到妥善解决。有些农场仍然受“小社会”思想的束缚，处于政事企未有效分离的状态，重生产轻经营，因计划经济印记太深而缺乏创新活力，农场办社会任务仍然较为繁重。此外，多地垦区土地管理问题突出，例如有些农场土地非农化现象严重，边界纠纷多，土地确权率低等。这一系列问题导致当前垦区农场在优化产业结构、开展生产经营、壮大经济规模上存在突出的困难，阻碍了垦区集团化改革的顺利推进。

（四）农场企业规模小，产品竞争力不足

河北省垦区数量众多，且大多数农场规模小、布局分散、特别是产业优势不突出，二三产业不发达。农场企业大多数规模小，产品结构单一，产品竞争力缺乏，众多加工型企业急需尽快进行生产结构调整，引进新的技术和设备去适应当前和未来的市场需求。此外，人才缺乏也是垦区普遍存在的问题，由于大部门垦区资金不足、地理位置偏僻，难以吸引高新技术人员和高级管理人员，影响了农垦资源优势的发挥。

（五）已经进行集团化改革的农场专业集团改革不到位

产业发展较好的农场，例如御道口农场和中捷农场已经进行了股份制改造和集团化改革，但是进展缓慢。究其原因主要有两方面。一个方面，单一的投资主体或一股独大的状况，不利于形成规范的公司法人治理结构，不利于把垦区的优势产业、优势企业做大做强。另一个方面，不易建成规范的公司法人治理结构。规范的公司法人治理结构要求成立股东会、董事会、监事会等，并能正常履行其职能。大部分垦区集团因为投资主体过于单一，国有股份所占比重过大，公司法人治理机构建立不完善，距离规范的治理结构要求还很远。

三　外省垦区成功经验和启示

（一）余杭农林集团

近年来，杭州市余杭区通过整合区域内 15 家国有农林渔场资源，以创

新农场产权制度等体制机制为突破口，实行国有农林渔场集团化公司化经营，国有农场发展基础得以进一步夯实，总体实力得到进一步增强，发展后劲更加强劲。目前，该农场已经建设成为拥有八万多亩土地，总资产 79 亿元的现代农业企业集团，成为全国中小垦区改革发展的样板。2016 年被列为承担农业部“组建区域性现代农业企业集团”农垦改革专项试点任务单位。

主要做法如下。

1. 改革创新，有效推动农垦企业化改革

2002 年针对农场遇到的一系列矛盾，余杭区委、区政府对农场改革做出重要部署，全面启动农场改革攻坚任务。按照统筹管理原则，将 11 家企事业农场按照“政策分类、整体推进、分步实施”的方式，大胆创新，用了近四年时间，完成了统一经营管理的公司化改组任务。为了建立规范的现代企业制度，以改革产权制度为突破口，打破原事业场和企业场分隔的局面，优化整合土地等资产，建立杭州余杭区农业资产经营有限公司，成为“产权清晰、权责分明、政企分开、管理科学”的国有农业企业。

2. 以政策配套为支点，稳妥推进农场改革

第一，通过盘活土地筹措资金，解决农场遗留的 1.2 亿元的债务。第二，对农场企业进行改制，通过租赁、拍卖、转制或宣告破产等方式，对农场下属 50 多家厂办企业进行改制，并进行属地管理。第三，对农场全部土地依法确权登记发证，明确了农场土地属性，共颁发 434 本土地证。第四，对农场全部职工进行了身份置换，补发工资和支付补偿金、医药费等一亿多元。第五，完善职工社会保障体系，共筹措 1.06 亿元资金，将五千多名离退休、退养、协缴人员全部剥离到当地社会保障机构。

3. 大力推进垦区集团化发展

2008 年，余杭区政府以抱团发展、做大做强为原则，对全区农场进行大整合，组建了余杭农林集团，并由区政府直接管理。通过理顺行政管理体制，完善母子公司体系，大力推进垦区集团化发展。一方面，针对职工住房困难和历史遗留问题做了大量富有成效的工作，解决了职工民生问题，增加

了农场职工的福祉。另一方面，农林集团充分利用土地资源，按照自主经营、合作经营、招商经营等方式，大力引进现代农业项目，打造了一批现代农业园区。目前农林集团已经拥有国家级现代示范农场1家，省级现代示范农场2家，区级以上现代农业园区10个。此外，农林集团积极挖掘农场发展潜力：首先，将5.47万亩优质土地作价评估并注入农林集团公司转增国有资本，壮大了集团的资本规模；其次，通过垦造耕地6000多亩，获得了政府3亿多的资金补助，并为城市空间拓展做出了贡献；最后，利用区政府对农林集团土地出让金全部返还的特殊政策，完成整理及储备土地1000多亩。一旦出让，将有效解决农场改革资金、历史遗留问题处置、职工民生项目建设等资金缺口问题，且为农场下一步发展提供了资金保障。

（二）湖北农垦

湖北农垦在2003年垦区综合改革时将农场全部下放到市县管理。随着时代发展，这种单打独斗、各自为战的格局严重制约农垦事业发展。为顺应全国农垦改革大趋势，2015年新一轮农垦改革启动后，湖北农垦把握机遇，主动作为，积极探索垦区集团化改革的新路径，取得阶段性成效。截至2017年，湖北农垦改革取得初步成效。全省65家国有农场已有32家基本完成国有农场办社会职能改革任务，32家农场所在县市已出台办社会职能改革实施方案。全省农垦519.86万亩土地，已完成确权面积351.77万亩，已发证面积为277.21万亩，确权67.67%，发证率53.32%。其他改革也扎实推进，成效日益显现。2017年全省垦区完成生产总值1168.7亿元，实现利税186.1亿元，全系统人均纯收入19679元，比上年增长12.8%。

主要做法如下。

1. 统一认识，坚定集团化改革的信心

首先，召开座谈进行调研，摸清垦区干部职工对集团化改革的想法；其次，为增强垦区人民改革的信心，深入外省取经，邀请专家进行专题讲座，开展课题研究，引导大家认清形势、消除疑虑、坚定信心；最后，组织分层级、分专题、全覆盖的培训，先后5次对市县领导、部门负责人、农场干部和操作人员进行轮训，累计培训近千人次，坚定了人们走集团化道路的决心。

2. 整合资源，力推集团组建

一是通过精心谋划和设计集团组建方案，最终确立采用政府注资、行政拨款和合并重组的方式组建农垦集团。二是省农垦局联合24家农场以资本为纽带成立联丰海外和联丰现代两个集团，并通过规范化管理集团提质增效；三是通过推进“两个三年”任务，夯实了集团化企业化改革的基础。目前，湖北省已经注册成立了80多家农场产业公司，组建了4家区域性的农垦集团，初步形成“省农垦集团+区域性农垦集团+农场产业公司”的经营格局。

3. 推进部门联动，强化政策保障

湖北省通过部门沟通衔接，在改革办社会职能、创新土地管理、强化国有资产监管和组建农垦集团等方面达成共识，出台了一系列改革文件和利好政策，为推进集团化改革提供了政策保障。一是在组织领导方面，由省农业农村改革领导小组牵头，负责统筹推进农垦改革发展。二是在企业化集团化改革方面，于省级层面组建了省农垦集团并成立了农垦投资集团，设立了湖北农垦产业发展股权投资基金；在市县级层面组建了区域性集团和产业集团，并明确到2020年，至少80%的农场要完成公司化改造。三是在改革办社会职能方面，原国有农场承担的属于政府职能的社会管理和公共服务纳入市县政府管理，其人员安置、所需经费等问题由当地政府解决；对办社会职能遗留的历史债务，经过清理甄别，按照政府债务统一要求规范管理。四是在国有土地管理方面，确保在2018年底完成农场国有土地确权发证工作；经省级农垦主管部门报省人民政府批准后，收回国有农场土地使用权；土地使用权收回后，给予不低于被收回土地面积的15%的配套建设用地；鼓励农垦集团在省级重大建设项目中开展土地一级开发。五是在加强国有资产监管方面，建立完善以资本为主的监管体制，全面进行农垦国有资产清产核资和产权登记，鼓励支持开展改组组建农垦国有资本运营、投资公司试点。

（三）启示

1. 坚持正确方向，创新管理体制和运行机制

按照垦区集团化、农场企业化这条主线，坚持“国有属性不变、市场导向不变、分类指导不变”的改革基本原则，不但不会把农场改没、改弱、改小，反而会逐步把农场做大、做强、做美。坚持正确的改革方向后，要创新管理体制和运行机制，摒弃旧体制的弊端，打破传统体制形成的条块分割、各自为战的分散经营格局，通过整合资源和重组下属农场，不断健全完善法人治理结构，有效提升现代化管理水平。

2. 循序渐进，逐步推进改革发展

垦区进行集团化改革最终目的是构建适应市场经济要求的管理体制，不是单纯地要把分散的农场组合拼装，不应用行政手段强制性地把毫不关联的农场和企业强拉在一起组建企业集团。强制组合的结果只会造成农场主业的偏离，不利于集团公司主导产业健康发展。垦区集团化改革应该以提高农场资源配置效率为导向，妥善剥离社会职能，创新集团管控模式，按照关联性原则逐步推进农垦集团公司业务重组，以获得速度经济效益和规模经济效益。

3. 统一思想认识，坚持凝聚共识

农垦集团化改革顺利进行，离不开政府的高度重视和相关部门的大力配合。只有属地党委、政府、农场切实履行属地管理主体责任，强化属地有关部门的责任落实，才能使国家和省委、省政府关于农垦改革的决策部署在各农场落地生根。特别是在改革实施过程中，应该充分肯定农场的历史地位和作用，尊重职工的改革意愿，依法维护农场职工的切身利益，形成上下统一的改革氛围。

4. 求同存异，逐步从单打到组团

不同的农场，资源禀赋也不相同，因此，农垦集团化改革的路径也应具有差异性。对于农场数量较少、规模较大、经营效益较好的区域，可以国有农场为主体，整合区域内国有农业经营主体，走集团化发展的道路；对于农

场数量较多、地理位置相近、产业结构相似的区域，可以整合农垦资源组建区域性农垦集团公司，由集团公司重组所属农场，推动集团产业整合，组建专业化产业公司；单个农场则可推行公司化改造，主动与大型集团化公司对接，或者融入区域内的农业主导产业链，逐步做大做强农场产业，增强自身实力。

5. 协同推进，由松散走向紧密

要充分发挥集团内部股权的纽带连接作用，整合资源，彻底打破农垦集团企业产权条块分割的局面，放大国有资源价值，构建子母公司利益联结机制，形成真正的子母公司利益共同体。此外，还应推进用人机制和薪酬制度改革，建立集团目标与员工薪酬有机统一的绩效薪酬体系，使集团利益与个人利益紧密相关，构建公司和个人利益的共同体。

四 河北省垦区集团化改革模式和路径

河北省各垦区管理形式多样，资源禀赋差异大，经济发展水平差距也大。因此，河北省农垦集团化改革不能依赖统一模式，而是要根据各垦区、农场发展现状，选择符合自身实际的改革路径，充分发挥市场在资源配置中的决定性作用，因地制宜、分类推进。

（一）集团化改革模式

通过对河北省各垦区的实地调研，立足各垦区经济社会发展现状，提出两种集团化改革模式即区域国有农场集团化改革模式和产业链集团化改革模式。区域国有农场集团化改革模式针对经济实力强、规模大的农场，9 个大型骨干农场可采取此种方式；产业链集团化改革模式适用于经济实力较弱、规模较小的农场。

1. 区域国有农场集团化改革模式

对于规模较大、实力较强的农场，整合区域内农垦企事业单位，重组农场资源，创建国有农场资产经营集团企业。集团作为县政府直属国有企业，承担国有农场资源的经营管理和开发利用，并以农场资源作为投融资平台，筹措农场改革发展资金，同时积极完善社区、住房等社会管理职能，维护农场社会稳定，确保国有资产保值增值。

2. 产业链集团化改革模式

对于中小型国有农场，依托自身优势资源参与到国有农业集团公司的产业链一个或几个环节中，做精产业链节点产业，在产业链中实现利润增值，做大做强农场经济实力。例如，浙江长兴县良种繁育场参与勿忘农集团种业产业链就是一个成功案例，长兴县良种繁育场依托组织和技术优势，组建浙江勿忘农种业股份有限公司长兴分公司，参与到勿忘农集团的种业产业链中，聚焦种子生产、加工和销售。

（二）河北省农垦集团化改革实施路径

1. 集团化管理层级设计

根据河北省垦区实际情况，结合外省垦区集团化改革的成功经验，本报告认为河北省垦区集团化改革宜采用集团总公司—区域集团公司—基地子公司（农场企业）三级管理层级。集团总公司以资本为纽带，与区域性集团、农场企业交叉持股，相互投资，建设成为竞争力较强的现代农业企业。

一是在省级层面，整合全省农垦资源，组建大型现代农业企业集团——河北省农垦集团，省级农垦管理机构与河北省农垦集团实行“一个机构、两个牌子”管理模式，承担集团战略决策、资本运营、监管控制和支持服务功能。农垦集团要逐步建立健全现代企业制度，明晰产权关系，完善法人治理结构，设立董事会、股东会、监事会，完善各项管理制度，明确相关责任和权益。

二是根据市场和产业发展需要，地理位置相近或者主导产业相同的农场以规模较大、实力较强的农场为核心，加快整合重组为国有属性、农垦性质的区域集团（或资产经营公司），农场相对集中的有条件的县（市、区）可跨区域兼并重组其他国有农场。经济基础和规模较大的单个农场也可就地改造为企业集团，与河北省农垦集团形成“大集团套小集团”的格局。一方面促进集团公司资本结构、产业结构、组织结构进一步优化，另一方面实现管理层级扁平化，降低管理成本，提高决策效率。在区域集团公司层面，突出发展主业和建设产业链，发挥承上启下的管理职能，谋划实施重点项目和工程，加快向产业链、价值链的中高端延伸。

三是加快推进农场企业化改革，打造河北省农垦集团基地，奠定农垦集团发展的产业基础。各农场要按照现代企业制度要求，积极推进政企分开，实行股份制改造、完善公司管理体制等多种措施，将自己改造成为区域集团公司的基地分公司，或者成为区域集团公司的子公司，或者整合重组为专业集团公司，实现自主经营、自我管理、自负盈亏、独立核算，逐步向现代企业转型，为农垦集团打造全产业链，提升产业竞争力奠定基础。

2. 实施路径

河北省农垦要实现集团化改革目标，现阶段宜采取分步走逐步推进的策略：首先，要在剥离办社会职能和开展土地确权登记的同时，全面推进农场企业化改革，并对弱小企业进行重组整合；其次，对满足条件的农场企业进行公司化改造，明晰产权关系，逐步建立现代企业制度；再次，在有条件的地区探索和尝试组建区域性现代企业集团和专业化产业公司，积累经验；最后，随着企业实力和发展水平的提高，组建河北省农垦集团，构建集团总公司—区域集团公司—基地子公司（农场企业）三级管理层级，逐步实现垦区集团化改革目标。具体实施路径如下。

一是要加快农场企业化改革。农场企业化是企业发展水平和社会生产力发展到一定阶段的产物，是垦区集团化改革的基础和前提。农场企业化—企业公司化—公司集团化是一个循序渐进的过程。① 目前河北省多数农场办社会职能负担沉重，企业经营功能弱化，二三产业不发达。土地大部分被承包出去，承包期长，租金极低。企业收入来源有限，职工社保入不敷出，靠转移支付维持。基于河北省农垦企业发展现状，当务之急应全面推进农场企业

① 侯伯森：《吉林垦区实现集团化改革目标的理论与发展现状浅析》，《吉林农业》2016 年 11 月 8 日。

化改革，主要做好以下四点。第一，转换体制机制，妥善剥离办社会职能，加强企业生产经营能力，恢复企业造血功能，改变“捧着金饭碗要饭”的状况。第二，适应市场经济条件下的企业发展需求，建立现代科学的经营模式和组织架构。第三，建立新型土地承包经营制度，提高地价，增加企业经营收入。第四，有条件的农垦企业，按照现代企业制度要求进行公司化改造，明晰产权关系，健全法人治理结构，不断提高内部管理水平和市场竞争力。

二是要扶持核心企业发展壮大。一个实力强大、具有投资中心功能的核心企业是成立企业集团的先决条件。因此，要加快推进农垦企业集团化进程，就必须大力扶持核心企业的发展和壮大。第一，要精准选择可扶持的对象。根据农垦特点，农垦企业集团的核心企业应是和农业具有较高关联度的工业企业，如农产品加工企业或农用生产资料生产企业，也可以是辐射面很广的农业服务性企业。第二，在符合国家产业政策和市场经济公平竞争的前提下，政府管理部门要利用农垦系统现有的调控手段，在计划项目的安排、资金投入等方面重点支持和发展一批核心企业，提高核心企业的吸引力和经济实力。① 第三，鼓励优势企业在系统内租赁、承包、兼并劣势企业，支持核心企业或潜在的核心企业通过低成本扩大规模。

三是要发挥优势特色，推进区域集团化。结合河北省各地农垦实际，按照“分步实施、先易后难”的原则，在农场中选择产业基础较好、资源禀赋优势明显、改革意愿较强的农垦企业率先组建区域性农垦企业集团，为垦区集团化改革积累经验发挥引领示范作用。一方面，在同一市、县（市、区）政府领导下，农场较多的区域如廊坊辖区的新桥农场、李庄农场、黄埔农场、界围农场、小务农场可由当地政府主导，农垦主管部门参与，整合资源、资产，合并重组进行区域集团化道路试点。另一方面，由不同的县（市、区）政府领导且分布不集中，但产业基础类似的牧场，例如康宝牧场、察北牧场、沽源牧场、孤石牧场、鱼儿山牧场、卡伦后沟牧场、御道口

① 于彤：《论农垦企业集团发展的目标模式》，《中国农垦经济》1998 年 8 月 10 日。

牧场、红松洼等牧场，可由上级政府主导，农垦主管部门参与，通过资产整合、产业联合，走区域产业集团化的路子。

四是可通过试点区域集团化的方式摸索经验，条件成熟后，进一步推动区域性农垦企业集团的联合，组建省级农垦集团总公司——河北省农垦集团，逐步实现全省农垦集团化发展。

参考文献

侯伯森：《吉林垦区实现集团化改革目标的理论与发展现状浅析》，《吉林农业》2016 年 11 月 8 日。

于彤：《论农垦企业集团发展的目标模式》，《中国农垦经济》1998 年 8 月 10 日。

北京首都农业集团有限公司：《探索实践“四种途径”积极稳妥推进混合所有制改革》，《中国农垦》2018 年第 4 期。

调 查 篇

Survey Report

B.21 河北省涞源县黄郊村精准扶贫情况调查报告

闫永路*

摘 要： 黄郊村贫困人口多，贫困发生率高，贫困成因复杂。本报告认为，快速城镇化产生的“虹吸效应”引发的农业农村内部要素资源的持续流失，是造成黄郊村贫困的宏观原因；脆弱敏感的生态环境，全面短缺的人力资源、科技资源、教育资源，特别是与农业发展息息相关的水资源，是造成黄郊村贫困的微观原因。在宏观和微观条件控制下，“乡村精英”加强了对村庄利益的控制，形成的日益紧张的村（委）社（员）关系，使黄郊村掉入了“城镇虹吸”、“环境束缚”、“要素短缺”和“村社失序”等多重因素诱发的“贫困陷

* 闫永路，河北省社会科学院农村经济研究所副研究员，主要从事三农问题研究。

阱”。由于宏观条件是既定和外生的，所以要逃出贫困陷阱，黄郊村必须下狠功夫和大力气突破微观条件限制。

关键词： 精准扶贫　要素资源　乡村精英　贫困陷阱

涞源旧称“广昌”，因取涞水源头之意，故改称“涞源”。黄郊者“荒郊”也，意为“荒郊野外”之地，村民为讨吉利，后改称“黄郊”。黄郊村是河北省206个深度贫困村之一，也是河北省社会科学院的定点帮扶贫困村。这为深入调查该村贫困状况提供了便利，在驻村工作组全力支持和协助下，笔者多次深入该村走访慰问并驻村调研，形成了此篇调研报告。

一　县村情况

（一）县域概况

1. 历史沿革

新石器时代就有人群定居于涞源，商周时期形成居住规模。西汉初期置广昌县，属并州代郡，先后隶属于晋末灵丘、北周蔚州（今河北省蔚县）、隋朝易州（今河北省易县），唐、元、明时期多属蔚州管辖，清朝时期因被作为皇家万年吉壤之地，复归易州管辖。1914年以境内为涞水发源地而改称“涞源”并沿用至今。

2. 自然状况

涞源县位于河北省保定地区西北部，太行山北端。东经114°20′～115°05′，北纬39°01′～39°40′，总面积2448平方公里。东北距北京160公里，东距天津210公里，东南距保定89公里。全县均分布于山区，境内群山起伏，沟谷纵横，海拔1000米以上的山峰78座，1500米以上的山峰32座，2000米以上的山峰5座，位于县中南部的白石山海拔2096米，雄伟壮观。

涞源县地表水资源丰富。境内有拒马河和唐河两条主要河流，总长79.65公里，总流量19.24m^3/s，均属于大清河水系。拒马河发源于县城南旗山脚下，地下水溢出形成泉水群，汇聚而成地表河流，境内干流长45.65公里，流域面积1656平方公里，为常年基流河；唐河发源于山西省浑源县，在涞源境内长34公里，流域面积792平方公里。独特的地形条件使涞源山泉广布，全县共有山泉102处，分布在旗山、北海、南关三处，分别是拒马河源头、涞水源头和易水源头，三泉在城东南500米处汇合，形成"一县拥三泉，三泉汇一县"的独特胜景。由于全县地势西北高、东南低，地表水多向外地输送，本地较难截留利用，因而也成为保定重要水源地。

涞源植被属华北植物区系，植被主体为灌草丛，其次是天然次生林和人工林，森林覆盖率为18.24%。全县耕地资源较少，主要分布于涞源盆地，耕地仅占县域总面积的11.19%，园地占0.19%，林地占20.06%，工矿用地占2.14%，交通用地占0.31%，水域占1.78%，未利用地占64.34%。

涞源矿产资源丰富。已探明金属矿、非金属矿43种，具有开采价值的金属矿主要有金银矿、铅锌矿、铁矿、铜矿、钼矿，非金属矿主要有石棉、大理石、石灰岩、花岗岩、钾长石矿、石英石矿、海泡石矿、褐煤等。

涞源旅游资源丰富。涞源历史文化悠久，文物古迹众多，是太行山区著名的"千年古县"，拥有阁院寺文殊殿、唐代兴文塔、明代长城、泰山宫等一批宝贵文物古迹。县域地质旅游资源较多，有白石山景区、十瀑峡景区、拒马源泉群、森林公园、仙人峪、空中草原等一批自然资源景观。全县地质遗迹众多，以白石山大理岩构造的峰林最为典型，属于地质地貌景观的新类型。白石山地震遗迹、十瀑峡瀑布和花岗岩三组原生节理关系十分独特，是国家地质公园、国家森林公园、5A级景区。白石山是北京房山世界地质公园的一部分，2006年以其独特的地质资源，与涞水野三坡国家地质公园一起被认定为世界地质公园。

3. 经济社会情况

2017 年涞源县按照“稳增长、调结构、促改革、增动力、治污染、惠民生”总体思路，努力推进全县经济平稳发展、稳中增长，县城 GDP 达到 65 亿元，同比增长 6.5%。城镇居民和农村居民可支配收入分别达到 23110 元和 6930 元，同比分别增长 11% 和 13%。新增就业 2796 人，转移就业 2197 人。全部财政收入完成 8.56 亿元，同比增长 47.8%，其中一般公共预算收入完成 4.01 亿元，同比增长 29.9%。大力推动产业结构转型升级，三次产业结构比例调整为 4.8∶44.6∶50.6，与 2016 年相比，二产比重下降 7.57 个百分点，三产比重上升 7.65 个百分点。

旅游经济持续火爆、贡献突出。白石山景区龙头带动作用显著，全年共接待游客 192 万人次，旅游综合收入达到 16.7 亿元。白石山温泉度假区、河北省第二届国际冰雪节、白石山温泉项目、七山滑雪度假区等一批旅游重点项目相继运营，开启了涞源冬季旅游新局面。农业现代化步伐不断加快。食用菌、猪苓、中草药种植初具规模，市级以上农业产业化龙头企业达到 9 家，市级以上现代农业园区达到 5 家，农业产业化率达到 57%。新能源产业规模不断壮大。三峡集团、科诺伟业、中电投等光伏项目并网发电，总装机容量达到 171 兆瓦，总发电量 1.69 亿度，产值 1.96 亿元。

积极推进脱贫攻坚。2017 年全面完成贫困户精准识别。大力推进产业扶贫，雄源服装智慧新城项目，宝迪集团 1.5 万头种猪、30 万头育肥猪养殖项目，德青源 180 万只蛋鸡、60 万只青年鸡养殖项目，106 个村级光伏电站项目等全面启动。积极推进易地搬迁安置工程，19 个集中安置区 1662 户 4991 名贫困人员到得安置。2017 年全县共有 8136 户 23188 人达到了脱贫出列标准。

（二）村庄概况

黄郊村位于涞源东北部，距离县城 25 公里，距上庄乡政府约 5 公里，由 4 个自然村（黄郊老村、新村、胡子峪、张家湾）组成，全村耕地面积 4120 亩，林地面积 8000 亩，荒地面积 200 亩，全村共有 450 户 1290

人。截至2017年末，该村共有建档立卡贫困户169户412人，五保户15户。截至2018年10月，因有3人去世、1人走失，全村实有贫困人口165户408人。全村耕地多为坡耕地或河流冲积地。受地理纬度和地形地势影响，全村降水主要集中于夏秋两季，因地势北高南低，地表水难以截留利用，农业耕作全部为旱作。农作物以玉米、谷子为主，兼有少量豆类等。据调查，雨水正常年份，玉米单产可达400～500公斤，谷子单产可达300～400公斤。除农业种植外，全村无工业，村集体无收入。村内年轻人以外出打工为主，老人、妇女多留守村内务农。留守村民除日常耕作外，在农忙间隙多到蔚县等蔬菜种植区或杏扁栽培区做务农短工，日工资约100～150元不等。

（三）贫困情况

根据精准识别数据并结合实际调查，目前全村实有贫困人口165户408人，贫困发生率为32%，是涞源县贫困发生率的近2倍。贫困户中五保供养户和低保保障户共84户，一般贫困户81户。总的来看，该村贫困具有农业发展受制约、病—残—学致贫占比大、政策兜底占比高三大特征。

1. 农业发展受水资源严重制约

如前所述，黄郊村地表水主要是季节性短时过境客水，且受村庄地形影响难以截留利用。地下水方面，全村仅靠一口持续使用三十余年的老井满足新村和老村基本生活用水。该水井早已年久失修，存在随时坍塌的风险，一旦水井发生坍塌，全村一千二百余人将面临严重的吃水问题。农业上，全村无一亩水浇地，农业用水全部靠自然降水。所以，农业发展受水资源制约严重。

2. 致贫原因交叉重叠，十分复杂

限于时间和精力，研究小组对村内部分贫困户进行了走访调查，并根据精准识别数据资料中的户主信息，对全村贫困户进行了分类整理。数据显示，在全村165户贫困户中：因缺乏劳动力、资金和技术等要素资源致贫的分别有22户、42户和18户，合计占贫困户总数的49.7%；因病、因残和因学致贫的家庭分别有40户、12户和13户，合计占贫困户总数的39.4%；因自身动力不足致贫的有18户，占贫困户总数的10.9%。

从户主年龄上看，介于15~64岁劳动年龄的贫困户共96户。其中缺技术的有14户，占14.6%；缺劳动力的有9户，占9.4%；缺资金的有31户，占32.3%；因病致贫的有13户，占13.5%；因残致贫的有9户，占9.4%；因学致贫的有12户，占12.5%；自身发展动力不足致贫的有8户，占8.3%。年龄大于65岁的非劳动年龄贫困户共有69户，占41.8%，平均年龄72岁。在69户非劳动年龄贫困户中，27户因病致贫，占39.1%；13户缺劳动力致贫，占18.8%；11户缺资金致贫，占15.9%；3户因残、1户因学、4户因缺技术致贫，合计占11.6%。

3. 低保五保等政策兜底贫困户多

在165户贫困户中，享受农村最低生活保障的贫困户有69户，占贫困户总数的41.8%；享受农村五保供养的贫困户有14户，占贫困户总数的8.5%。最低生活保障和五保供养贫困户占贫困户总数的50.3%，大幅高于全省平均水平。数据显示，五保供养贫困户平均年龄70岁，多数因病因残而生活困难。在享受最低生活保障的69户贫困户中，65岁以上的非劳动年龄贫困户有38户，占低保贫困户的55.8%。按照我国一般认为60岁即为老年人的标准，则享有最低生活保障的贫困户有44户，占低保贫困户的63.8%。由此，五保贫困户和60岁以上低保贫困户共有58户，占低保五保贫困户总数的69.9%。

4. 贫困户之间收入水平差距较大

根据贫困户月度收入调查，调查组整理了165户贫困户人均收入状况。数据显示，全村贫困户年人均收入仅有2120元。按照1000元步阶划分，年均纯收入低于1000元的贫困户有36户，占贫困户总数的21.8%；1000~2000元的贫困户有41户，占贫困户总数的24.8%；2000~3000元的贫困户有67户，占贫困户总数的40.6%；纯收入超过3000元的贫困户有21户，占贫困户总数的12.7%。由此来看，人均纯收入介于1000~3000元的贫困户最多，合计占全部贫困户的65.4%。为了更进一步掌握贫困户之间的差距，需要对收入最低和最高的部分进一步分析。结果显示，人均纯收入低于1000元的贫困户中，除个别贫困户年龄较低外，多数贫困户的年龄较大，贫困多为因病、因残或缺少劳力所致。在人均纯收入超过3000元的贫困户中，收入最高的多为五保供养户，最高的人均纯收入为6198.4元，是全部贫困户人均纯收入水平的近3倍。所以，尽管都是贫困户，但贫困户之间也存在较大的收入差距。

（四）贫困与其他

贫困是产生问题的根源。在黄郊村，贫困带来的不仅是经济和物质资源的匮乏，也折射出当下深度贫困村复杂的矛盾。一是乡村精英的控制问题。精英控制是乡村治理的热点。一般认为，精英是乡村治理的中坚力量，大量乡村治理实践表明，乡村精英对乡村发展至关重要，越是发展好、发展快的乡村，无一不是在乡村精英的带领下推进并取得成功的。但是，对于深度贫困村而言，由于村内缺乏可供精英控制的资源，也缺少乡村精英内部的竞争机制，乡村精英往往异化为垄断村内事务的精英，成为分配各种扶贫资源的控制者和主导者。黄郊村就是典型的案例，该村党支部多年来被个别人控制，不发展新党员，阻止村党支部发展建设，使村党支部成为个人的“一言堂”。在此情形下，村内事务和扶贫资源即被个人控制，由此引发了贫困户认定不公平、优亲厚友等各类问题。在“不患寡而患不均”的传统思维下，村民对此多有不满，由此引发村民与村干部的激烈对立，各种有理无理的上访事件层出不穷，经济贫困与乡村治理乱象相互纠缠，使村庄发展乱成一团。二是基础教育缺失导致的人口文化素质低的问题。根据天津大学陈国锋对涞源县基础教育的跟踪调查和研究，2005年涞源县小学文化程度及15周岁以上的文盲、半文盲人数占全县人口比例高达66.42%。尽管此数据过于陈旧，但教育的提升并非一日之功，仍足以看出涞源基础教育之薄弱，也反映出该县人口文化素质不高的现实。对深度贫困的黄郊村而言，人口文化程度和文化素质低也是导致贫困的恶性循环问题之一，即文化素质低导致贫困，贫困又进一步阻碍文化素质的提高。三是在精英控制、人口素质较低的情形下，部分乡村形成了“法不下乡”的错误观念，“武力”或“无理取闹”通常成为解决村与民、民与民之间矛盾的惯用做法。

所以，总的来看，快速城镇化的“虹吸效应”引发的农业农村内部要素资源的持续流失，是造成黄郊村贫困的宏观原因；脆弱敏感的生态环境，全面短缺的人力资源、科技资源、教育资源，特别是与农业发展息息相关的水资源，是造成黄郊村贫困的微观原因。在宏观和微观原因的双重作用下，“乡村精英”加强了对村庄利益的控制，形成的日益紧张的村（委）社（员）关系，使黄郊村掉入了“城镇虹吸”、“环境束缚”、“要素短缺”和“村社失序”等多重因素诱发的“贫困陷阱”。黄郊之贫困，既是物质的贫困，也是精神的贫困，更是文化的贫困，要打赢脱贫攻坚战，只进行产业扶持还远远不够，还应从精神、文化、生态等更广的领域着手，才能使其从根本上拔掉“穷根”。

二　在摸索中摆脱困境

针对黄郊问题，河北省社会科学院选派精干力量，组成驻村工作组，从精准识别开始，从解决黄郊村最迫切的问题入手，帮助黄郊群众早日脱贫致富。

（一）精准识别贫困基数

工作组进驻该村以来，全面学习和梳理扶贫政策，严格执行涞源县、乡政府关于扶贫攻坚的各项管理规定，积极与黄郊村两委班加强联系，在最短时间内熟悉了解村情村貌及169户建档立卡贫困户的详细情况。对全村所有贫困户进行地毯式走访慰问，为踏实开展脱贫攻坚奠定坚实基础。经驻村工作组细致耐心的调查，了解到如下情况。黄郊村贫困户去世3人，走失1人，建档立卡贫困户剩余165户，贫困发生率32%。共有五保户16户。安装屋顶光伏发电的贫困户22户。全村共有党员46人，村民代表28人。村内年轻劳动力多在外地打工。村内留守的大多是老人、妇女和无劳动能力的残障人员，劳动力明显不足，村民的收入除务农收入外没有其他收入，农作物品种单一，以玉米等杂粮为主。

（二）补齐基础设施短板

1. 优先完善交通基础设施

黄郊村的自然村——胡子峪，坐落在黄郊村西北部的半山坡上，村内共有居民二十余户，基础设施非常落后，生活环境异常艰苦，仅有一条不足两米宽的土路可以进出，每逢阴雨和冰雪天气，村民几乎无法出行，严重影响了老百姓正常的生产生活。因此，改善胡子峪村的交通状况，成为工作组2018年的首要任务。经工作组与县职能部门的积极努力，一条1700米长2.5米宽的水泥路已经完全修好，彻底解决了胡子峪村出行难问题。

2. 重点解决吃水用水问题

一是谋划建设黄郊村深水机井。黄郊村现有机井已使用三十余年，存在严重的坍塌风险，必须尽快解决黄郊村1200余人的用水问题。驻村工作组及村两委多次联系保定康达有限公司，请求该公司给予大力帮助。经过多次村企讨论，康达公司派员工到黄郊村实地考察，并最终达成了帮助黄郊村解决用水问题的协议。双方共同拟定了机井建设工程项目计划书和投资预算书，计划投资34.2万元帮助黄郊村建设一眼深水机井。截至本报告完稿，据驻村工作组反馈，该机井已达出水条件，黄郊群众盼望已久的用水问题有望彻底解决。二是谋划解决胡子峪、张家湾等自然村的用水问题。前已述及，胡子峪地处半山腰，用水全靠肩担车载，十分困难。工作组进驻后，经多次细致考察与村两委研究，并报经工作组所在单位党组织批准，决定投资8万元，为胡子峪援建一处300立方米的蓄水池，通过3000米的输水管道，将蓄水池与胡子峪、黄郊老村、新村和张家湾等4个自然村相互贯通，利用蓄水池与农户之间的自然势差，解决胡子峪农户用水问题。截至本报告完成，蓄水池建设工程已基本完工，胡子峪、张家湾的用水问题也有望彻底解决。

3. 加强文化基础设施建设

当前黄郊村尚无一处文化设施，为解决村民日常休闲休憩问题，驻村工作组与村两委商议决定，一是将村委会西侧空闲地块进行平整，为村民修建一处500余平方米的休闲健身广场。二是依托黄郊村百年古树和村名碑，修建一处仿古凉亭和200余平方米的文化广场，将其与健身广场共同作为全村集文化宣传健身娱乐于一体的文化娱乐设施。至2018年10月，健身广场、休闲凉亭修建和健身器材设置等已基本完毕。这一帮扶举措大幅改善了黄郊村的整体面貌。三是筹划建设黄郊农村书屋。为逐步改善全村文化氛围，驻村工作组计划在村委会办公地点筹建1～2间文化书屋，以提高村民的文化素质，改变村民的精神风貌。

4. 加强农村环境美化和整治

2018年8月，驻村工作组与各方共同努力，为黄郊4个自然村安装了120盏太阳能路灯，实现了村庄亮化。工作组与县委政府紧密协作，完成了清洁厕所改建工程，并组织村两委选聘环保卫生人员，加强村内垃圾清理和管理，改变了村庄卫生无人管理的局面，使全村卫生状况明显改善，村民的幸福指数大幅提高。此外，工作组还积极推进黄郊小学改建和危房改造工程，对20户贫困户的危旧房屋进行了改造或修建，大幅改善了学校办学条件和贫困户居住条件。

（三）积极谋划产业项目

1. 大力发展生态养殖

2018年涞源县与宝迪集团合作开展了1.5万头种猪、30万头育肥猪养殖项目，驻村工作组积极组织协调，在黄郊村西北部筹建了宝迪生猪养殖场，预计年养殖规模500头。目前，养猪场各项硬件设施和室内建设已经全部完成，即将投放幼猪开始运营。黄郊村通过养猪场土地租赁和贫困户在养殖场打工等形式，增加了村集体和贫困户个体收入。

2. 大力发展光伏产业

驻村工作组立足黄郊村劳动力短缺、贫困户年龄普遍偏大、闲置山坡地较多等实际情况，积极联系涞源县委等部门，为黄郊争取了集体光伏发电项目，光伏电厂位于黄郊村北山坡，项目计划总投资 1 亿元。2018 年 10 月，该项工程安装光伏电板，2018 年 12 月并网发电。该项工程将黄郊村近千亩荒山充分利用，为村集体、贫困户带来稳定的收入来源，彻底扭转黄郊村只能依靠旱作农业增加收入的局面。

（四）保障村委顺利换届

农村基层组织是党在农村工作的战斗堡垒。当前，村两委换届既是农村基层组织建设的大事，也是农村各种势力竞争的焦点。因此，保障村委顺利换届就成为一项重要工作。在县乡党委政府指导下，驻村工作组深入贫困户了解村情民意，协助上级单位做好村委换届工作。驻村工作组从三年驻村帮扶工作的长远计划入手，本着对扶贫攻坚工作和乡村振兴事业高度负责的态度，为减少对村委换届的外界干扰，驻村工作组确立了如下工作原则：一是协助上级党委政府收集村情民意，分析能够胜任精准扶贫和乡村振兴工作的候选人情况；二是坚持不插手村两委换届的工作纪律，做到“帮助不干预，帮忙不添乱”。黄郊村是全县村委换届的试点村，由于工作组准备充分，工作扎实细致，村两委于 2018 年 8 月底顺利完成换届。黄郊村新一届党支部和村委会成员年富力强，乐于为全村脱贫攻坚和加快发展贡献力量，也成为驻村工作组顺利开展下一步工作的有力依靠。

三　对策建议

总体来看，黄郊村在上级政府指导下，在河北省社会科学院党组织的大力支持下，经驻村工作组和村两委共同努力，完成了脱贫攻坚的完美开局。但是，作为最为典型的深度贫困村，黄郊村脱贫攻坚和乡村建设依然困难重重、任务艰巨，必须以无畏的勇气和强大的魄力探索深度贫困村的脱贫之道、振兴之途。

（一）因地制宜发展现代农业，夯实现代农业发展根基

农业是基础产业，更是贫困村脱贫的主要依靠。现代农业是农业发展的根本方向，脱贫致富需要大力发展现代农业。但是，从当前看，农业发展面临农地破碎化、农户原子化的严重制约。深度贫困村一般多位于干旱半干旱的山区，农业耕作基础条件较差，如何发展现代农业是难以回避的基本问题。从人的角度看，深度贫困村青壮年劳力较少，鳏寡孤独等老年人较多，发展现代农业存在人力资源短缺的限制。除此以外，发展现代农业还受水资源短缺、远离农产品市场、缺少市场信息等各种错综复杂因素的制约。因此，深度贫困村不应走平原区发展现代农业的传统路子，应着眼于贫困村自然和社会条件，坚持“宜林则林，宜牧则牧，宜草则草”的原则，以生态建设为突破口，将生态经济和经济生态结合起来，着眼于特色现代农业，夯实本地本村现代农业基础，为脱贫致富奠定基础。

（二）坚定不移发展教育事业，全力提高人力资本水平

从长远来看，要保持精准脱贫的可持续，或保障精准脱贫成果的可持续，应从人力资本供给侧结构性改革的角度，坚定不移地推进深度贫困村的基础教育和技能培训事业。一是加大农村基础教育投入，解决深度贫困村因学致贫难题，保障深度贫困村适龄学生“应学尽学”“一个都不能少”。二是加强职业技术教育，应立足本地资源和特色产业，加强职业技能培训，提高贫困村劳动力资源综合素质，提高贫困户自身脱贫致富的内在本领。三是创新职业技能培训方式，改变传统的课堂式、说教式授课模式，立足于县域产业发展的现实需求，采取现场教学、实践教学、边干边学等教学模式，使职业技能培训落到实处，使贫困户切实学到具体、可操作的致富本领，达到提升自身素质和技能水平的目的，逐步摆脱深度贫困村普遍缺乏高素质人力资源和人力资本的窘境。

（三）奋力夯实农村基层组织，强化农村战斗堡垒作用

农村基层组织是农村经济社会稳步发展的基石，农村党组织和村委会则

是贯彻落实党中央农村经济社会政策的核心组织。所以，夯实农村基层组织，首要任务是加强农村党支部和村委会建设。当前，农村基层组织存在的主要问题有两点。一是人选更新缓慢，部分农村特别是深度贫困村，受年轻人较少、党员较少等因素限制，农村基层组织长期由部分人管理，形成了人员固化和利益固化。二是农村熟人社会的选举机制仍需完善，部分村民或漠不关心或碍于亲属情面，往往不能客观公正地投票。目前的选举也存在“易上不易下，能上不能下”等退出机制问题。因此，在村民自治法律法规框架下，应着重完善选举和退出机制，保障农村基层党组织始终充满运转活力。其次，要加强农村基层党组织人员培训，使组织成员能够紧跟政策节奏，明确政策方向和内容，确保各项政策扎实落地，收到良好效益。

（四）脚踏实地实践创新，谋定后动加快推动农村改革

脱贫攻坚是我国实现全面建设小康社会的关键一役，既要稳扎稳打也要勇于创新。应根据乡村地域特点，采取因地制宜策略，着重探索脱贫攻坚中人力聚集、资源开发、产业发展、生态保护等各类实践问题，创新实践方案。以硬化与贫困户的利益连接为突破口，采取土地入股分红、扶贫资金入股分红、劳动力打工就业、扶贫易地搬迁等适宜方式，促进脱贫攻坚稳步前进。从鳏寡孤独集中供养、互助协作角度，解决深度贫困村人口老龄化问题。从改革土地经营方式入手，发展租赁、托管、合作等多种形式的经营，提高土地和人力资源的产出效率，逐步摆脱贫困陷阱。

参考文献

涞源县地方志编纂委员会编《涞源县志》，中州古籍出版社，2017。

B.22
后记

《河北农业农村发展报告（2018～2019）》，是以河北省社会科学院农村经济研究所为主，国家统计局河北省调查总队、省农业厅、省林业厅、省工信厅等有关单位和部门共同参与完成的。全书在分析总结河北省农业农村经济运行总体状况的基础上，分篇章对2018年全省粮棉、果品、畜牧、渔业的产业状况，民营经济以及农产品价格、农民收入、农村消费、农村市场价格运行情况进行了总结分析与预测，并提出了2019年实施乡村振兴战略，加快河北省“四个农业”发展，建设美丽宜居乡村的对策建议。同时，本书还针对河北省农业高质量发展、农村人才振兴、农业社会化服务体系建设、县城攻坚、农垦集团化改革、贫困地区特色产业发展、易地扶贫搬迁等问题开展了专题研究，力求在更深层次分析河北省农业农村发展面临的问题，回应社会关切，为政府决策提供参考。

本书策划审定由彭建强主持，穆兴增、段小平、宋杏婵、郭继红对全书进行统稿修改。在本书研究和书稿形成的过程中，参阅了大量相关文献和资料，在参考文献中未能一一列出，在此向作者表示感谢。同时，感谢在研究中提供帮助的相关部门领导和专家的支持，感谢社会科学文献出版社对此书的编辑和出版。

编　者

2018年12月

权威报告・一手数据・特色资源

皮书数据库

ANNUAL REPORT(YEARBOOK) DATABASE

当代中国经济与社会发展高端智库平台

所获荣誉

- 2016年，入选“‘十三五’国家重点电子出版物出版规划骨干工程”
- 2015年，荣获“搜索中国正能量 点赞2015”“创新中国科技创新奖”
- 2013年，荣获“中国出版政府奖・网络出版物奖”提名奖
- 连续多年荣获中国数字出版博览会“数字出版・优秀品牌”奖

成为会员

通过网址www.pishu.com.cn访问皮书数据库网站或下载皮书数据库APP，进行手机号码验证或邮箱验证即可成为皮书数据库会员。

会员福利

- 已注册用户购书后可免费获赠100元皮书数据库充值卡。刮开充值卡涂层获取充值密码，登录并进入“会员中心”—“在线充值”—“充值卡充值”，充值成功即可购买和查看数据库内容。
- 会员福利最终解释权归社会科学文献出版社所有。

社会科学文献出版社 SOCIAL SCIENCES ACADEMIC PRESS (CHINA) 皮书系列

卡号：975729347897

密码：

数据库服务热线：400-008-6695
数据库服务QQ：2475522410
数据库服务邮箱：database@ssap.cn
图书销售热线：010-59367070/7028
图书服务QQ：1265056568
图书服务邮箱：duzhe@ssap.cn

S 基本子库
SUB DATABASE

中国社会发展数据库（下设 12 个子库）

全面整合国内外中国社会发展研究成果，汇聚独家统计数据、深度分析报告，涉及社会、人口、政治、教育、法律等 12 个领域，为了解中国社会发展动态、跟踪社会核心热点、分析社会发展趋势提供一站式资源搜索和数据分析与挖掘服务。

中国经济发展数据库（下设 12 个子库）

基于"皮书系列"中涉及中国经济发展的研究资料构建，内容涵盖宏观经济、农业经济、工业经济、产业经济等 12 个重点经济领域，为实时掌控经济运行态势、把握经济发展规律、洞察经济形势、进行经济决策提供参考和依据。

中国行业发展数据库（下设 17 个子库）

以中国国民经济行业分类为依据，覆盖金融业、旅游、医疗卫生、交通运输、能源矿产等 100 多个行业，跟踪分析国民经济相关行业市场运行状况和政策导向，汇集行业发展前沿资讯，为投资、从业及各种经济决策提供理论基础和实践指导。

中国区域发展数据库（下设 6 个子库）

对中国特定区域内的经济、社会、文化等领域现状与发展情况进行深度分析和预测，研究层级至县及县以下行政区，涉及地区、区域经济体、城市、农村等不同维度。为地方经济社会宏观态势研究、发展经验研究、案例分析提供数据服务。

中国文化传媒数据库（下设 18 个子库）

汇聚文化传媒领域专家观点、热点资讯，梳理国内外中国文化发展相关学术研究成果、一手统计数据，涵盖文化产业、新闻传播、电影娱乐、文学艺术、群众文化等 18 个重点研究领域。为文化传媒研究提供相关数据、研究报告和综合分析服务。

世界经济与国际关系数据库（下设 6 个子库）

立足"皮书系列"世界经济、国际关系相关学术资源，整合世界经济、国际政治、世界文化与科技、全球性问题、国际组织与国际法、区域研究 6 大领域研究成果，为世界经济与国际关系研究提供全方位数据分析，为决策和形势研判提供参考。

法律声明

“皮书系列”（含蓝皮书、绿皮书、黄皮书）之品牌由社会科学文献出版社最早使用并持续至今，现已被中国图书市场所熟知。“皮书系列”的相关商标已在中华人民共和国国家工商行政管理总局商标局注册，如LOGO（ ）、皮书、Pishu、经济蓝皮书、社会蓝皮书等。“皮书系列”图书的注册商标专用权及封面设计、版式设计的著作权均为社会科学文献出版社所有。未经社会科学文献出版社书面授权许可，任何使用与“皮书系列”图书注册商标、封面设计、版式设计相同或者近似的文字、图形或其组合的行为均系侵权行为。

经作者授权，本书的专有出版权及信息网络传播权等为社会科学文献出版社享有。未经社会科学文献出版社书面授权许可，任何就本书内容的复制、发行或以数字形式进行网络传播的行为均系侵权行为。

社会科学文献出版社将通过法律途径追究上述侵权行为的法律责任，维护自身合法权益。

欢迎社会各界人士对侵犯社会科学文献出版社上述权利的侵权行为进行举报。电话：010-59367121，电子邮箱：fawubu@ssap.cn。

社会科学文献出版社

BLUE BOOK

BLUE BOOK